JN200094

近世修験の宗教民俗学的研究

由谷裕哉著

岩田書院

近世修験の宗教民俗学的研究　目次

序論　近世修験という対象について……7
一　問題の所在　7
二　柳田國男の修験道論　9
三　小林健三の神道史研究における近世修験　12
四　島津伝道および戸川安章による羽黒修験研究　15
五　近世修験という対象が発見された背景　18
六　本書本論の目指すところ：和歌森―宮本パラダイムに対する代案として　21

第一部　柱松と近世修験

第一章　修験道系柱松をどう捉えるべきか……31
―和歌森太郎と五来重の所論を踏まえて―
一　問題の所在　31

二　和歌森太郎の修験道および柱松研究　32
三　五来重の修験道および柱松研究　37
四　代案の模索　42

第二章　北信濃小菅権現の祭礼における柱松と修験者……53
一　問題の所在　53
二　小菅神社柱松柴燈神事・現行の祭礼次第　56
三　柱松を巡る時間・空間・組織の変遷　67
四　近世的な文脈における小菅柱松　81

第三章　妙高山関山権現の夏季祭礼における柱松……91
一　問題の所在　91
二　妙高山を巡る宗教文化史と関山権現　92
三　関山権現の夏季祭礼：現行と近世の次第　106
四　関山権現夏季祭礼に関わった宗教者たち：『宝蔵院日記』より　116
五　まとめ：小菅柱松との比較など　164

付論　復活した戸隠神社の柱松神事……171

一　問題の所在　171
二　戸隠柱松復興の経緯と復興された神事の次第　172
三　復活した柱松神事に対する違和感　176
四　柱松行事に関わる祭場に関して注目すべき点　179

第二部　近世修験の諸相―里修験・修正延年・里山―

第一章　岩手県宮古市の里修験……189
―津軽石・長沢地区に焦点を当てて―
一　問題の所在　189
二　フィールドと事例の位置づけ　190
三　里修験成立までの前史　200
四　津軽石の羽黒派慈眼院　209
五　長沢の本山派泉明院　214
六　結び　231

第二章　六日祭修正延年と近世修験……241
一　問題の所在　241

二　白山美濃側における長瀧寺の位置　244
三　六日祭の現行次第と研究史など　248
四　近世の長瀧寺における修正延年　255
五　小括ならびに今後の課題　264

第三章　里山と近世修験……271
—白山加賀側と石動山の例から—
一　問題の所在　271
二　修験道系柱松と里山　272
三　白山加賀側の里山地帯と近世修験道　274
四　近世石動山衆徒の修験行と里山　279
五　結び　284

結論……295
一　近世修験をどう捉え、どう研究すべきか　295
二　隠喩としての高さ　298
三　山林修行　299
四　修験を含む組織　302

五　権現という奉斎対象　306
あとがき……313
英文要旨……巻末

序論　近世修験という対象について

一　問題の所在

この序論では近世修験という考察対象を設定し、本論において筆者の考える宗教民俗学的な手法によってその対象を分析する前提としたい。

近世修験という考察対象について議論する前に、ここでいう「宗教民俗学的」の意図を簡略に述べておく。詳しくは旧著『白山・石動修験の宗教民俗学的研究』で論じたが、[1]儀礼など民俗事象あるいは文書の形をとるテキストを取り上げる場合、そこから遡及して何らかの古態を求めるのではなく、そうしたテキストが含まれる文脈を重視する立場、という意図である。近世修験に関わる宗教文化においても、歴史学的な関心から接近するのとは異なり、近世におけるそうした事象が行われる時間・空間的な場との照応を追跡し、その場に当該事例を定位することを目指している。語りの継起性に注目する点が「民俗学」の名を付すのにふさわしいのでは、という趣意を旧著でも述べた。

このことを踏まえて、この序論では近世修験という対象をどのように設定するか、議論したい。

修験道研究において「近世修験」とは、和歌森太郎『修験道史研究』(一九四三年)[2]における「中世修験道の近世的変質」論(同書第四章)、すなわち山林修行の形式化―市井の呪術者への変貌、といった位置づけ、およびその延長上にあると考えられる宮本袈裟雄『里修験の研究』(一九八四年)[3]における、庶民と日常的に関わり多様な宗教活動を行う里修験、といった枠組で理解されてきたように思われる。

その後の事例研究も、概ねこうした枠組に沿ったものであると考えられる。つまり、和歌森―宮本によって一九四〇年代から八〇年代にかけて提示された近世修験像は、その後、一種のパラダイム[4]として確立したのではないか、というのが筆者の理解である。

このような和歌森および宮本による近世修験の捉え方については、近年の時枝務による評価が注目される。[5]時枝によれば、和歌森や同時代の村上俊雄『修験道の発達』(一九四三年)[6]における中世修験道に価値を認める見方は、戦時中の尚武の風潮を背景にしていたと共に、辻善之助の近世仏教堕落論の影響下にあったという。それに対して宮本の里修験研究は、一九七〇年代の地域史や民衆史の成果を踏まえて、里修験と民衆との関係をポジティヴに捉えたものであるとしている。

このように時枝は、近世修験の捉え方に関して、和歌森に否定的な、宮本に肯定的な評価を与えていると考えられる。とはいえ、この時枝の解釈は、近世修験イコール里修験、という理解を背景にしているように筆者には思われる。というのも筆者は、近世修験を捉える枠組として里修験を一種の理念型と捉えたうえで、(和歌森のように)それを否定視するのか、(宮本のように)それを肯定視するのか、が問題なのではないと考えている。筆者から見ると、和歌森太郎も宮本袈裟雄も近世修験を各地の霊山を渡り歩いて苦行する、生き生きとした修行者ではなく、地方の村落に定着した村の呪術師的な存在と捉えていると思われ、そうした近世修験の理解こそが問題視されるべきなのではないだろうか。

筆者はむしろ、このような和歌森―宮本とは全く別の観点から近世修験が考察すべき対象として発見されていたのに、和歌森―宮本的なパラダイムの確立によって見えなくされたのではないか、という点を、本書で問いかけたいと考えているのである。

そのためにこの序論では、和歌森『修験道史研究』が出された一九四三年を境として、(7)それ以前、つまりおよそ戦前に著された近世修験に関わる諸研究を概観することで、こうした既存パラダイムを相対化する方途を探し求めたい。以下、第二節で一九一〇年代における柳田國男の修験道論において位置づけられた近世修験、第三節で神道学者の小林健三の一九三〇―四〇年代における神道史研究の一端としての戸隠・彦山(英彦山)の近世修験への言及、第四節で天台僧であった島津伝道とその子息で民俗学者の戸川安章による一九三〇―四〇年代の羽黒修験研究を、それぞれ取り上げることにする。

二　柳田國男の修験道論

日本民俗学の開祖柳田國男(一八七五―一九六二)が修験者・山伏に多く言及していたことは、周知であろう。しかし、一九六〇年代頃から始まったいわゆる柳田研究の中で、柳田が平地民―常民―定住などに関心を定める前の山地民への関心、と解釈されてしまったせいか、(8)修験道研究としての意義はほとんど考察されることがなかったと思われる。

ところが近年、林淳が修験道研究前史として柳田の修験道論に注目した。(9)林によれば、一九世紀末にあった真言宗の「離加末事件」によって醍醐寺末の多くの寺院が新義の智山派・豊山派に加入することになり、修験者が醍醐寺の経済基盤となったという。このことが醍醐寺の中で修験者が勢力を伸ばす契機となり、青森県の海浦義観らが中心となって明治四一年(一九〇八)に醍醐寺内に聖役協会が設立され、翌四二年より同協会が雑誌『神変』を刊行することになった。

林によれば柳田の修験道論は、真言宗内におけるこうした修験道再興の動きと対応するという。たしかに柳田は、林も引用している「俗山伏」(一九一六年)[10]とは別箇所で、中世の山伏が有髪であったこと、近世には真言宗が剃髪を要請したが、本山派は有髪妻帯を認めたことなど、真言宗と(当山派)修験との密接な関わりを述べており、このような言説は同時代の真言宗内の動きを反映している可能性もある。また「俗山伏」で描かれた、布施を憎々しげに迫る近世山伏像は、和歌森的な堕落論に継承されてゆくのかもしれない。

とはいえ、一九一〇年代前半における柳田の修験道への言及は、もう少し異なる近世修験像をも描いていた。ここでは「塚と森の話」連作の第三回[11]と、「巫女考」連作の第一〇回「巫女の夫、修験の妻」[12]という、いずれも一九一〇年代前半に著された二つのテキストに注目したい。

「塚と森の話」連作(一九一二年):当該連作が掲載された『斯民』は、中央報徳会の雑誌である。同会(旧称・報徳会)は、二宮尊徳を顕彰する目的で明治三八年(一九〇五)に作られた半官半民の団体であり、内務官僚の井上友一(一八七一―一九一九)[13]らを中心として明治四一年頃に始まった地方改良事業の、別働隊とも称されていた。柳田は同会の評議員で『斯民』に少なからず寄稿していたし、柳田が高木敏雄と共同で編纂していた『郷土研究』には、ほぼ毎号『斯民』の広告頁があった。

ともあれ、柳田は同連作の後半第四回で神社合祀批判を展開しているが、ここではその前の第三回を見る。神社合祀は触れられず、おおよそ以下のような議論がなされる。

富士塚・浅間塚・庚申塚は、山伏と関わる。山伏は仏教と神徒との中間に位置する。山伏塚・行人塚なども多いので、こう想像できる。修験道は平民の歴史を知る主要なる資料であり、平安の頃から私度僧がたくさんいた。一部は渡来の者だったのではないか。

これらの輩をひじり・上人などと呼ぶこともあったが、『今昔』の時代には僧侶類似の漂泊者であった（書写山の性空など）。かれらには二派あり、狭義の修験者と阿弥陀聖であった。これら半僧半俗の者は、多くは妻が巫女であった。これらの輩が、足利時代以降の民間生活に大きな影響を与えている。このように、これらの輩の説明はとりとめがなく、我々の祖先を欺いて作り上げた信仰かもしれない。しかし、村々の歴史を知るうえではその遺跡を破壊することはできない。

以上の概要のように、修験者を古代（平安時代）には漂泊の仏徒とする一方で、「足利時代以降」は巫女を妻とし、塚の祭祀に関わる村民と関わりの深い宗教者としている。

「巫女の夫、修験の妻」（一九一四年）：この論が含まれる「巫女考」連作は、柳田が神話学者の高木敏雄と共に編纂に携わった『郷土研究』の創刊号から第一巻一二号まで、川村杳樹という柳田の筆名で連載されたものである。「巫女の夫、修験の妻」は、その第一〇回であった。

徳川初期の宗教政策で山伏を本山・当山両派で対立させたことが参照される他、標題のようなケースに関わって、下記のような近世の出入りが紹介される。

文政年中佐渡での当山派修験神子と吉田家との訴訟について。寛文年中の奥州岩城での本山派修験神子と社人との出入りで神道側が勝利し、神子を称するべからず（守子と称すべし）、湯立神楽も不可、となった。それに対して当山派は、本山派とは別派であり、当山の修験神子は往古より立ち来たったので、吉田家の支配は受けないと訴訟し、山伏が勝利した。

以上のように柳田の修験道論は、ある程度明確な資料に基づいていた模様だが、巫女と比べても断片的なものに留まる。筆者は、柳田の宗教への関心の中心に聖性・神観念があり、その担い手への興味は、巫女は別として二義的ではなかったかと推察している。

もっとも、巫女に関しても「巫女考」における柳田の関心は、霊媒である巫女という歴史的・社会的な実在と、それらの者たちに憑依して託宣がなされ、結果的に祀られるようになった御子神・若宮とに、分裂しているように筆者には思われる。そして、前者への関心が、有力な神霊の貴女への玉依という語りへの関心と結びつき、『桃太郎の誕生』(14)その他の語り物研究でテーマとされる母子神の問題に至ったのであろう。こうした柳田の神祇―神社観について、筆者は別稿を準備している。(15)

ともあれ修験に関して柳田は、上述のように古代と足利時代以降(近世と考えて良いかもしれない)とで分けて考えており、とくに後者における村の宗教者、時に社人と争論する、といった姿は、和歌森―宮本的な近世修験(里修験)像を準備したといえるかもしれない。とはいえ柳田の修験道論には、中世を盛期とし近世を堕落と見る、といった和歌森のような評価軸は存在しなかったと考えられる。

三　小林健三の神道史研究における近世修験

小林健三(一九〇三―八九)は、戦後の著作によって垂加神道・復古神道の研究者と評価されている。(16)東京帝国大学の平泉澄門下であったらしいが、CiNii や NDL のオンライン検索によれば、確かに神道・国学に関する著作がほぼ全てである。

しかし、何故か一九三〇―四〇年代には戸隠および英彦山の神社史に関係して各々の近世修験について議論していた。以下、代表的な二つの論を概観したい。

「戸隠山修験一実霊宗神道に就て」(一九三二年)[17]：タイトルのように、近世戸隠の第五五代別当乗因によって唱導された神道説の考証である。小林はまず、「天台密教の系統に属する」としたうえで(掲載誌一頁)、乗因の経歴、戸隠における事件後の処置、乗因の書物が焼却されたことなどを述べている。続いて乗因の『戸隠大権現縁起』『戸隠一実霊宗神道密記』により、「霊宗神道」を天思兼命《あめのおもいかねのみこと》を教祖とする本地垂迹の神道説である、とする。さらに、神道(一実神道)を天尊の道徳であり、それによって天下国家を治めるべきだとする主張が、近世の理論神道の特徴的な点だとする。また、役小角・学問行者を支那の道士に比するところに、道教思想が現れているとする。

結論として、乗因の神道は儒家神道と対立し、吉田神道からの影響と天海による山王一実神道の復興からの影響が見られるものの、道徳教を経典として一派を唱導したのは乗因の独創であり、当時の政治社会に異議を企てるものと見なされた、としている。

注で当時の戸隠神社宮司への謝辞が見られるが、同神社の要請による考察なのか彼自身の自発的な研究なのかは、明記されておらず不明である。執筆時点での肩書は、「第四高等学校教授　文学士」となっている。生年からすれば、まだ二〇代であった。

なお、この論文は彼の『日本神道史の研究』[18](一九三四年)にも、「三　近世仏教神道と日本精神」の後編「戸隠山修験神道の新研究」として増補版が再録されている(同書二一一―二五九頁)。また、小林の乗因論については、近年の乗因研究においても参照されている[19]。

『英彦山神社小史』(一九四二年)[20]：こちらは英彦山神社側からの委嘱があったことが、序に見える。当該箇所に「小林健三助教授」とあるので、広島文理科大学の助教授時代であろう。全体が八パートに分かれ、そのうち第五が「彦山と修験道」であるが、その前の第四「御由緒」にも、聖護院門跡との争論やそれに勝って元禄九年（一六九六）に別格本山となったことが書かれている（同書三九―五〇頁）。

第五では、修験道とは何ぞやについて、山岳崇拝と結合して密教の通俗化せられたもの（七五頁）、我国固有の国民精神と仏法の奥旨とを融合一致せしめた日本独創の仏教（八〇頁）、等などの紹介に始まり、修験道・山林修行と神祇との関わり、修験道の教義として『三十三通記』による説明（八五頁、ただし同書を即伝の書とする）、修験道の十界修行の紹介などがなされる。最後の十界修行については、九六頁で参照される宇野圓空の研究(21)を下敷きにしていたのかもしれない。

以上を踏まえて、「彦山の修験道の特質」が語られる。『彦山修験伝法血脈』を引用し、第三代の法蓮より勅願所となったこと（九八頁）、即伝が金峯の先達快誉を受けたように彦山も金峯や熊野三山の影響を受けていたこと（九八―九九頁）、即伝を参照する際に戸隠に伝統を授けたとされること（九九頁）、座主家の創立が時代を画する事件であったこと（一〇〇頁）などが述べられている。このパートは、次のように閉じられている。

かくの如く、彦山は毎年三季の入峰を盛大に行ひ、三十六人の大先達が番々に修行して、一派の輩を誘導して参つたのであります。そして入峰の対象は、即伝の記録によれば、北方竈門山を金剛界とし、中央神山を胎金合行とし、南方彦山を胎蔵界とし、これを三峯と唱へ、三峯修行を以て一修行の山伏と唱へたものであります。

以上、神道学者である小林健三による一九三〇―四〇年代の戸隠および英彦山研究を見てきた。戸隠も彦山（英彦山）も近世に修験道の修行が行われたか、もしくは（乗因のように）その復興運動が見られた霊山である。上記のように、小林がとくに乗因を考察したのが本人の自発的な意志なのか依頼によるのか不明であるが、そうした近世における神仏習合的な山内状況に対して、神道学者として否定を一切していないことが注目される。

さらに、『英彦山神社小史』における修験道の説明は、上にも付記したように、既に宇野圓空によって修験道が宗教学的に研究されていたことを踏まえているであろう。

なお、小林と同じように帝大系の神道学者であった宮地直一（一八八六―一九四九）の著作『熊野三山の史的研究』（一九五四年）[22]も、刊行されたのは敗戦後であるが、宮地の学位請求論文を遺稿集の形で刊行したものらしい。学位が請求されたのは大正一一年（一九二二）とのことであるので、小林の乗因研究より一〇年前である。この宮地の著作においても小林の場合と同様、熊野三山の歴史における修験を含む神仏習合的な状況には、特定の価値判断が加えられていない。もっとも、研究対象とされる時代は中世までであった。

四　島津伝道および戸川安章による羽黒修験研究

戸川安章によれば、島津伝道は明治一八年（一八八五）に羽黒修験の末派・天台宗金寿院に生まれ、天台宗中学校を経て東洋大学および日本大学を卒業。兵役、小学校勤務などを経て、荒沢寺と正善寺の住職を兼ねた。一九三〇年に「羽黒山修験道要略」を執筆して小冊子として自ら発行し、一九三五年頃に執筆した『羽黒山修験道提要』が紆余曲折の末、一九三七年に神田の光融館書店より刊行された。一九四六年に羽黒山修験本宗を設立。翌一九四七年に没、とされる。[23]

以上に従えば、少なくとも島津の「羽黒山修験道要略」[24]は、小林健三「戸隠山修験一実霊宗神道に就て」（一九三二年）や宇野円空『修験道』（一九三四年）[25]に先立つものと考えられる。なお、先に小林健三が参照しているとした宇野の

『神道講座』所収の論とは同年であるが、刊行されなかった著作であるものの島津の著作と類似の方向性を有する牛窪弘善『修験道綱要』㉖（一九三三年、後述する）より、わずかに早い。

以下、島津伝道の代表的な羽黒修験道論を二つ概観したい。

「羽黒山修験道要略」（一九三〇年）：この刊行年代は、上記のように小冊子として発行された年を記したものである。序に続き羽黒山修験道の「由来沿革」「教義」「修行儀式と法具」が述べられる。著述全体の方向性に近世修験への関心が見られるわけではないが、由来に関して天宥および覚詢が取り上げられること、入峰の衣体や十界修行について述べている箇所が自らの実体験によると推察されること、などが注目される。これは、後の『羽黒山修験道提要』にも共通する。

『羽黒山修験道提要』（一九三七年）㉗：全一〇章から成っており、近世に関しては第三章「羽黒派修験の由来沿革」の二八—四一頁に、天宥の件から幕末までの記述がある程度かと思われる。しかし、第七章「修行観門」（五九—一四六頁）の詳細さは島津自身が実修したものを踏まえてと思われ、羽黒修験の四季入峰が近世まで行われていたことを前提にしているのであろう。

以上で、島津伝道の概略を終える。

島津伝道の子息である戸川安章（一九〇六—二〇〇六）は、出羽三山に関わる民俗・宗教・歴史などに関して最も多くの研究を遺した民俗学者としてつとに有名であろう。戸川自身は、後述する『羽州羽黒山中興覚書』㉘の解題において、戦前既に柳田國男の門下であった旨の発言をしている。

とはいえ、彼の戦前における研究については活字化されている著作が皆無らしく、いささか分かり辛い。以下には、近世文献の解題・考証に関わる二点を参照するに留めるが、後年の戸川の著作『出羽三山修験道の研究』（一九七三年)[29]に戦前発表した五点の論考がリライトされて再録されている。[30]このうち、全体が一八のパートに分かれる内、一一と番号の付いている「神仏分離と出羽三山の信仰」[31]の立論を少しだけ見ておく。

同論は出羽三山の神仏分離が不徹底であったことを、例をあげて論証している。とくに、信徒の登拝時に唱えるのが明治以降に定められた拝詞ではなく、「慚愧懺悔…」なる「仏のオノット」であることを、一九四一年の登山期に荒沢寺において観察した結果を基に論じたものである。

次に、戸川が戦前に関わった近世文献の解題・校訂について見たい。

『羽州羽黒山中興覚書』[32](一九四一年)解題および校注：解題では、著者の経堂院精海が天宥の弟子で、天宥事件に連座して離山を余儀なくされ、その後帰山を許されて経堂院に隠棲し、享保九年(一七二四)に没したこと、同書の口語訳を試みていたところを「柳田國男先生のお目に触れ、先生の並々ならぬ御好意によつて」上梓する機会を得たこと、などが述べられている。もっとも、刊行されたのは口語訳ではなく翻刻である。

校注ではしばしば『三山雅集』『羽黒山年中行事』『拾塊集』などを引用して注記しており、戸川の羽黒修験研究がこの時点で既にかなり本格的なものであったことがうかがえる。[33]

『拾塊集』の研究[34](一九四一年)：標題に「研究」とあるが『拾塊集』の解題と翻刻、それに校注である。解題では、本書が『羽州羽黒山中興覚書』や『三山雅集』で引用されていないこと、成立は慶長以降の加筆と考えられ、加筆の背景に羽黒修験の特異性を維持しようとする山内の動向があったこと、羽黒修験道が神道や民間の信仰と結びついていたかよく分かる、などとしている。

以上で戸川安章の戦前の著述に関する概要を終わる。なお、戸川の敗戦後初と思われる著作『羽黒山伏と民間信仰』[35]では、「三　山伏しの発達」(二五―六八頁)で和歌森ほか既存の修験道研究が参照され、近世修験の定着―祈禱師化─堕落が述べられており、上記のような戦前の所論と方向性が異なることに驚かされる。具体的に羽黒派何某の例によっているのではなく一般論としてであるが、戸川は一時的に、（ここでいう）和歌森太郎パラダイムに妥協したように思われる。例えば、次のような記述がある。

それはともあれ、修験道における霞の発生・教派の分立等によつて、山伏しの生活分野は著しく広大し、世俗との交渉面は多くなつていつた。その勢ひの及ぶことろは、修験者の世俗化となり、回国性の稀薄化となつて、一所に定住する傾向が強くなつていつた。（同書三六頁）

かうして、彼等は市街地や村落に住居を構へ、檀那を歴訪して祈禱をつとめたり、信者の訪問を待つて祈願に応じたりする単なるおがみ屋に堕した結果は、在家の者と同様に、菩提寺を定めてその檀家となり、死亡すれば、他州の僧侶の引導を受けねばならぬことゝなつた。（同六六頁）

五　近世修験という対象が発見された背景

冒頭で参照した時枝論考のように、戦時中の和歌森太郎『修験道史研究』や村上俊雄『修験道の発達』が中世修験道の苦行性に価値を求めたのは、同時代における尚武の風潮による、とする解釈は妥当であろう。

しかし、これまで本序論の第二節から第四節まで見てきたように、近世修験という対象が和歌森太郎以前に発見されていたと考えられる。その背景として、筆者が考える二点を次にあげてみたい。

第一に、筆者の共編著『郷土史と近代日本』[36]の一部パートでも議論されていたように、二〇世紀前半における郷土への関心が背景にあったのではないだろうか。

同論集に所収の論考で山口正博は、英彦山および求菩提山の戦前に関して、大阪毎日新聞などの日本新八景（一九二七年）、国立公園法の施行（一九三一年）と英彦山の国立公園指定運動開始（一九三三年）をあげ、こうした動きと築上史談会の設立（一九二九年）および小倉郷土会の創設（一九三五年）のような郷土研究団体の立ち上げとが関わり、さらに求菩提山の松会において柱松頂での幣切行事が昭和一三年（一九三八）年に復活したこととの関連を論じていた[37]。

おそらくこのような郷土研究の進展によって郷土の霊山に対する関心が生成し、戸川安章が記載していたように、「昭和七、八年ごろになると修験道に対する学界の関心も高まってきた。学生の卒業論文にも修験道が取りあげられ[38]」云々といった、修験道に対する一般的な関心が生起したのであろう。

これについては本書の守備範囲と必ずしも重ならないものの、筆者が近年注目してきた在野の地理学者小田内通敏（一八七五―一九五四）[39]が担い手として関わった、一九三〇年代における郷土教育運動と関わる可能性もあるかもしれない。例えば、小田内が指導して全国から四県が選ばれて一九三〇年代後半に編纂された『綜合郷土研究』の内、第一作となった『山梨県綜合郷土研究』[40]では、土地柄から当然であるかもしれないが「富士信仰と浅間神社」が立項されており、その中でも江戸時代の富士講について比較的詳しく触れられている（同書九三九―九四三頁）。

第二に、先に第三節と第四節で参照した彦山・出羽三山・戸隠が、近世にも修験道の修行が継続されていたか、もしくは（戸隠のように）一時的に復活されようとしていた霊山であることである。直前に記した富士山も含めて江戸時代において信仰の山として活況した霊山の場合、その近世的な宗教文化のあり方に研究者の関心が向くのは自然なことであろう。

そのように近世に活況した霊山のうち修験が関わったということでは、上記の彦山や出羽三山以外に、筆者がかつて指摘したことがあるが、近世の立山でも修験者による入峰が行われていたとする伝承が存在する[41]。また、石川・富山の県境にそびえ、泰澄開山の伝承を有する医王山《いおうぜん》において、明治以降も複数の行者が山中修行していた伝承が木場明志によって報告されている[42]。

加えて、今回参照した第三節および第四節の研究では大峰修行がほぼ言及されないが、地方の本山当山の末派修験は大峰修行を行っており、和歌森らのいう山中修行の懈怠仮説はきわめて疑わしい。筆者はかなり以前に、宮本『里修験の研究』がこの仮説に依拠して、佐渡などの昔の行場を近世修験と無関係と見なしたり、加波山先達や石鎚山の在俗行者による山林修行を、本来的な修験道の再生産と位置づけていたことに疑問を呈したことがある[43]。

たしかに戦前における近世修験への注目において、地方の修験者が大峰で修行していたことには、必ずしも関心が寄せられなかった。しかしながら、刊行されたのが敗戦後になるものの、先にも若干触れた牛窪弘善(一八八〇―一九四二)が一九三三年に完成させたという『修験道綱要』[44]では、第二章「修験史要」の中で聖護院門跡増賞による宝暦七年(一七五七)の大峰入峰、同じく盈仁による文化三年(一八〇六)の大峰入峰が詳細に記述されている。増賞の入峰に関しては地方の年行事・准年行事の名が書き上げられており、盈仁の入峰に関しては「愛宕山伏」「祇園山伏」「八菅山」などから入峰した山伏の数が書き上げられており、聖護院門跡の入峰に地方から多くの本山派修験が随行したことを知ることができる。

こうした聖護院門跡の大峰入峰に関しては、近年の翻刻刊行になるが、武蔵国の本山派大徳院が、天保一〇年(一八三九)に行われた聖護院門跡雄仁の大峰入峰に参勤した際の、入峰日記が存在する[45]。この門跡雄仁の入峰に関しては、筆者も現在の岩手県宮古市の旧修験家に遺る関連文書を紹介したことがあり[46]、その周辺について本書第二部第一章で再論する。

ともあれ、近世には大峰山をはじめ、上記の彦山・出羽三山その他で山林修行が盛んに行われており、そのことが戦前において近世修験に注目した研究者の幾許かには意識されていた、ということではないだろうか。第二節で柳田國男について検討した際の、柳田にとって山伏・修験者への関心が真言教団で同時代に起こっていたことからの関心と考えられるという推定も、そのことと類似しているように思われる。

要するに和歌森以前の近世修験への注目は、同時代に継続もしくは名残が確認できた彼らの山林修行への注目、という側面があったと纏められるのではないだろうか。

六　本書本論の目指すところ：和歌森―宮本パラダイムに対する代案として

筆者は本序論の冒頭でも述べたように、和歌森太郎―宮本袈裟雄のような、苦行性を希薄化させ里に定着し村の呪術的宗教者となった、といった近世修験像は、一種のパラダイム（研究者集団で合意された説）に過ぎないと考えている。そうしたパラダイムに対して、先に三、四で概観した小林健三や島津伝道・戸川安章らによって一九三〇―四〇年代に見出された近世修験像を新たな参照枠組として、本書本論において近世修験の有していた多様な宗教的側面を考察することができればと考えている。

具体的には、本論の第一部で近世修験が携わった柱松行事を考察対象とする。柱松は、尾芝古樟（柳田國男の筆名の一つ）による「柱松考」(47)によって一九一〇年代に見出された民俗事象で、祭りに際して立てる柱状の祭具である。尾芝（柳田）は、柱松を目指して神が降臨する、と解釈していた。

しかしながら、一六世紀の廻国の修験者・阿吸房即伝が修験道教義をまとめた『三峯相承法則密記』(48)に、入峰の前行として柱松への点火が行われることが記されている。

筆者はこのように修験者が関わっていた柱松に関わる儀礼を、一〇年余り前から「修験道系柱松」[49]と称している。本書本論の第一部では、それが現在も神事として継承されている長野県飯山市小菅神社の柱松柴燈神事を第二章で、新潟県妙高市関山神社の火祭りを第三章で、近世社会における修験の関与に焦点を置いて詳しく分析する。

それに先だって第一章で、民俗としての柱松の起源を中世からさらに古代に遡らせようとする尾芝(柳田)以来の見方と決別するために、筆者の云う「修験道系柱松」の主要な先行研究である和歌森太郎および五来重の所論を批判的に再検討する。

なお、筆者の云う「修験道系柱松」の現存例としては、上記の小菅・妙高の他に、福岡県京都郡苅田町白山多賀神社での等覚寺松会が知られており、近世に一山の最重要な祭礼と位置づけられていた戸隠柱松が、二〇〇三年より三年ごとに試行的に復活している。そこで第一部においては、等覚寺松会について第三章末尾で小菅・妙高との比較のうえで触れることにし、復活した戸隠神社の柱松神事については、第三章の後に付論という形で復活の経緯などについて議論したい。

対して第二部は、サブタイトルに「里修験・修正延年・里山」と付けたように、柱松行事への関わり以外での、近世修験の多様な活動を探究しようとしている。

第一章は、岩手県宮古市における里修験を対象としている。このフィールドを取り上げるのは、一九八〇年代後半から始まった慶應義塾大学宮家準研究室による『宮古市史 民俗編』[50]のための調査に筆者が参加したことが発端である。同市は我々の調査後、当時市史編纂室に在職していた岸昌一によって市内の里修験家の膨大な文書が翻刻されたという、国内でもおそらく例外的な地となった(翻刻の経緯などは、本論当該章で述べる)。

同章では、市史民俗編の調査時に筆者が調査グループのために写真撮影した市内の二件の旧修験家に所蔵されている文書を中心に、宮古市史編纂室によって翻刻された文書も併せ使用しながら、同市域に相当する地での里修験の宗教活動を追っている。

その際、二つの旧修験家に遺されていた文書に里修験の宗教活動に関わるよりむしろ補任に関わる内容が少なくなかったことから、村の呪術師の姿ではなく、山林修行をして位を得てゆく宗教者として里修験を捉えようと試みている。

第二章は、岐阜県郡上市の白山長滝神社で国指定民俗文化財として現在も一月六日に執行されている、六日祭修正延年を取り上げている。この事例についても第一部の柱松に関する考察と同様、修正延年として中世から古代に至る姿へと遡ろうとするのではなく、近世社会の文脈において修験がどう祭礼に携わっていたか、を問う方向で議論を進めてゆきたいと考えている。

最後の第三章は事例研究ではあるものの、かなり試論的な性格が濃厚である。近世の白山加賀側と石動山において、修験者の活動や修験行が里山的な場との関連で行われることについて考察する。

注

(1)　筆者の考える「宗教民俗学」については、由谷裕哉『白山・石動修験の宗教民俗学的研究』岩田書院、一九九四年、参照。日本における「民俗学」の語感には、図式的には現象と本質との二項対立を前提に、多くの現象の比較対照によって帰納的に本質に到達するといった含意、時間的に見れば近現代の数多くの現象から過去における一種の理念型（例えば固有信仰）へと遡及する、といった含意があると思われる。筆者はこうした反証可能でない仮説を導くことに終始する手順に疑義を呈し、個々の儀礼あるいは縁起など書かれたテキストに即して、それら個々の文脈の中でさらに細部の儀礼要素や叙述の語用論を考究することこそが重要だとする観点から、前述の旧著においてそれを「宗教民俗学的」な探求と位置づけた。「民俗学」を語に付けているのは、儀礼や語りに関する形態論的な分析に典型的なように、ナレーションの分析を主な手法として含む故である。

（2）和歌森太郎『修験道史入門』河出書房、一九四三年。同題で平凡社から「東洋文庫」の一冊として、一九七二年に再刊。

（3）宮本袈裟雄『里修験の研究』吉川弘文館、一九八四年。岩田書院より二〇一〇年に復刻版が刊行。

（4）パラダイムとは、もちろんトーマス・クーン（Thomas Samuel Kuhn、一九二二―九六）の『科学革命の構造』（原著一九六二年、中山茂訳、みすず書房、一九七一年）における用語法を念頭に置いている。とくに本序論では、研究者集団に合意された対象（近世修験）の捉え方、という意味で使用している。

（5）時枝務「修験道史における里修験の位相」、時枝・由谷・久保・佐藤『近世修験道の諸相』岩田書院、二〇一三年。

（6）村上俊雄『修験道の発達』畝傍書房、一九四三年。

（7）なお、この年から学術的な修験道研究が始まったわけでも、近世修験への注目がなされたわけでもない。例えば、仏教史学者・圭室諦成（一九〇二―六六）が近世における山伏と庶民との関わりを、一九三〇年代に既に考察していた。圭室「江戸時代山伏の研究序説」、『仏教学の諸問題』岩波書店、一九三五年。しかし、同論考は、後の和歌森―宮本による近世修験パラダイムと大きく異なる先行研究とはいえなかった。

（8）本文で述べたような柳田研究一般における柳田山地民論に関する解釈を総括した著作として、赤坂憲雄『山の精神史　柳田国男の発生』（小学館、一九九一年）、が参考になる。

（9）林淳「修験道研究の前夜」、時枝・長谷川・長谷川『修験道史研究入門』岩田書院、二〇一五年。

(10)『郷土研究』四―九号、一九一六年、『定本柳田國男集』第九巻(筑摩書房、一九六九年)に同題で再録。
(11)『斯民』六―一二号、一九一二年、『定本柳田國男集』第一二巻(筑摩書房、一九六九年)に「塚と森の話」として再録。
(12)『郷土研究』一―一〇号、一九一三年、『定本柳田国男集』第九巻(注10前掲)に、「巫女考」として再録。
(13)井上友一は石川県出身の内務官僚で、内務省神社局長を経て明治神宮造営に携わり、東京府知事在職中に突然死した。石川県時代には、石川県専門学校などで西田幾多郎や鈴木貞太郎(大拙)と同級生だった。井上の経歴や業績については、由谷裕哉「石川県出身の東京府知事・井上友一」(『北国文華』第二九号、二〇〇六年)を参照。井上は、明治四二年(一九〇九)から始まる地方改良事業に尽力したが、宮地正人『日露戦後政治史の研究』(東京大学出版会、一九七三年)や森岡清美『近代の集落神社と国家統制』(吉川弘文館、一九八七年)に神社合祀政策に関しても担い手であったかのように位置づけられ、後にそれが定説化した。これは井上が、明治三九年(一九〇六)頃から始まった神社合祀が進められていた途次の明治四一年(一九〇八)に、神社局長を拝命したことによると思われる。井上の神社観はまだ解明されているとはいえないが、彼が中心に推し進めたと考えられている地方改良事業と神社合祀策とは、政策の開始時期(一九〇九年と六年)も部署(内務省地方局と神社局)も異なり、直接関連するものではなかったと考えている。本文で後述するように、中央報徳会の評議員であった柳田がその雑誌『斯民』に寄稿した「塚と森の話」で神社合祀策を批判したのは、地方改良事業(と、その別働隊と称された中央報徳会)・神社合祀策双方の関係が無かったことを背景としていたのであろう。筆者は井上の神社観、および柳田と井上との関係について、本序論を執筆後、次の稿を著した。由谷裕哉「井上友一と柳田國男の神社合祀を巡る交錯」、『加能民俗研究』第四九号、二〇一八年。
(14)三省堂、一九三三年刊。『定本柳田国男集』第八巻(筑摩書房、一九六九年)に同題で再録。
(15)筆者は、この問題について別稿を準備している。由谷裕哉「柳田國男『神道私見』における神社観の再検討」、『神道宗教』第二五〇・二五一号（掲載予定）。

(16)『神道人物研究目録』弘文堂、二〇〇〇年。

(17)『財団法人明治聖徳記念学会紀要』第三九巻、一九三二年。

(18) 至文堂、一九三八年。

(19) 曽根原理「戸隠山別当乗因の弟子たち」、『山岳修験』第四五号、二〇一〇年。

(20) 英彦山神社社務所、一九四二年。

(21) 宇野圓空「修験道の発生と組織」、神道攷究会（編）『神道講座』第四巻、四海書房、一九三〇年。

(22) 国民信仰研究所、一九五四年。

(23) 戸川安章「解説」、島津伝道『羽黒山修験道提要』名著出版、一九八五年、所収。

(24) 戸川安章（編）『出羽三山と東北修験の研究』名著出版、一九七五年、再録。

(25) 東方書院、一九三四年（ただし、東方書院版には刊行年の記載なし）。

(26) 牛窪弘善『修験道綱要』名著出版、一九八〇年。

(27) 島津伝道『羽黒派修験道提要』名著出版、一九八五年。

(28) 戸川安章（校注）『羽州羽黒山中興覚書』羽黒山史研究会、一九四一年。

(29) 戸川安章『出羽三山修験道の研究』佼成出版社、一九七三年。

(30) 戸川一九七三年著書（注29前掲）は漢数字で全一八のパートに分かれているが、そのうち次の五パートが戦前の論考もしくはその修正稿を再録している。四「羽黒山の霞場と檀那場」、六「羽黒修験の柴燈護摩」、九「羽黒山の阿闍梨講」、一一「神仏分離と出羽三山の信仰」、一二「別当、天宥の生涯とその事跡」。

(31) 初出は、財団法人『斎藤報恩会時報』第一六九号に発表したもの、とのこと。
(32) 注28前掲。
(33) 一九五〇年刊の『羽黒山伏と民間信仰』(鶴岡市公民館)の自序に、「羽黒修験の研究に私が手をそめてから、早いもので、二十年の歳月が過ぎた」とある。
(34) 『國學院雑誌』第四七―七号、一九四一年。
(35) 注33前掲。
(36) 由谷裕哉・時枝務(編)『郷土史と近代日本』角川学芸出版、二〇一〇年。
(37) 山口正博「『郷土』へのまなざしの生成」、『郷土史と近代日本』(注36前掲)。
(38) 戸川安章、『羽黒派修験道提要』解説(注23前掲)、一八九頁。
(39) 由谷裕哉「小田内通敏の郷土研究の再検討:『綜合郷土研究　茨城県』に注目して」、『京都民俗』第三五号、二〇一七年。
(40) 山梨県師範学校・山梨県女子師範学校(編)『山梨綜合郷土研究』山梨県、一九三六年。
(41) 由谷裕哉『白山・立山の宗教文化』岩田書院、二〇〇八年、三七―三八頁。
(42) 木場明志「医王山修験から里の修験へ」、『医王山文化調査報告書　医王は語る』福光町、一九九三年、二四三―二六七頁。
(43) 由谷裕哉「書評―宮本袈裟雄『里修験の研究』」、『季刊人類学』第一六―四号、一九八五年。
(44) 注26前掲。
(45) 「御入峯供奉日記」、横田稔(編)『武蔵国入間郡森戸村　本山派修験　大徳院日記』高麗神社社務所、二〇一〇年、六五—八三頁。

(46) 由谷裕哉「一山伏家から見た近世本山派修験」、『北陸宗教文化』第一三号、二〇〇一年。

(47)『郷土研究』第三—一号、一九一五年。のち『神樹編』(実業之日本社、一九五三年)に収録。『定本柳田国男集』第一一巻(筑摩書房、一九六九年)に『神樹篇』として再録。

(48) 日本大蔵経編纂会(編)『修験道章疏』二(復刻版)、一九八〇年、四五三—四九七頁。『三峯相承法則密記』は全一六三項目と付記からなるが、「柱松作法事」(上記書四六二—四六三頁)はその第三八に、「入成」に関する一連の説明の中に位置している。

(49) 由谷裕哉「修験道系柱松における神仏関係:戸隠・妙高・小菅山の比較」、『神道宗教』第二〇一号、二〇〇六年。

(50) 宮古市教育委員会(編)『宮古市史 民俗編』上下、宮古市、一九九四年。

第一部　柱松と近世修験

第一章　修験道系柱松をどう捉えるべきか
―和歌森太郎と五来重の所論を踏まえて―

本書第一部では、近世において修験者が関わった柱松に関わる儀礼を考察する。本章では、その研究史を回顧することを通じて、代案として本書第一部で筆者がとる方法論を提示したい。

一　問題の所在

柱松とは、切り出された樹木を柱のように加工したもの、もしくは木の幹や枝などを縛って柱状にしたものを、祭礼の場に一本または複数立ち上げた祭具、およびその頂上の御幣などの部分に点火する行事を指す。

夏の盆の頃に民俗行事として行われるものと、主に近世において修験者が一山の行事として執行していたものとに分けることができ、両者の性格はかなり異なると考えられる。すなわち、民俗行事としての柱松がフォークタームでは柱松と称されないこともあり、一般に夜間に行われて盆の迎え火的な性格を有することが多いのに対し、近世に修験者が関与したそれは必ず柱松と称され、かつ昼間に行われて修験者的な存在が柱の頂上に駆け上がる所作を特徴とする。さらに、関連する芸能を含む儀礼群となっている。

筆者は一〇年余り前より、後者を「修験道系柱松」と仮称することにしている。[1]その主な現存例としては、飯山市小菅神社（長野県）と妙高市関山神社（新潟県）の柱松、白山多賀神社の等覚寺松会（福岡県）[2]の三者が知られている。他に近世の執行例として、戸隠三所権現の柱松、および彦山（英彦山）松会[3]における柱松が知られており、前者は近年、試行的に復活している。[4]

筆者の立場は、修験道系柱松が旧来いわれたように民俗行事としての柱松を起源とするかどうか、といった起源論に一切関心を持つものではないし、そうした問いそのものに重要性がないと考えるものである。その理由は本章における主テーマではないので詳しく触れられないが、一六世紀前半の廻国の修験者・即伝による修験道教義書『三峯相承法則密記』（『修験道章疏』二に所収）[5]において、入峰に関する切紙が列挙される一環として「柱松作法事」が収録されていることから、その起源が何であれ修験道プロパーの儀礼として考究しうると筆者が考えるからである。

本章は、この修験道系柱松に学術的に取り組む枠組を確立するために、第二節および第三節で、これまで当該対象についての見方を決定づけてきたと考えられる和歌森太郎（一九一五―七七）および五来重（一九〇八―九三）の柱松論について、両者の修験道研究の中で位置づけたい。そのうえで第四節において、両者の所論に対する代案を求めることを目指すものである。なお、本章では検討の対象とする和歌森・五来両者の重要な著作について、注記せずに本文に書誌データを記す場合がある。

二　和歌森太郎の修験道および柱松研究

和歌森は、修験道研究の観点からはこの分野を切り開いた最重要人物の一人であるが、世間一般には民俗学のアカデミズムにおける地位を確立しようとした大学人、といった評価が妥当なのかもしれない。大学人としては出身の東京文理科大学、後の東京教育大学の教授を歴任し、筑波大学の創設に反対して都留文科大学に移り、亡くなる年まで同大学学長を務めていた。

実際、彼の膨大な著作群の中で、編纂物を除いて修験道プロパーの単著は、戦時中と敗戦後に一冊ずつしか存在しない。東京文理科大学の卒業論文に基づくとされる『修験道史研究』（河出書房、一九四三年）、および中公新書として刊行された『山伏　入峰・修行・呪法』（中央公論社、一九六四年）の二著である。以下、順に見てゆきたい。

『修験道史研究』については、平凡社東洋文庫版（一九七二年）を参照した。同書をあらためて通読すると、その刊行後に数多くの史料が見出された中世後期（第三章に該当）並びに近世（同、第四章）を除き、現時点で修験道史を祖述する場合でもそのまま追従可能なほど、きわめてオーソドックスな立論が展開されていることに驚かされる。例えば、第一章「修験道の由来」における平安時代の史料に登場する「験者」や「山臥」なる語の検討、金峯山に対する貴族の信仰とそこからの御嶽詣の生成、などなど。同書が本邦で初めての修験道についての纏まった通史であったこと、刊行された時期が和歌森の二〇代であったことも併せ考えれば、改めてそのクオリティに感嘆せざるを得ない。

そのうえで、同書につき二つの点を指摘しておきたい。

一点目。和歌森が東洋文庫版の解説で、「本書の中には民俗学的資料も少々とりいれられているものの、著者がこれを構成したころには、柳田のもとでの直接指導をようやくうけ始めたに過ぎぬ段階であり、そこからの吸収は不十分のままである」（三八二―三八三頁）と述懐しているものの、とくに「緒論」には、実証史学的というより民俗学的と呼びたいような立論が見られる。すなわち、里の民が水分神として山を崇敬するような感情が農耕の開始とともに生じ、そこに仏教の影響などによって山を修行の場とする宗教者が登場し、両者の出会いが後の修験道の濫觴であった、といった図式である。和歌森は里人の山に対する信仰の方を「民族的宗教感情」（八頁）と位置づけているが、外来の宗教者（仏教者など）に対峙させる形で在俗農民の信仰をいわば固有なものと想定するのは、典型的な民俗学の枠組ではないかと筆者には思えるのである。

二点目。和歌森は同書の後に著した『日本民俗学概説』(東海書房、一九四七年)[6]の一部や、博士論文の一部とされる『中世協同体の研究』(弘文堂、一九五〇年)、さらに戦前からの調査を踏まえた『美保神社の研究』(同社、一九五五年)[7]などにおいては、組織の変遷を歴史的に追跡する志向が濃厚だと考えられる。しかるに、『修験道史研究』で教派修験道の成立を扱う第三章、有名な中世修験道の近世的変質テーゼが見られる第四章では、当時知られていた史料の制約が大きいのかもしれないが、教団組織のダイナミックな変容があまり描かれていないように思われる。和歌森自身は同書解説で、「広汎に地方民衆生活にとけこんでいく近世の情況については、薄手である」(三八四頁)と反省の弁を述べているが、これはむしろ、彼が修験道教団の形成および維持という問題に積極的な関心がなかったからではないか、という気さえする。

次に一九六四年刊行の『山伏』を見たい。同書は全体が六つのセクションに分かれており、Ⅰが「山伏の印象」と題され、歌舞伎の『勧進帳』や山伏を天狗と混同するような通念から語り始められるように、本全体への導入となっている。次のⅡ「山伏の起り」からⅥ「定着山伏の実態」までが、ほぼ歴史的な順序に沿って語られている。文体は新書らしくかみ砕かれ、時にエッセイ風に進められはしているが、内容は『修験道史研究』から大きく変化しているとは思えない。二〇年余り遡る前著の第三章「教派修験道の形式と特性」と同様に同書のⅤ「山伏の組織化」についても、それと比べて現在の本山・当山両派の教団形成に関する研究は隔世の感があるという印象を受ける。

ただ、前著では堕落した存在であるかのように否定的に位置づけられていた近世の山伏について、同書Ⅵでの記述では、微妙にではあるが肯定的な評価を加味したものに変わってきている。例えば、修験道廃止に伴う記述の中で、山伏を「民衆の生活感情」(一七四頁)と結びついてきたと評価するなど。

これは、和歌森が敗戦後、九学会連合の総合調査に日本民俗学会から主要メンバーとして参加したり、[8]一九五八年以降に彼が実質的な主宰者として毎年実施していた東京教育大学民俗総合調査[9]の影響が大きいと考えられる。彼が『山伏』のまえがきで、「二十年前には知らず考えずにいた側面」として「地方的な山伏たちのことをも知ること」（三頁）をあげているのも、このような経験を踏まえてのことであろう。

実はこうした流れの中で、和歌森の修験道に関わる言説の中でおそらく最も早く、この『山伏』において柱松が言及されている。すなわち、近世彦山の松会（この語自体は登場しない）に触れる中で、「この柱松は、採灯護摩の民俗的基底にある行事であって、七月の盆にもよく行われてきた（信州戸隠山系統など）が、ここでは二月十三日であった。それでやはり予祝祭的意識をもって、五穀豊穣を祈るものとなってきた」（一五九頁）とあるからである。

因みに、ここでの「基底」なる表現のように柱松の原型的な存在として位置づけられていたかに見える採灯（柴燈）護摩さえ、別の箇所では民俗的なものを基盤にしていたと断定されている。「サイトウ」の語が「仏教上の言葉ではなく、「民俗語としてのサイ（サエ）に由来する」、「サエは遮る、境いを意味したが、境いの地にあって大きな火を焚く、いわゆるサイト焼きといわれる小正月の左義長《さぎちょう》のような行事を、密教の寺院内で行う護摩檀の護摩木と結びつけて、山伏たちが独特な屋外行事として仕上げていった」（一四五頁）などと記されているからである。

あまり真剣に評価したくないような、こうした言葉遊び的な柴燈・採灯護摩の語義論はともかくとして、和歌森が『山伏』以降に修験道系柱松を本格的に論じたのは、おそらく次の三本の論考に限定されるのではないだろうか。各々のタイトルに続き、丸括弧で初出メディアの書誌情報を付記する。

「柱松と修験道」（『日本民俗学会会報』第三七号、一九六五年）

「日光修験の成立」（肥後先生古希記念論文刊行会編『日本民俗社会史研究』弘文堂、一九六九年）

「戸隠の修験道」（戸隠総合学術調査実行委員会編『戸隠』信濃毎日新聞社、一九七一年）

なお、三本とも、和歌森自身の編纂による山岳宗教史研究叢書『山岳宗教の成立と展開』（名著出版、一九七五年）に再録されていることから、敗戦後の彼が柱松にかなりの関心を抱いていたことがうかがえる。

以上のうち三番目が最も纏まっており、同論考について筆者は二〇〇五年に信濃毎日新聞への寄稿で評価を付したことがあった。⑩既に複数の柱松事例に関する拙論でも同稿を要約ないし引用しているが、現在でも卑見に大きな変更がないので、ここでもそれをほぼ繰り返しておきたい。

和歌森はまず、いわば原初的な柱松行事が盆の時期に「古来の固有信仰に存した観念」である「精霊の送迎」のために柱松を一基立て、松明を投げるなどの方法で点火するものだったと見ている。さらに彼は、戸隠や英彦山などかつて修験者が集まった霊山に残る柱松行事を考察し、そこに修験者の「験くらべ」という性格を見出す。そして、このように修験者（山伏）が柱松行事に関わった結果、点火の遅速を競うという年占（豊作・凶作の占い）の意味づけが付加されたのだ、と結論しているのである。

和歌森の立論の中で小菅神社の柱松行事が、今は失われた戸隠の柱松行事が残存した例として引き合いに出されている。とくに、松神子と称される子供二人が若者に手を引かれて二本の柱松各々に突進する際、⑪合図をする「松太鼓」という烏天狗の面をつけた者と、この合図の前などに松神子の行列に付き添う「中ドリ」なる山姥のような面の者とを、両方とも「山伏がいわば変装した」と見ている（祭礼諸役の呼称は、和歌森の表記に従う）。

以上に対し二〇〇五年の拙稿では、小菅には戸隠にない神輿渡御があること、それと柱松への行列とが対になる点など、明らかに戸隠と異なる点が見られ、戸隠柱松の残存と捉えるのは無理があると指摘していた。

もっとも、和歌森の論は信濃毎日新聞社による戸隠の総合調査に寄与するためのものであり、彼の関心は小菅柱松にはなかったのかもしれない。信濃毎日の『戸隠』にも彼が編纂した『山岳宗教の成立と展開』にも、小菅柱松の写真が二葉ずつ掲載されているが、和歌森自身の撮影によるものではないらしく、彼がどれほど小菅の事例に真剣に取り組んだかも分からない。

とはいえ、『修験道史研究』で修験道研究をいわば開創した和歌森が、上述のように戸隠および小菅の柱松を例にあげながら、その起源は民間の盆行事に立てていた祭具だと位置づけたのだから、その影響力ははかり知れないほど大きいものがあった。とくに小菅柱松に関する地元を中心とする言説世界では、今も和歌森のこの見解を前提に考えを進める論者が多いように思えるのも[12]、致し方ないかもしれない。

三　五来重の修験道および柱松研究

二〇代で修験道に関する単著を上梓した和歌森と異なり、彼より長命であったこともあってさらに膨大な著作群を産み出した五来の場合、修験道への言及は一九五六年の論文「熊野信仰と熊野詣」[13]からと思われるので、年齢は四〇代後半であった。五来が高野山大学助教授・教授を経て、大谷大学教授に転任してしばらく後に当たる。

この分野に関する彼の単著はさらに遅れ、『高野聖』（角川書店、一九六五年）で斯界の評価を得て以降、『熊野詣』（淡交社、一九六七年）が本格的なものと考えられるので、和歌森の『山伏』からも後の出版になる。しかも、同書は紀行文の形をとりつつ、熊野の各所を彼の該博な仏教史や仏教教理に関する知識で解説してゆくスタイルの本であり、言及されている場所やテーマに関係する場合に限定して修験道や山伏が触れられるに過ぎない。

五来にとって本格的な修験道プロパーの単著は、『山の宗教＝修験道』（淡交社、一九七〇年）に始まると考えられる。

以下、同社から刊行された新版（一九九七年）により見てゆきたい。

本の帯にも強調されているように、同書は大峰奥駆け、羽黒山秋の峰、石鎚山鎖り行場など、現代に生きる修験道修行の体験記がメインとなっている。かつ、カメラマンを引き連れてのルポ的なスタイルで叙述が進んでゆく。ただし、ルポ自体は本全体の半分位の分量で、残りは『熊野詣』と同様、関連するイシューに関する蘊蓄の披瀝が主になっている。

本書刊行時に五来は既に還暦を過ぎていたので、修験道に対するスタンスは後の著述とさほど変わらない。序章で、「私は修験道を客観的に観察したり、文献的にとりあつかうことには最初から満足できなかった」（七七頁）、「修験道全般の理論的な考察はできるだけ避けて」（七九頁）と自らの立ち位置を表明し、本論は「野性の宗教」（八二頁）として修験道の性格を設定することから開始されている。

見られるように、ここには強い経験主義の志向と、修験道はもはや解明されるべき対象ではなく、既に五来の中で（「野性の宗教」などとして）結論が出ており、関連する細部をそうした結論および、（『熊野詣』など先行する彼の著作と同様に）仏教史や仏教教理の知識から説明することが著述の目的と化していたことがうかがえる。ただ本書に関しては、大峰奥駆けのルポがかなりの分量を占めていることが特徴となってはいた。

五来はこの後、一九七〇年代後半から八〇年代前半にかけて名著出版から刊行された山岳宗教史研究叢書に主要な監修者として関わったり、日本各地の民俗芸能への修験道の影響に関して多くの著述を行ったりしており[14]、新聞や雑誌などに修験道について連載した稿も少なくない[15]。晩年には、啓蒙的な『山の宗教―修験道講義―』（角川書店、一九九一年）を著したりもしている。

ここでは、『山の宗教＝修験道』とはやや異なる彼の修験道プロパーの著作として、『修験道入門』（角川書店、一九八〇年)にのみ触れておきたい。

同書は、一九七六年から三年間、雑誌『武道』に連載されたものを纏めた書だという。全体が六つの章からなっている内、第一章「山伏の開祖」が頁数の三分の一以上を占めており、大峯に始まり彦山・出羽三山・立山・白山・日光山・伯耆大山・石鎚山・富士山・箱根山・戸隠山の開祖が、啓蒙的に解説されている。以前の『山の宗教＝修験道』において、彼自身の修行体験記を収録していた大峯・出羽三山・石鎚の他は、木曽御嶽の御座や両山寺の護法飛びが若干言及されていただけだったのと比べて、見られるように地方霊山への言及が増えている。その結果、大峰熊野と地方霊山とを総合して一般化を求めるような、本質主義的な議論が多くなってきている。

例えば、彼の用語で三宮三院制というものがある。立山では里宮の芦峅寺中宮から発して、山頂の上宮(雄山神社奥社)、下宮が岩峅寺の前立社壇である立山寺がそれに当たるという(五五頁)。白山に関しても、越前・加賀・美濃の三方に山頂の上宮とともに下宮・中宮がそれぞれ存在するとされる(七五頁)。しかし、白山の場合、下宮・中宮の比定が明確でない越前側と美濃側に対し、この説を前提に計四つに当たる寺社を強引に措定してしまっている。この用語のように、経験に基づいて帰納的に作り上げたと推察される作業仮説が、いつのまにか本質ないし真理にすり変わってしまい、新たな事象を説明する時にあたかも自明であるかのように適用される、という立論を五来はしばしば行うようになってくる。

こうした本質主義的な立論の一環として、同書には何箇所かで柱松に関する言及が見られる(一七一頁、一八七―一八八頁、四〇三頁など)。それは、柱松を修験者の入出峰、とくに出峰に伴う験競べと位置づけるものであり(なお、五来は入峰の駆入りの柱松に関しても、験競べと位置づける場合がある)、一九七〇年代から晩年までの五来の他の著作物⑯

における議論とほぼ同じである。

以下には、その中で比較的詳細であると考えられる『宗教歳時記』（角川書店、一九八二年）における位置づけを参照することにしたい。ここでは、同社より二〇一〇年に刊行された文庫版によった。

まず、歳時記としての春のパートで、嵯峨清涼寺の大松明を『和漢三才図会』に出る愛宕神社柱松の名残と見る推定と併せて、これを旧暦二月一五日の愛宕修験による春峰入り駆入りの験競べとする（四六頁）。加えてその推論と関連させて、小菅神社柱松に言及がある（四七頁）。もっとも、現行で七月に行われる小菅柱松について、いつの峰入りに関連するかの記載はない。さらに、小菅柱松を紹介する際、「これとまったく同じ柱松」と形容される愛宕の方が、「もとは柱松の上によじのぼって点火する」「験競べ」（同頁）であったとするが、その根拠は明らかにされていない。

しかるに、愛宕修験の柱松について（あるいは、現存する嵯峨の大松明のことなのか分かり辛いのだが）さらに議論が続けられ、これと同時期の行事として等覚寺松会（旧二月一九日）を「点火しない柱松の登攀競争」とし、また箱根権現の旧二月一四日の「神木登り」も同種のものと推測する（四八頁）。そのうえで、嵯峨のお松明（と記されてはいるが、実際には五来がその原型と推測する、愛宕修験の柱松であろう）および等覚寺と箱根の行事を、「春峰入峰の柱松」と位置づける（四九頁）。

対して、「旧七月十五日（新暦八月十五日）前後に柱松が多いのは、山伏の夏峰出峰《なつみねしゆつぶ》の験競べだからである」（四九頁）、と推論は続く。もっとも、春のパートであるせいかこれに該当する事例は言及されないし、この旧暦七月というのは後述する夏パートの議論と矛盾するように思われる。

その夏パートでは、「戸隠修験の柱松をのこすといわれる」と和歌森太郎を念頭に置いたような表現で、小菅柱松（新暦七月一五日）と関山神社火祭り（同七月一八日）とに言及し、両者を「木登り型」の点火とする。それに対して、愛宕修験や熊野修験の柱松は「火揚げ型」であったとする(一八九頁)。もっとも、愛宕については前の春パートで旧二月については小菅と同じように柱によじのぼっていたという推定をしていたので、矛盾しているようにも思える。

加えて、愛宕火の古型を六月一五日であったという「推定」の傍証として、鞍馬竹伐が元は鞍馬修験の「夏峰入り出峰の蓮華会」であったが、「柱松の大竹を焼くと火事になるので伐ることにした」のだ、と位置づけている(一九五一一九六頁)。鞍馬竹伐については、過去の『続仏教と民俗』(角川書店、一九七九年)でも『修験道入門』でも蓮華会の験競べと位置づけられていたが、上記のような不可解な根拠に基づいていたとは驚きである。もちろん、こうした柱松への点火から竹伐りへ、という儀礼の変化は何ら検証されていない。

ともあれ、五来は夏峰入りは多く四月八日か一五日に入峰し、古くは七月一五日に出峰していたが、のちに六月一五日出峰が一般的となり、盛大な蓮華会験競べが行われたと纏めている(一九六頁)。とくに再確認はされないが、鞍馬竹伐と並んで小菅柱松および関山神社火祭りも、そうした蓮華会のような「修験行事の民間残留」(同頁)という位置づけであろう。

とはいえ、春のパートで疑問を呈しておいた夏峰出峰の時期については、同頁で旧歴六月と七月という新旧二通りの期日があったことが同書において初めて述べられるものの(なお、本書より前の『修験道入門』一八四頁にも、類似の議論があった)、そのことの検証はなされないままである。そもそも、六月一五日出峰だと夏安居に由来する一夏九旬にならないのでは、という疑問も全く取り上げられない。

以上のように五来の柱松論は、とくに夏峰出峰の時期に関して大いなる疑問が残るものの(因みに、近世における峰入りの史料が残っている日光では、夏峰出峰は七月とされていた[17])、霊山に関係する柱松の残存事例をおおむね春峰の入峰ないし夏峰の出峰と関連づけるものであった。五来の修験道研究は和歌森以上に地方在住にして在野の研究者に影響を与えており、こうした柱松の位置づけを何の疑いも持たずに地方霊山にそのまま適用するような議論が、後に続くことにもなった⑱。

四　代案の模索

1　両者の立論の再検討

前節までの考察によれば、和歌森太郎の修験道研究は実証史学による堅実なものであったが、『修験道史研究』の平凡社東洋文庫版（一九七二年）に自ら付した解説で、「本論は、中央にかかわり多い文献記録を本位に史料をさぐっていたため、近畿地方の、吉野、大峯、熊野を舞台とする修験道史になっている。その展開を支えた、民族としての民衆のあいだにこもる信仰に立ちいるところが弱いかともみられる」（三八三頁）、また先にも同じ箇所を引用したが、「広汎に地方民衆生活にとけこんでいく近世の情況については、薄手である」（三八四頁）と自己評価していた。

にも拘わらず一九六四年の『山伏』では、敗戦後に彼が行ったであろう地方での文書収集や民俗調査の成果が顕著には現れておらず、Ⅵ「定着山伏の実態」のパートで東北の山伏神楽、大山や石鎚の講、および岡山県の護法飛びが断片的に参照されるに過ぎない。「弱い」「薄手」と彼自身自覚のあった地方かつ近世に関わる分野は、和歌森の修験道研究の中でさほど進展しなかったと評価せざるを得ない。

問題なのは和歌森の柱松を巡る所論が、敗戦前の画期的だった中世以前を対象とする近畿地方中心の修験道研究にではなく、敗戦後に停滞してしまった近世かつ地方に関わる分野に含まれると考えられることである。加えて、本書でいう修験道系柱松の起源を民俗的な盆の柱松に求める所論においては、霊魂の送迎のような、先験的な（transcedental）とでも呼ぶべき霊魂観を想定した論に陥ってしまっている。『修験道史研究』の中でデュルケムを参照したり（東洋文庫版四六頁）、おそらく歴史学における師であった肥後和男からの影響によるだろうが、『日本民俗学概説』で氏神の祭祀組織に関してこだわりのある記述をしたり、『美保神社の研究』で詳細に祭祀組織の変化を追跡したりした和歌森が、柱松に関してなぜ社会的な実在を視野から遠ざけ、検証不可能な霊魂観念に依拠する議論に至ったのか、残念でならない。あるいは、民俗学の師に当たる柳田國男の柱松論⑲を否定することができないと考えたのだろうか。

五来重の場合、もう少し位置づけが単純であるように思われる。彼の修験道研究については本人が、庶民信仰研究ないし庶民仏教史の一貫として行っているのであり、修験道プロパーの解明を目指していないという趣意を再三表明している。したがって、それは修験道研究そのものではなく、誰もが合意する用語としての修験道（本山当山の教団および江戸幕府の本末制度におけるそれ）へと、後に結実するような宗教文化を遡及的に探求する試み、なのではないだろうか。彼が、自らの研究目的を「起源」と「本質」を明らかにすることだと明記してさえいるからである（『宗教歳時記』文庫版、一九六頁）。五来がしばしば、修験道を奈良時代以前から隠然とした一宗派として存在していたとか、場合によってはその原型的形態が縄文時代まで遡るかのように記すのは、そのような姿勢の反映であろう。

そうではあっても、柱松を春峰入峰ないし夏峰出峰と関連づけようとするなら、春峰や夏峰のような入峰スタイルがいつ頃成立したのか、あるいは南北に長い日本においてどの霊山でも同じ日取りなのか、などの疑問が生じざるを得ないだろうし、そこから柱松自体がいつ頃から入出峰と関わって登場してきたのか、という疑問も派生してくるかもしれない。

いずれも検証することが不可能な問いではあろうが、その中で入峰スタイルが確定した時期に関しては、奈良時代とか、あわや縄文時代に遡るものではないと考えられる。鎌倉初期に成立した『諸山縁起』に山伏の峰入り作法について記されるのがその初見ではないかと考えられているからであり、春峰や夏峰の詳細な修行体系や期日が定まってくるのは、当然もっと後の時代になってからであろう。そうだとすると、五来の修験道観と入出峰に際しての験競べという柱松の意味づけとは、時代認識のうえで数百年もの乖離があることになる。

そもそも、このような柱松と入出峰との関連づけにしても、先に参照した三宮三院制にしても、五来の経験から導かれた仮説であろうから、その姿勢は経験主義的(empirical)だとはいえる。しかしながら、そうした仮説が新たに考察される事象に対して妥当性を問われることが決してなく、自明なものとして適用されるのみであるのだから、彼の立場は実証主義的(positivistic)ではあり得ないと評価できるだろう。[20]

いずれにせよ和歌森・五来の柱松論は、これまで見てきたように両者とも反証可能仮説の形で提示されていない、という評価だけで必要十分かもしれない。もっといえば、柱松を巡る諸問題で、民間において霊魂の送迎のために立てられていた柱松を修験者が取り込んだとか、入出峰に伴う験競べであったとかの作業仮説を立てる必要があるのか、が問われるべきではないだろうか。和歌森や五来のような民俗学者は、複数の事例を比較して古型へと遡及しようとする志向があるのかもしれないが、こと修験道研究においてそれは全く生産的でないからである。

というのは、即伝の修験道教義書に見られるように一六世紀前半頃までに全国の霊山で類似した修験道が体系化されていた可能性が全くなくはないだろうが、万が一そうであったとしても、戦国末期の混乱と江戸開府によってそうした体制のほぼ全てが崩壊してしまったからである。現在、五来の云う「民間残留」として残っている修験道系柱松の直接の原型は、中世末までに本邦全土で類似性が存在していたかもしれない修験道体系が悉く破壊された後、江戸幕府の宗教統制下において地方の権現社で行われていた行事なのである。そして、それらの権現社は、多くが本山・

当山という修験道教団の系列ではなく、天台・真言宗の寺院が別当を務めていた。

和歌森や五来の作業仮説は、近世において柱松を取り巻いていたこうした事情にことさら目をつぶり、中世以前の柱松へと遡及しようとしたのだろうが、中世における形態を検証したり反証したりするデータが今後発見される見込みがほとんどない以上、そのような議論の不毛さを自覚すべきであろう。

2　両者の代案

それでは、両者の代案をどのように求めるべきなのだろうか。

筆者は、修験道系柱松は現行の次第から直接遡行しうる近世に定位して探求すべきではないか、と考えている。つまり、近世権現社の祭礼における柱松を巡る儀礼群、という位置づけである。

対して和歌森太郎および五来重の場合、修験道系柱松が近世社会において権現社祭礼の中で執行されていた点については、両者とも一切考慮していなかった。

和歌森の場合、信濃毎日新聞社の『戸隠』（一九七一年）における論考において戸隠の一山組織およびその変化は課題とされていたが、柱松行事を執行する祭祀組織および祭場のいずれにも、全く光が当てられていなかった。これは史料的な制約もあるだろうが、彼自身が参照していた『三所大権現祭礼之次第』なる柱松行事の次第書に儀礼の祭場や参加者は描かれているのに（同書二八四頁）、和歌森はそうした組織や祭場空間を重要なものとして顧慮しなかったのである。

五来の場合、彼の修験道研究全般に教団組織についての関心が欠落していることもあり、言及される数多くの霊山関連の柱松のほぼ全てについて、執行者や執行される場（とくに、それが神社か寺院か）について彼が触れることはなかった。

以上は、彼らが近世における修験道を重視していなかったこととも関係するであろう。それに対して、筆者は近年、近世修験道を再評価する共同研究を行ってきており[21]、旧来からの修験道研究史に疑念を表明したいと考えている。なぜなら、江戸幕府は修験道教団を本末制度の中に位置づけており、藩ごとの寺社書上げに数多くの修験が固有名詞で見られるからである。つまり、修験者は近世社会において、中世におけるより日常的でありふれた宗教者であったはずである。

そうした修験者がどのような宗教活動に携わっていたのか、いわゆる里修験的な活動、都市部に近い霊山での代参講などの結成、立山芦峅寺衆徒のような遠方での勧進活動などなど、解明が徐々に進んでいる局面はあるものの、現在までの研究では不分明の部分がまだ多い。そうした未解明部分のひとつが、彼らが主体となって近世の権現社祭礼において営んできた儀礼としての、柱松行事だったとは考えられないだろうか。このように、近世において修験者が率先して管掌してきた儀礼だと柱松を位置づけることこそを、全ての出発点とすべきであろう。

そこで、儀礼に対するアプローチということでは、人類学におけるヴァン・ジュネップに遡るような儀礼の継起性(sequence)に対する関心と、マリノフスキーに遡るような儀礼の機能(function)に対する関心という、双方が想起されるであろう。前者を儀礼の過程分析、後者を儀礼の組織論、と言い換えることもできよう。儀礼に関してこの両側面に留意して考察するということは、すなわち儀礼が行われる文脈(context)をおさえることにつながるであろう。

対して、和歌森や五来の柱松論における霊の送迎や験競べといった議論は、儀礼が執行される文脈から逸脱した、先験的な意味づけを求めることでしかなかったと評価しうる。

以上から、修験道系柱松を分析する枠組として新たに求められるのは、現存する修験道系と考えられる柱松行事を行う小菅神社・妙高関山神社・白山多賀神社（等覚寺松会）など、あるいは近世の史料から戸隠・彦山など各々の事例について、柱松を立てて儀礼を執行する文脈を、継起性および組織論の双方から徹底的に考究することではないだろうか。

その場合、継起性に注目する過程分析としては、柱松に点火する手順、神輿渡御があるかないか、何らかの芸能を伴うかどうか、などについて精査することであろう。

組織論的には、これらのうち現存する三者全てが神社祭礼であり、近世には権現社の祭礼であったことへの注目から出発し、近世における当該権現の別当や修験者（山伏）、社家らの祭礼への関与の仕方などに焦点を絞っての分析が、必要になるだろう。その際、修験者が儀礼のどの部分に関わるのか、なぜ彼らが必ず儀礼でその部分に求められるのか、といった点にも留意したい。近世の権現社において、柱松が修験プロパーの儀礼ではなく、彼らを含むその他聖俗の人々による儀礼群となっていたことが大半だったと考えられるからである。

もう一点、以上のような人類学的な儀礼研究から離れて考えれば、近世が二百数十年の長きに渡り、その後に神仏分離があったことから、個々の柱松を巡る儀礼群の現在に至る変化も、重要なテーマとなるのではないだろうか。

個々の事例を、以上のように複数の観点から近世権現社の祭礼という文脈において考究することによって、重出立証法や本質主義が導いたような作業仮説（それらは、いずれも反証不可能なものであった）とは異なる方向で、修験道系柱松の一般的なあり方にも接近できる可能性が生まれてくるのではないか、と筆者は期待しているのである。

以下、これに続く章では、順に小菅神社柱松柴燈神事（第二章）および関山神社火祭り（第三章）を考察の対象にあげる。また、白山多賀神社の等覚寺松会と近年試行的に復興された戸隠神社の柱松についても、第三章およびその付論において補足的に触れることにしたい。

注

（1）由谷裕哉「修験道系柱松における神仏関係：戸隠・妙高・小菅山の比較」、『神道宗教』第二〇一号、二〇〇六年、参照。

（2）近年の研究として、次を参照。中村琢『『伝統』をつなぐこと―等覚寺の松会の伝承についての一考察―』、『宗教研究』第三七四号、二〇一二年、同「近世等覚寺の松会とその変化」、『日本民俗学』第二八一号、二〇一五年。

（3）同じく近年の研究として、次を参照。山口正博「英彦山系修験霊山の松会」、『國學院大學大学院紀要―文学研究科―』第三六輯、二〇〇五年、同「『松会の成立』へ―中世彦山における儀礼群の集約―」、『宗教研究』第三六二号、二〇〇九年。

（4）由谷裕哉「復活して四回目の戸隠柱松神事―とくに祭場に注目して―」、『長野』第二八七号、二〇一三年、参照。

（5）即伝による『三峯相承法則密記』所載「柱松作法事」の内容については注1の旧稿で概略したが、要点は柱松を入成《いりなり》、すなわち修験者が入峰するに当たっての前行と位置づけていることだと考えられる。本文で後述するように、五来重は霊山に関係する柱松行事を修験者の入出峰、とくに夏峰出峰の験競べと位置づけており、彼は全く『三峯相承法則密記』の当該箇所に言及しないものの、何らかの着想の起点となった可能性は考えられる。とはいえ、即伝による上記切紙には（入峰の前行などで当然ではあるが）験競べという意味づけが全くないので、本章における以後の考察ではこの点に立ち入らないことにしたい。

（6）同書の評価については、柏木亨介「和歌森太郎の伝承論における社会規範概念」、『史境』第五九号、二〇〇九年、参照。

（7）同書および『中世協同体の研究』の評価については、伊藤幹治『宗教と社会構造』弘文堂、一九八八年、二二二―二三〇頁（和歌森太郎の祭祀組織論）、参照。

（8）そのうち能登調査に関しては、由谷裕哉「九学会連合能登調査と加能民俗の会」、『加能民俗研究』第四二号、二〇一一年、参照。

（9）柏木亨介「和歌森太郎の民俗学―民俗総合調査を中心に―」（国際常民文化研究所第三回公開研究会配付資料、二〇一〇年九月二五日）を参照。同資料は、次のURLにpdfファイルの形で掲載されている。http://icfcs.kanagawa-u.ac.jp/news/ovubsq0000000w7-att/wakamori(1).pdf（二〇一七年一〇月最終確認）

（10）由谷裕哉「小菅神社の柱松行事―戸隠の残存例かは疑問」信濃毎日新聞二〇〇五年三月二二日記事。

（11）現行の執行では、和歌森が記すように「松神子の手を引いた若者が柱松めがけて突進」するのではなく、それぞれの松神子が松子若衆と呼ばれる若者二人に両側から抱え上げられた形で、計四人の若衆が二組に分かれて松神子を抱えたまま、それぞれの柱松に掛けてゆく。なお、小菅神社の柱松については後掲第二章で詳論する。

（12）例えば、笹本正治（監修）『火祭り』ほおずき書籍、二〇〇二年、参照。同書は、二〇〇一年七月の小菅柱松前日に飯山市内で行われたシンポジウム記録であるが、タイトルに見られるように、全体の方向性として小菅柱松を民俗的な火祭り行事の一環として位置づけようとする方向性があると考えられる。

（13）五来重「熊野信仰と熊野詣」、『日本文化風土記　五　近畿編』河出書房、一九五六年。

（14）例えば、五来重「六日祭と白山修験道」、五来（編）『講座日本の民俗宗教　六　宗教民俗芸能』弘文堂、一九七九年、参照。同論については、以下の拙稿でコメントを加えた。由谷裕哉「白山比咩神社文書から考える北陸の中世芸能」、『石川の歴史遺産セミナー講演録　白山』石川県立歴史博物館、二〇〇九年。

(15) こうした新聞や雑誌への寄稿を纏めた書として、本文で触れた『修験道入門』の他、五来重『修験道の歴史と旅』(角川書店、一九九五年)、『五来重著作集　五　修験道の修行と宗教民俗』(法藏館、二〇〇八年)などがある。

(16) 例えば、一九七三年に毎日新聞に連載された「修験道の歴史」(その再編集が、注15前掲の『修験道の歴史と旅』)、『続仏教と民俗』(角川書店、一九七九年)、『修験道入門』(同、一九八〇年)、一九八一年から八七年に『アーガマ』誌に連載された「修験道の諸相」(その再編集が注15前掲の『修験道の修行と宗教民俗』)、『山の宗教―修験道講義―』(角川書店、一九九一年)など。

(17) 和歌森太郎「日光修験の成立」(初出一九六九年)、和歌森(編)『山岳宗教の成立と展開』名著出版、一九七五年(再録)、を参照。

(18) 例えば、次の論考では関山神社火祭りを妙高修験の夏峰出峰と関連づける議論が見られる。大場厚順「妙高山信仰の変遷と修験行事」、鈴木昭英(編)『富士御嶽と中部霊山』名著出版、一九七八年。同祭礼については後掲の第三章で詳論するが、近世に関山権現の別当寺である宝蔵院に関連する修験者が妙高山に夏峰修行したことはなかったと考えられる。同祭礼の近世的な形態は六月一七・一八日に行われ、二三日に一般の参詣者の妙高山登拝が許されていた。

(19) 柳田國男は尾芝古樟名義で『郷土研究』三―一号(一九一五年)に発表した「柱松考」において、柱松という考察対象を見出した。同稿は播磨地方の盆において、村人が先に石を結びつけた縄に火を点じ、それを廻しながら、藁の入った漏斗状の物を上部に付けた檜の木数本に投げ上げて火を点じる、ヒアゲという習俗が紹介されることから始まる。尾芝(柳田)はあえて、「播州でも元は柱松と呼んでいた」らしいと付記している。以下、盆の火祭り事例が多く紹介されるが、彼はこの短い稿の終わりに至って、信州戸隠山七月七日の柱松の祭事、関山三社大権現の六月一七日の祭、月山神社の松例祭という修験霊山に関係する三事例をあげ、冒頭の事例以降の盆の火祭りと類似したものであると示唆する。

明らかに時期の異なる松例祭については、年占だという点で戸隠や妙高と類似するのだと位置づけている。和歌森をはじめとする柳田に薫陶を受けたフォークロリストたちは、柱松という考察対象をこれ以外の枠組から捉えることが難しかったのかもしれない。もっとも尾芝(柳田)は、戸隠について『真澄遊覧記』、関山について『越後志略』、松例祭について『日本宗教風俗志』を参照する形で議論しているので、少なくとも関山神社火祭りをこの時点で実見していなかった可能性がある。柳田は後の『郷土生活の研究法』などでヴァン・ジュネップを参照しているように儀礼の継起性について意識的だったと考えられるので、もし関山神社火祭りを実際に見ていたなら、「柱松考」で言及された多くの事例のような盆に火を投げるタイプの火祭り行事と同一視しなかったのではないか、と筆者は考えている。

(20)　本章のような修験道研究プロパーからの関心ではなく、五来重の仏教民俗学の意義を積極的に見出そうとする観点からの次の論考が、彼の修験道研究の評価に関しても啓発的であろう。林淳「五来重と仏教民俗学の構想」、『宗教民俗研究』第一八号、二〇〇八年。その五九頁に、次のようにある。「(前略)修験者が原始に回帰したいという思想を持っていたという言説は、論理的に成り立たないのではないか。なぜなら修験者に、私たちと同様な『原始』『回帰』という近代的な観念はあるはずはないからである。回峰行を説明するにあたって使われた『滅罪』『原始回帰の思想』『海の修験』のキーワードは、思い込みの先行したものであった」。

(21)　時枝務・久保康顕・由谷裕哉・佐藤喜久一郎『近世修験道の諸相』岩田書院、二〇一三年、参照。

第二章　北信濃小菅権現の祭礼における柱松と修験者

一　問題の所在

本章では近世に修験者が関与した柱松の典型として、長野県飯山市の小菅神社（旧・小菅権現）で行われる柱松行事を事例として考察したい。

前章でも定義した通り、柱松とは切り出された樹木を柱のように加工したもの、もしくは木の幹や枝などを縛って柱状にしたものを、祭礼の場に一本または複数立ち上げた祭具、およびその頂上の御幣などの部分に点火する行事を指す。夏の盆の頃に民俗行事として行われるものと、中世から近世において修験者が一山の行事として執行したものとに分けることができ、両者の性格はかなり異なると考えられる。

すなわち、民俗行事としての柱松が一般に夜間に行われ、盆の迎え火的な性格を有することが多いのに対し、近世に修験者が関与したそれは昼間に行われ、修験者的な存在が柱の頂上に駆け上がる点、および関連する芸能を含む儀礼群となっている点が、民俗的なそれと対照的だからである。

本章で取り上げる小菅神社、近世の小菅権現の柱松は、後者の近世に修験者が関与していた柱松行事の一例、ということである。同神社の「柱松柴燈《さいとう》神事」（現在の称）は、近世には六月四日に、改暦後は七月一五日に行われていた

写真１　松太鼓手（くねり山伏）と仲取（2010年）

が、近年は経費上の問題などから三年に一度、七月中旬の日曜日を中心に行われるようになった。

筆者がこの行事に関心を寄せる理由は、修験道と柱松との関係に初めて学術的にアプローチしたと考えられる、民俗学者の和歌森太郎（一九一五―七七）による一九六五年の論文「柱松と修験道」[1]が、この行事を主な事例として考察しているからである。和歌森の立論については前章でも検討したが、ここでは小菅柱松との関係に着目して概観することとし、そこから本章の議論を始めたいと思う。

和歌森はまず、いわば原初的な柱松行事が盆の時期に柱松を一基立て、松明を投げるなどの方法で点火するものだったと見ている。さらに彼は、戸隠や英彦山などかつて修験者が集まった霊山に残る柱松行事を考察し、そこに修験者の験《げん》くらべという性格を見出す。そして、このように修験者（山伏）が柱松行事に関わった結果、点火の遅速を競うという年占《としうら》（豊作・凶作の占い）の意味づけが付加されたのだ、と結論している。

和歌森の立論の中で小菅神社の柱松行事は、今は失われた戸隠の柱松行事が残存した例として引き合いに出されている。とくに、松神子《みこ》と称される子供二人が二本の柱松各々に駆け出す際、合図をする「松太鼓」という烏天狗の面をつけた者と、この合図の前などに松神子の行列に付き添う「中ドリ」なる山姥のような面の者（写真1）とを、両方とも「山伏がいわば変装した」と見ている（祭礼諸役の呼称は、和歌森の表記に従う）。

筆者はこれまで都合三回この祭礼を拝見し、また同じように近世に修験者が関与していた柱松行事として、新潟県妙高市関山神社の火祭りと[2]、福岡県京都郡苅田町白山多賀神社の等覚寺松会を拝見するなどの経験を踏まえ、このような和歌森の立論に違和感を抱くに至った。それは、次の二点に集約できる。

第一に、和歌森の立論が一九一〇年代の尾芝古樟（柳田國男の筆名の一つ）による柱松という対象のいわば発見[3]を継承し、柱松という民俗事象の意味の追求が第一義となっていることに対する疑念である。すなわち尾芝（柳田）以来、民俗事象としての柱松の意味は出し尽くされており、祖霊的な神霊の降臨、通過儀礼、年占、山伏の験競べ、といったおよそ四種またはその混合、という結論にならざるをえない。上述した和歌森による小菅柱松の位置づけも、こうした枠組の延長上にあると考えられる。

そうであってみれば、そのような結論の予測される問題に屋上屋根を重ねる意義はどこにあるのか、ということになる。その代案として、本章では小菅を含む柱松行事の宗教的意味を棚上げすることを提唱したい[4]。

第二に、これも和歌森を遡る柳田以来と思えるのだが、柱松を立てる祭礼という、いわば文脈に対する関心の薄さへの疑義である。修験道関連ではない民俗行事としての柱松を例にとると、能登半島で夏に盛んに行われる柱松行事では、盂蘭盆の霊迎えとして七月一三日に柱松を立てるケース（羽咋郡志賀町、輪島市門前など）は神社祭礼と全く関係しないが、柱松の形は類似していても、神社祭礼の中でそれが立てられて点火されるケース（能登島火祭り、八坂神社のあばれ祭り、南志見住吉神社の水無月祭り、輪島大祭など[5]）は、当然ながら盆の霊迎えとは全く無関係であり、祭日も七月一三日とは異なっている。

対して修験道関連の柱松行事の例としてよく知られている、近世における彦山松会と戸隠の祭礼、現行の妙高・小菅、および等覚寺松会という計五種は、いずれも神社、近世には権現社の祭礼である。和歌森やそれを遡る柳田の柱松論には、こうした柱松を立てる文脈への関心が皆無であった。

さらに、この五通りのうち、近世の戸隠と近世から現行の妙高山祭礼では柱松への神輿渡御が行われないのに対し、近世の彦山松会と現行の等覚寺松会、そして本章で事例として取り上げる小菅柱松では、柱松に関わる儀礼群の始まりの前に、柱松近くのお旅所への神輿渡御が行われる。

とくに、このような小菅柱松における神輿渡御と柱松行事との密接な関連は、それが見られない近世戸隠の柱松とは著しく異なった儀礼要素と考えられるのであり、この点だけでも戸隠の残存例として小菅柱松を捉える和歌森の五〇年以上前の柱松論に対し、代案を提出する必要があると筆者は考えるのである。さらに、この五事例の中で小菅柱松のみ、講堂という仏教的施設の前に柱松が立てられる。

そこで本章では、第二節で現行の祭礼次第について概観したうえで、第三節で小菅柱松の文脈を構成する時間・空間・組織の変化を近世にまで遡って考究する。以上を踏まえて、第四節で小菅柱松を近世の権現社祭礼という文脈に位置づけてみたい。

二　小菅神社柱松柴燈神事・現行の祭礼次第

1　祭礼における位置関係・概観

本祭礼の次第を概観するにあたって、重要な意味をもつ山内宗教施設の位置関係について、まず見ておく。なお、その通時的な変化については次節で検討を加えることにしたい。

小菅の集落はもとの院坊を継承していると考えられ、小菅山の西側中腹にほぼ東西方向に展開している。千曲川にかかる大関橋を渡り、左折して少し北に進み、次に右(東)に折れて道なりに進むと二の鳥居となる。さらに道なりに進むと仁王門に行き着き、そこが小菅集落の入口となる。

祭礼と関わる重要な宗教施設の第一が、この仁王門からやや坂道を上って向かって左（北側）に曲がり、長い参道を進んで到達する里宮である。ここで例祭が行われ、神輿が出御する神輿庫、および祭礼前夜の献燈祭で最後に獅子舞が舞われる神楽殿も、ここにある。

そこからやや山頂寄り、集落のほぼ中心に位置しているのが講堂である。祭礼時に二本の柱松が講堂前南側の広場に立てられ、これら柱松を広場のやや東側（山頂方向）から仰ぎ見る形で、常設の御旅所がある。ここへは、祭礼で柱松への点火と並ぶ主要な行事である神輿渡御がなされる。

里宮・講堂・御旅所の他に祭礼と関わってくる宗教施設が、さらに二つある。

一つは、里宮や講堂から山頂への登拝道を挟んで南側の、より山頂・東側に位置する、護摩堂と称する建物である。これは、かつての小菅権現別当・真言宗大聖院の跡地とされる場所に立地する建物で、今は祭礼時以外ほぼ使われない。付近に滝と池があり、祭礼時に祭りの諸役の禊ぎに使われる。

もう一つが山頂付近の奥社（旧・奥院）で、祭礼前夜に松神子と呼ばれる稚児がここで両親や神職などと共にお籠もりをする。ここには、修験道の開祖・役小角《えんのおづぬ》像が祀られている。

これら以外の集落内の宗教施設として、御旅所の裏手に東・山頂方向にやや離れてあるのが、小菅権現の本地とされる馬頭観音をまつり、信州三十三観音霊場の第十九番札所とされている観音堂である。近年、そのすぐ近く、観音堂から見て講堂寄りに、資料館を兼ねた文化財収蔵庫が建造された。

この観音堂は、現在集落に唯一残る寺院である真言宗智山派菩提院の堂と位置づけられている。その菩提院は、集落を東西に横切って山頂に向かう坂道に面して、講堂よりやや山頂側にある。

この他、現在は宗教施設の体を為していないが、集落が終わる所にある鳥居をくぐって山頂に向かい、三五〇メー

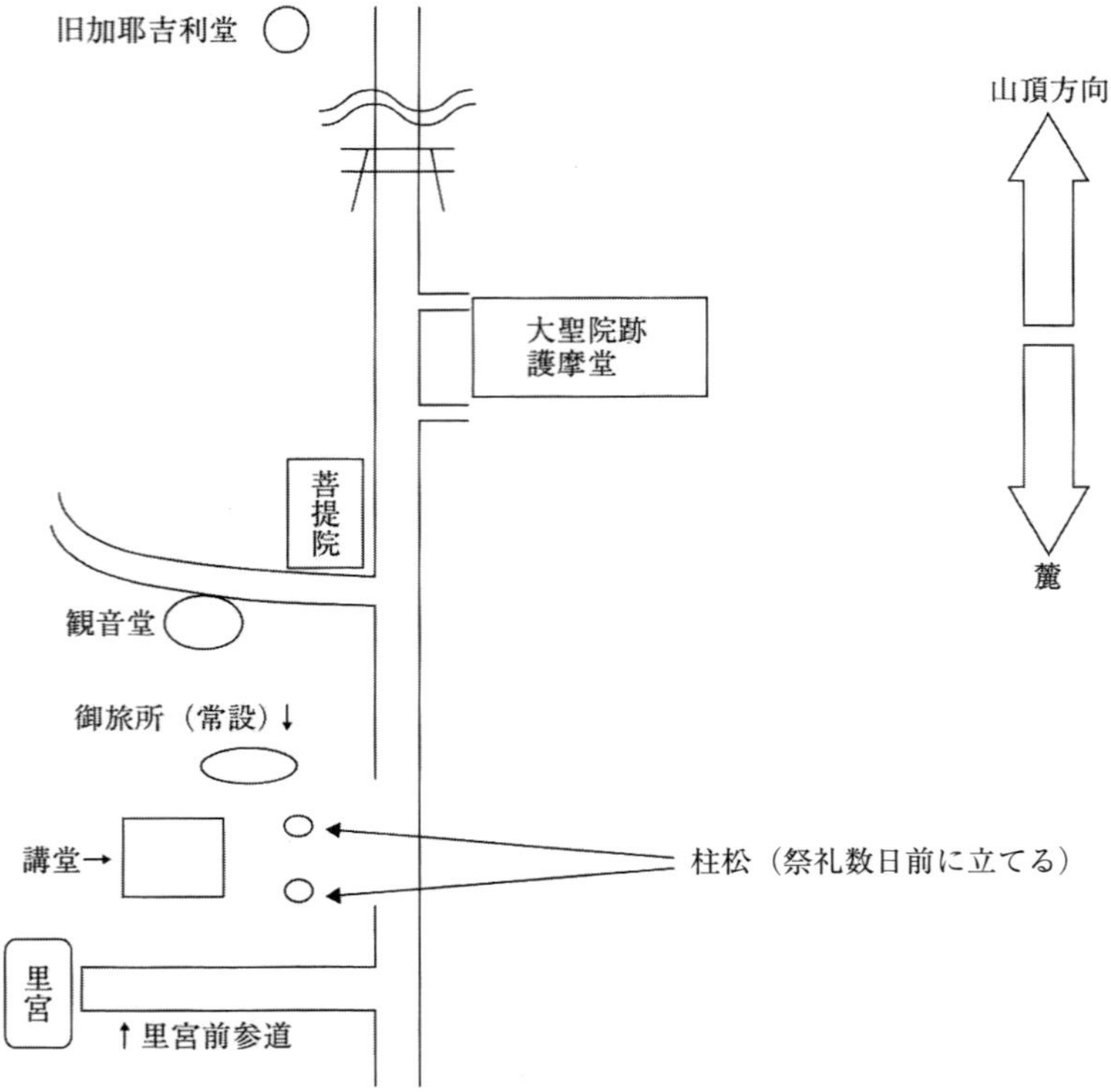

図1　小菅神社周辺の宗教施設概念図

トルほど山道を登った向かって左側（北側）が平地となっており、そこに今は観光用に四阿《あずまや》が設置されているが、その辺りがかつて馬頭観音を祀った本地堂、もしくは加耶吉利堂（馬頭観音の梵字がカヤグリパであるところから）があった場所とされている。[6] 上述した現在の観音堂（菩提院観音堂）は、明治二七年（一八九四）に加耶吉利堂を麓側に移したものと考えられているが、現在の四阿の場所も加耶吉利堂のオリジナルではなく、さらに昔は山頂に近い場所にあったという説もある。[7] 以上については、図1を参照されたい。

　もっとも、これらのうち奥社・観音堂・菩提院、旧加耶吉利堂跡の四阿という四者は、奥社が例祭前夜からのお籠もりの場となる以外、現在の小菅神社柴燈神事そのものとは全く関係しない。

2　祭礼次第の概観

さて、小菅柱松は人口減少のため、一九六八年以降は三年に一度の開催とされるようになった。また、一九八九年の執行より七月中頃の日曜日（献燈祭は前日）に行うようになり、現在に至っている。

筆者が拝見したのは二〇〇一年度、二〇〇四年度、および二〇一〇年度のみで、しかも祭礼全体にくまなく密着することはできなかったが、他に一九八三年の執行を詳細に記録したヴィデオソフト『北信濃小菅神社の柱松神事』（イメージ・ハウス・プロダクション、一九八三年）、一九九二年の執行をこれも詳細に記録した鷲尾恒久（編）『小菅の里夏物語・柱松―百人の主役たち』（小菅むらづくり委員会、一九九二年、以下鷲尾報告書と略）、笹本正治を中心とした信州大学のグループによる二〇〇四年度および二〇〇七年度の記録――主なものとして、二〇〇四年度に関する『長野県飯山市小菅総合調査報告書　研究・調査編』（飯山市教育委員会、二〇〇五年、以下『二〇〇五年報告書』と略）、および両年度に基づくとされる笹本正治『修験の里を歩く』（高志書院、二〇〇九年、以下笹本二〇〇九年著書と略）――があるので、一九八三、一九九二、二〇〇四、二〇〇七という四年分の、いわばエスノグラフィックな記録が残っていることになる。さらに、祭礼次第はほぼ言及されないものの、信州大学の土本俊和を中心とした祭場に関する詳細な記録である『北信濃の柱松神事にみる祭の景観』（飯山市教育委員会、二〇〇七年）も出されている。

祭礼の執行者は、神職以外は小菅の住民を主体とする世俗の人々である。もっとも、神輿の担ぎ手には小菅村外の住民もかなり含まれている。祭礼諸役は、鷲尾報告書に記録されている年度がある。

祭礼は柱松の準備の部分も含めるとほぼ一週間におよぶが、ここでは柱松への点火とそれに関わる儀礼要素に主たる関心があるため、祭礼当日および前日に限定して概略したい。柱松は、例祭前日までに既に講堂前に立てられている。

なお、祭礼前夜に行われる「献燈祭」は柱松行事とほぼ関係がなく、祭祀担当者も祭事部長など若干が翌日の祭礼と兼務する以外は、猿田彦や獅子舞の演者など主要な役割は翌日と関係しない。しかも、例えば小菅神社所蔵の年不明だが一八世紀頃らしい『永代行事』の六月四日祭礼の前日に、「三日晩、奥院江代僧遣、松子も遣」(『二〇〇五年度報告書』九六頁)とあるのみで、献燈祭について全く記載されていないことから、近世には行われていなかったとも推察できる。ただ、現在でも柱松を巡る日曜日の儀礼群とは別に毎年この時期の土曜夜に執行されており、祭礼次第を紹介する上記四年度分においても必ず紹介されるという慣例を尊重し、以下の概略では写真を付さない形で併記しておくことにする。

また、上記のような詳細な記録が複数あるので、とくに説明が必要な次第についてのみ簡単に紹介するに留めたい。時間は、おおよそのものである。

祭礼前日(二〇〇一年度は七月一四日、二〇〇四年度および二〇一〇年度は一七日)

一四時半　松神子の禊ぎ：松神子とは柱松に担ぎ上げられる幼児で、二人いる。翌日の例祭時には烏帽子をかぶり、赤の衣裳を着る。

一六時　松神子と保護者が、奥社へ参籠。

二〇時　献燈祭：護摩堂前、社務所前での獅子舞、猿田彦による注連切り、里宮神楽殿での獅子舞、直会など(祭礼のこの部分のみ、毎年行われる)。

祭礼当日(二〇〇一年度は七月一五日、二〇〇四年度および二〇一〇年度は一八日)

六時　松神子一行、下山し護摩堂へ。

八時　松子若衆一二人、護摩堂前庭の池での禊ぎ：松子若衆とは、両柱松上で松神子を担ぎ上げたり点火を試みたりする者が各三人、地上で松神子を誘導したり抱え上げて走ったりするサポート役が各三人で、合計一二人いずれも白地に柄の浴衣のような出で立ちで、襷をかけている。

九時半　火口《ほくち》焼き神事：護摩堂の前庭で神職と一二人の松子若衆により、火花を受けるための炭の粉（火口）が作られる。

一〇時　例祭行列：護摩堂内での神職による祝詞奏上などの終了後、「例祭行列」が護摩堂を出発し里宮に向かう。一九八三年度のヴィデオソフトでは護摩堂前から里宮への単なる移動と説明されていたが、一九九二年度の鷲尾報告書には「例祭行列」と明記されている。その一九九二年度には小菅区長・総代会長・警護・槍・楽人・氏子総代などが前を歩き、神職・長柄・唐櫃や二人の松神子などが続き、後方に来賓が連なると記されていた。二〇一〇年度は楽人のすぐ後ろに四人の巫女が続き、その後に氏子総代・神職や松神子とその親、さらに来賓などが続いていた。一九八三年度のヴィデオソフトにも巫女の姿は見えなかったが、笹本二〇〇九年著書四四頁には巫女四人が記録されているので、どの年度かは不明ながら、明らかに近年になって巫女がこの行列に参加するようになったことが分かる。

一〇時半　例祭行列が里宮に到着すると、その前で例祭が執行される。二〇一〇年度の執行では神職が祝詞を奏上している方向に里宮拝殿があったが、比較的近年までこの例祭行列の一行は里宮に到着するとすぐ里宮拝殿に入り、拝殿内で祝詞奏上、玉串奉奠などを行っていた（ヴィデオソフト、鷲尾報告書、笹本二〇〇九年著書を参照）。拝殿の外で例祭を執行するようになったのは、例祭行列に参列する来賓が増えたための対処だろうか。

一三時　神輿行列：例祭終了後に関係者一同が護摩堂に移動し、そこでの昼食後に行われる、この日二つ目の行列である。この行列を「祇園行列」とも称するのは、小菅八所権現のうち小菅権現の祭神を素戔嗚尊とすることから来

写真2　神輿への祝詞奏上(2010年)

写真3　神輿行列(祇園行列)における猿田彦・天手力雄・天鈿女(2001年)

るらしい。
まず、里宮前の神輿庫から神輿が出され、神職による修祓や祝詞奏上が行われる(写真2)。その後、神輿が参道を鳥居方向に出発し、参道で行きつ戻りつを繰り返す。行列の先頭には警護・槍と共に猿田彦・天手力雄・天鈿女が位置する(写真3)。神輿の後ろには、警護・槍・巫女・来賓などが続く。笠をかぶる警護は計六人、かぶらないで羽織のみの槍は計四人おり、この日の三回の行列とも全て同じ人が担当する。鷲尾氏報告書に一九九二年度の演者の記名がある。

神輿はゆっくりお練りを続けながら松子若衆も担ぎ手に加わり、鳥居をくぐる辺りから一進一退しなくなり、先頭の行列と共に講堂方向に坂道を上り始める。やがて講堂前の両柱松の間を通り抜け、一四時前には御旅所へ到着する。二〇一〇年度の担ぎ手は前半分が松子若衆で、後ろが里宮神輿倉を出た時からの担ぎ手であった。もっとも、別の年度(二〇〇一年度など)では松子若衆が後ろ側を担いでいたこともある。

一五時　柱松行列：先ほどの行列終了後、一時間以上の間をおいてこの日三つ目の行列が始まる。この時刻までに護摩堂に集まっていた関係者が、西の麓方向へ出発する。行列は、総代会長・槍・猿田彦・松榊・尾花・燧石・松神子・仲取・松太鼓手・巫女・宮司らである。

警護・槍の他にも、巫女は祇園行列に出ていたのと同じ四人である。しかし、行列の先頭付近を進む猿田彦は神輿行列の際のそれとは別の人が担当しており、面や衣装も全く別である。もちろん、前夜の献燈祭の猿田彦とも別である。行列は所々で止まり、「くねり山伏」とも称される松太鼓手が太鼓を打つと、また進み出す。松太鼓手は、天狗面をかぶっている。

行列先頭近くの松子若衆が計二組、坂道の途中で講堂方向に駆け出して松榊（最初の二人）と尾花（次の二人）を柱松まで運び、柱松上で待っていた若衆が柱松の頂上に付ける（写真４）。続いて、火口と火打ち石の入った「火打ち箱」を、別の若衆一組が今度はゆっくりと柱松上に届ける。柱松上の松子若衆がそれらを受け取り、尾花や火口などを柱松上部に設置している間に、神輿行列の時と同様に柱松行列も両柱松の間を通り抜け、護摩堂を出てから一五分くらいで御旅所へ入る。

一五時一五分頃　御旅所内での神事が一〇分ほど行われる。松神子は中に入るが、松子若衆や巫女は御旅所の外に整列している（写真5）。なお、今世紀に入ってからの巫女の数は全て四人であったが、一九八三

写真４　上の柱松への尾花付け（2001 年）

写真５　柱松行列到着後の御旅所での神事（2004 年）

写真6　松太鼓手(くねり山伏)のパフォーマンス
(2004年)

年ヴィデオでは二人であったし、上述のようにこの年の午前中の行列には参列していなかった。どうやら、この神事の中では巫女に関係する諸要素、および午前の里宮での例祭が、ここ三〇年ほどの間に次第に改変されたらしい。

一五時三〇分頃　「柱松柴燈神事」の開始

まず、柱松行列の参列者の一部(仲取・松神子ら)が講堂前に移動する。なお、二〇〇四年度は猿田彦も一緒に移動していた。仲取は「バッサの鬼」とも呼ばれ、山姥のような面をかぶっており、松神子は松子若衆に手を引かれている。

続いて、松太鼓手(くねり山伏)が滑稽な所作をしながら少しずつ講堂方向に進み(写真6)、「松石」の上で太鼓をたたく仕草を繰り返す。この間、仲取・松神子・松子若衆らは講堂前で柱松に向かって走り出すタイミングを待つ(写真7)。松太鼓手のパフォーマンスが佳境に入ると、松神子は松子若衆にかかえ上げられる形となる。

松太鼓手が最後に太鼓を三回叩くと、その太鼓の合図で松神子を抱え上げたまま松子若衆が柱松方向に駆け、若衆によって柱松に担ぎ上げられる(写真8)。

柱松上各三人の松子若衆のうち各一人が火打ち石で点火を試みるが、なかなか着火しない。筆者が拝見した三回とも、約一五分間かそれ以上かかった。上の柱松(東・山頂方向)が早く点火すると天下泰平、下(西・麓方向)だと五穀豊穣だとされており、筆者が見た三回とも下の柱松に先に火がついたので、五穀豊穣という結果であった。一九九二年度の鷲尾氏報告書でも下が先についたとのことであるが、ヴィデオソフトの一九八三年度は上が先に点火されていた。

尾花に点火されると松子若衆が松神子を注意深く地上に下ろし、続いて松子若衆三人も柱から下りる。その後すぐに柱松が南方向（講堂と反対方向）に倒され、尾花や松榊が観衆に争奪される。もっとも、観客が大勢いるものの尾花の付近に集まるのは数名のみであり、ここはあまり熱狂的にならずにすぐ終わる。この時、松神子は松子若衆に背負われ、かつて十王堂があったという駐車場の「休み石」まで運ばれる。

もう一つの柱松も、時間をかけて火打ち石で点火が試みられ（写真9）、ようやく点火されると柱松は倒され、同じように尾花や松榊が奪われる。

一六時過ぎ　御旅所からの神輿還御がなされる。その後、直会へ。

写真7　講堂前の松神子・松子若衆（2010年）

写真8　松神子の柱松への担ぎ上げ（2010年）

写真9　上の柱松への点火（2010年）

表1　現行の三つの行列(午前の例祭行列は、"伝統の発明"か？)

	例祭行列(午前10時より)	祇園行列(午後1時より)	柱松行列(午後3時より)
護摩堂(東・山頂側)	起点		起点
講堂(＋御旅所)	(通過のみで、立ち寄らず)	終点(両柱松の間→御旅所へ)	終点(両柱松の間→御旅所へ)
里宮(西・麓側)	終点	起点(→参道をお練り)	

3　祭礼の時間および空間構成

以上見てきたように、この祭礼の当日(日曜日分)には、午後の例祭行列、午後の神輿(祇園)行列および柱松行列という三つの行列があり、それぞれが山内の三つの聖地(護摩堂・講堂＋御旅所・里宮)と関連している。また、例祭行列と神輿行列、神輿行列と柱松行列は、前の行列が終了後に一時間以上から二時間近くの間隔をおいて、次の行列が始まる点も共通している(表1)。

本章の志向するところは、小菅柱松を近世における小菅権現の祭礼として位置づけることにあるため、当然これら三つの行列が近世から継続しているのかどうか、が問題となる。これについて今のところ知ることができるのは、一九八三年度執行を記録するヴィデオソフトで、午前の行列が単なる里宮への移動と位置づけられていたこと、巫女がこの行列のみ不参加から参加に変わること、例祭の祭場が変化していること、であろう。以上から、とくに午前の例祭行列に関して、近年の変化が顕著であるという事実を確認しておきたい。何よりも例祭行列は、その前庭に柱松を立てる講堂とは一切関わらない。

さらに、明治以降の例祭は柱松行事の後で行われていたが、大正二年(一九一三)に県の供進使が参向するようになったことにより午前に変更された、という情報もある(『増訂小菅神社誌』[8])。

そもそも、現在の祭礼全体の名称ともなっている「柱松柴燈神事」は、午後の神輿(祇園)行列によって御旅所に到達した神輿に見せるような形で執行され、その主な執行者は、柱松上で準備していた三人ずつの松子若衆を除けば、全てが柱松行列の参列者である。加えて一二人の松子若衆は、その前の祇園行列には神輿の担ぎ手として全員参加している。

以上から、祇園行列と柱松行列によって今日の柱松柴燈神事が構成されていると考えることができ、こうした構造のみが近世に遡りうると仮に位置づけておこう。午前の例祭行列を両者に並ぶものと説明するようになったのは、一九九〇年代の鷲尾氏報告書辺りからの、いわゆる伝統の発明ではないだろうか。

三　柱松を巡る時間・空間・組織の変遷

本節では、小菅柱松の置かれた様々な文脈について考究する。まず、旧来研究で小菅山信仰の中世的形態を復元するソースと位置づけられてきた、縁起類から見たい。

1　縁起類の語る中世小菅山

小菅山は弘治三年(一五五七)銘の平景虎願文で賛嘆されていたように、[9]謙信に崇敬されたと伝えられており、そのため川中島合戦や上杉景勝の会津・米沢への移封によって一時的に衰退したと考えられている。そこで旧来の研究では、天文一一年(一五四二)銘の『信濃国高井郡小菅山八所権現並元隆寺来由記』および元禄元年(一六八八)書写の『小菅山略縁起』という小菅神社所蔵の二種の縁起を史料として位置づけ、その情報によって古代中世小菅山の信仰史を復元することを研究の起点にしようとしてきた傾向がある。[10]

それに対し本章では、両縁起における記述をあくまで宗教的象徴表現と捉えることを前提とし、かつ前者に主として依拠しながら両者の差異性を考慮し、後者の書写年とされる一六八八年までに地元で考えられた小菅の中世像が描かれたもの、という観点から解釈を試みたいと思う。

その前者、『信濃国高井郡小菅山八所権現並元隆寺来由記』(以下、『来由記』と略)は漢文体で記されており、天文一一年(一五四二)に「別当並衆徒中」によって執筆されたと記されている。このテキストは、かつて『信濃史料』の巻一二に掲載されていたため比較的古くから知られていた縁起であるが、近年、元興寺文化財研究所により再翻刻されたもの[11]を見ると、たしかに天文一一年銘であるものの現在残されているのは明治一二年(一八七九)の書写であることが分かる。したがって、テキスト全文にわたって一六世紀の縁起かどうかは疑問の余地が残る。

しかし、同『来由記』で語られる内容が全て明治初期に下るのかというと、必ずしもそうと考えにくいのは、とくに同縁起前半の内容に、和文体で慶長五年(一六〇〇)に著されたと主張され、現存本の書写が元禄元年(一六八八)である『信州高井郡小菅山元隆寺略縁起』[12](以下、『略縁起』と略)と類似もしくは対応する部分がかなり多いからである。しかも、同『略縁起』の末尾に「本縁起をやわらけ仮名文とす」云々とあり、この「本縁起」が現存する『来由記』の原型を意味するとも考えられる。そうであるとすれば、『来由記』の現存しない一六世紀成立とされる原本は、中世の伝承を記していた縁起である可能性も考えられる。

以上のような両縁起の類似性と差異性については、大きく次の二点を指摘できる。

①元禄元年(一六八八)に現存本が成立した『略縁起』では、中間部で弘法大師にまつわる由来が縷々述べられるが、これは近世の小菅山八所権現の別当・大聖院が真言寺院であったことを反映していると考えられる。一方、『来由記』にはこの弘法大師に言及する部分が存在しないので、『来由記』原本の縁起的な主張は、『略縁起』の現存

しない原本が書かれたとされる一六〇〇年以前の、つまり中世的なものであり（あるいは同縁起の主張通り、天文一一年〔一五四二〕に原本が成立した）、『略縁起』が著された際に真言宗の立場から弘法大師の事績が付加されたのだとも考えられる。

②他方、『来由記』現存本の後半に見られる、柱松に関わって村人が技芸を披露したとの記述や、その後に記される寺領配当の記事は、その村名も含めて内容的に近世のものと考えられるし、『略縁起』現存本には全く存在しない。ちなみに、前者の祭礼への村人らの関与に関わる記載は、後述するように近世後半の『小菅神社伝記』（一八一七）に類似した表現が見られる。

以上の①②を踏まえ、②の二つの記述（祭礼への村人らの関与、寺領配当）を『来由記』が近世から明治にかけて書写された過程で加わったものと把握して考察から除外し、①のように『略縁起』と比較的類似する『来由記』の語り口のみを、以下概観してゆくことにしたい。

これらの点を踏まえ、『来由記』の語る中世小菅山の縁起を概観しよう。以下、後の議論の便宜のため、仮に箇条書きで示すことにする。

(1)冒頭に、小管山は役行者が感得した八所権現霊応の地である、と主張される。

(2)役公が勝地である天下の名山を求めて逍遙し、この地を訪ねて絶頂に至ったところ、一人の異人が現れ、この山は古仏練行の地であるから、汝はこの山で仏法を興すようにと役公に伝えた。

(3)役公が感激して東嶺の岩窟で念呪を信唱していると、山頂が揺れ動いて憤怒の馬頭観音が忽然と示現した。役公は生身の菩薩を拝して不可思議な因縁を感じた。そのため、熊野・白山・立山・山王・走湯・戸隠など七所の霊神を勧請し、併せて八所の宮殿を窟内に建立し、崇敬した。

(4)その後、行基がこの八所の本地尊像を彫刻し、一堂に安置した。名を加耶吉利堂という。以下、八所の権現名と本地・垂迹が示される（略）。

(5)このうち第八所小菅権現の本地は、馬頭観音である。これは摩多羅神でもあり、それは天竺霊鷲山の地主で、仏法を擁護すると伝えられており、当山に垂迹したものである。

(6)その後延暦一四年（七九五）になって東夷の反逆があったので、延暦帝は八所権現の神威を聞き、当山第五世寿元上人に逆徒退治を祈らせた。伽藍造営に対応してか、逆徒を無事に誅することができた。

(7)大同元年（八〇六）、田村将軍（坂上田村麻呂）が八所権現本宮と加耶吉利堂を再建たてまつり、また新たに元隆寺を建立した（ここは文意がやや分かりにくく、本宮と加耶吉利堂を元隆寺として新たに建立した、という意味かもしれない）。すなわち、金堂・講堂・三重宝塔・荒神堂・鐘楼・大門やその他荘厳が整えられた（以下、その詳細や山内院坊についての記述となるので略）。

見られるように、この縁起で主張される開山は(1)(2)(3)のように役小角、彼が感得したのは(3)の馬頭観音、そして感得した場所は(2)(3)から小菅山頂付近、つまり今の奥社付近と位置づけることができよう。さらに(4)で行基が八所権現の本地を安置したのが加耶吉利堂であることが示され、その堂がかつては奥院と並ぶ重要な宗教施設、いわば聖地であったことがうかがえる。また、(5)に馬頭観音が天台宗の護法と考えられている摩多羅神でもあるともされるところから、『来由記』および『略縁起』双方がその縁起を語っている対象である元隆寺が、元は天台宗であったとも推察される。⒀

問題は、これらの情報が中世小菅山を巡る宗教文化を反映しているのか、それとも近世に入ってから中世小菅山像のいわば理想型として語られたものなのか、という点に尽きるであろう。

まず上記⑴から⑺までの内、⑶⑷と⑸および⑺の一部に出る馬頭観音および(その梵名)加耶吉利については、ある程度、中世以前における小菅山の宗教環境と対応しているのではないかと考えられる。その根拠の一つは旧加耶吉利堂に所蔵されていた馬頭観音坐像が、一二世紀頃の作と推定されているからである(『二〇〇五年報告書』三三三―三三五頁)。

なお、現在の観音堂(菩提院観音堂)の本尊は、江戸時代前期に上記像の前立ちとして新たに造像されたものらしい。この他にも、現在の堂内には複数の馬頭観音像があるとのことである(『二〇〇五年報告書』三三六―三三八頁)。一方、山道沿いの旧加耶吉利堂跡には他に、享和三年(一八〇三)銘の石造馬頭観音立像や「別当恵我」の記銘がある延宝九年(一六八一)の石燈籠がある(『元興寺報告書』四一頁)。⑺に見られる田村麻呂伝承を馬と結び付け、この馬を馬頭観音と関連づける議論もあり、傾聴に値するかもしれない。[14]

さらに、広く観音一般の信仰ということでは、やはり旧加耶吉利堂に所蔵されていたという観音三十三化身の板絵が、応永一二年(一四〇五)に奉納されている(『元興寺報告書』四―五頁および三七―三九頁)。以上から、小菅権現の本地を馬頭観音と捉え、それを崇敬する宗教文化は中世に遡るものの、近世にも引き続いて隆盛していたことを確認できる。

次に馬頭観音以外の情報として、⑴⑵⑶に出る開山役小角と、⑶で窟内に作られたという「八所の宮殿」はどうだろうか。現在の奥社で祀られている前述の役小角像は、江戸時代前期の作だということである(『二〇〇五年報告書』三二九頁)。ただし、奥社本殿の内陣に三基の宮殿(祠)が置かれており、この宮殿のうち中央以外の二基が永正五年(一五〇八)の造立と考えられているので、[15]山頂近くの奥社そのものは中世に遡ることを確認できる。

このことから、山頂近くの奥院(今の奥社)を聖地と捉えることは中世に遡るとしても、役小角を小菅山の開山と位置づけ、奥院の原型のような宗教施設を彼が作ったという観念に関しては中世に遡らないか、若しくは近世初頭において前代の（中世的な）観念と考えられた可能性もある、と推定しておく。

第三に、(5)に馬頭観音と同体として位置づけられている摩多羅神はどうだろうか。旧来研究では、摩多羅神への信仰を中世小菅山の特徴と位置づけるような言説も見られた。[16]

とはいえ、摩多羅神は『来由記』および『略縁起』以外に、小菅山に関してほとんど知られていない。これが小菅山と関連すると考えられたとすれば、摩多羅神が大黒天や吒枳尼《だきに》天（荼吉尼天）と同一視されるだけでなく、場合によって素戔嗚《すさのお》尊と同一視されることがある[17]ためとは考えられないだろうか。前節で見たように小菅柱松当日午後の最初の行列が祇園行列と称されており、それは現在の小菅神社の祭神が素戔嗚尊だと考えられているからである。

小菅権現を素戔嗚と見なす解釈は『来由記』や『略縁起』には見られないので、縁起の文脈を逸脱した解釈となってしまうが、天保五年（一八三四）成立の地誌『信濃奇勝録』で小菅権現を次のように素盞《（ママ）》嗚尊だと明記している。「社司伝記曰、此御神ハ白鳳年中に諸人始て知る、神体ハ素盞《（ママ）》嗚尊なり、其後役行者此地に来り、熊野・金峯・白山・山王・立山・走湯・戸隠等の神を併祭て八所権現と称す」云々とある。[18]この文言は、日露戦後の『明治神社誌料』において郷社となった小菅神社の縁起として、ほぼその通り引用されている。[19]

もちろん、このことをもって『来由記』および『略縁起』における摩多羅神が中世以前に遡らない根拠とはできないが、小菅権現を素戔嗚尊と見る観念が近世のものだとすれば、素戔嗚からの連想でそれと同一と見なされる場合のある摩多羅神が後付けされた可能性も、全くないとはいえないであろう。

以上のように、『来由記』『略縁起』双方に共通する内容からは、馬頭観音に対する崇敬および山頂付近を何らかの聖地と見る観念のみを中世に遡ると捉え、役小角を開山と位置づけることや馬頭観音を摩多羅神と見る記述は、中世に遡らない可能性もあると解釈しておきたい。これは否定的な意味合いからではなく、近世小菅山において前代である中世以前を志向する際にこれら（役小角や摩多羅神）が注目されたのかもしれない、ということである。

2　小菅山の衰退・復興と復興後の組織

［小菅山の衰退］

さて、上述のように上杉謙信にも崇敬されたと伝えられる小菅山は、北信濃の多くの霊場が被害を蒙った一六世紀半ばにおける戦国期の争乱に、例外なく巻き込まれたと考えられる。いずれも縁起的なテキストにおいてであるが、別当恵我が貞享元年（一六八四）に著したとされる『小菅山元隆寺来由記』[20]、および文化一四年（一八一七）書写とされる『小菅神社伝記』[21]の両者では「弘治三年」に、また文久元年（一八六一）銘の『小菅山祭礼旧記写』[22]では「弘治年中」に、上述の『略縁起』では「永禄十年」に、武田勢の兵火により小菅山元隆寺もしくは該当する宗教施設が退転したと記されている。もとより縁起的な語りにおいてであるが、およそ弘治三年から永禄一〇年（一五六七）の間に一山が焼失したと理解して間違いないであろう。本章で先に見た『来由記』が自らの成立年代として主張する天文一一年（一五四二）とは、この退転の直前を意味することになる。

その後、上杉景勝によって復興したのかどうかは必ずしも明らかでなく[23]、上記の『略縁起』や『小菅神社伝記』では焼失後一〇〇年前後再建されなかった旨の記がある。しかしながら、一八世紀末頃の別当誠孝が寛政七年（一七九五）に奥院の修復と馬頭観音堂建立についての文書をまとめた『小菅山奥院天正以来修覆記録幷馬頭観音由来』（以下、『馬頭観音由来』と略）には、天正一九年（一五九一）に「別当幷末十八坊」が奥院を修復したとされている[24]。これは、景勝の時代に対応するであろう。

この別当の固有名詞は出されていないが、同じ天正年間に大聖院を再興し、中興初代の別当になったと『増訂小菅神社誌』に位置づけられているのが、神袋坊恵秀である。彼は「神袋」として、先に参照した別当秀光の『小菅山元隆寺来由記』に載る別当世代にも「當山中興法印」と形容されるので、表2にこのテキストに掲載されている別当世代をまとめてみた。

その表2のように、神袋は一三〇歳まで生きたという伝説的な真言僧とされているので、大聖院の天正年間における中興についても史実と見なすべきかどうかは疑わしい。もとより、彼による天正年間の中興が史実に対応するとすれば、慶長五年（一六〇〇）に『略縁起』原本を執筆したことになっている澄舜が、何故その後を襲う者として別当世代に入ってこないのか、説明できないからである。

こうした情報過疎もしくは混乱の時代に、その主要因と推察される小菅権現の衰退に拍車をかけたのが、上杉景勝の慶長三年（一五九八）の会津移封および慶長六年の米沢移封、とくに後者であろう。小菅権現と別当大聖院が会津に移ったかどうか不詳とした方が良いと思われるのは、表2の澄舜に関する備考欄のように、景勝が米沢において小菅山八所権現を祀り、神宮寺を大聖院と号したと『小菅山元隆寺来由記』（一六八四年）に明記されているからである（『元興寺報告書』八五頁）。

実際、大聖院は米沢藩において謙信の菩提を弔う「能化衆《のうげ》」寺院の一として五〇石（後に二五石）を与えられて米沢城内に位置しており、本寺は高野山金剛三昧院であった。同寺は、明治初頭に当地の新義真言宗龍燈院に併合されている[25]。筆者は二〇一〇年に米沢市内において龍燈院を訪問しているので、この周辺については別の機会に改めて報告したく思う。

表 2　別当世代

中興後の世代	別当	事績など	備考
(中興前)	澄吽	永正 5 (1508)、奥院三社を造立(『馬頭観音由来』)。	
(中興前？)	澄舜	慶長 5 (1600)、『略縁起』を執筆と伝。(なお、この年号が正しいとすれば、下の神袋坊恵秀による中興の後、ということになる)	慶長 3 (1598)、上杉景勝が会津に移封。大聖院も同道か(『2005 年報告書』111 頁では断定)。なお、『小菅山元隆寺来由記』(安永 9・1780)では、年号不記載ながら景勝が小菅山八所権現を勧請し神宮寺を大聖院と号したのを、米沢からであるとする。
1	神袋(恵秀)	天正年中(1573-92)に大聖院を再興。常陸国の人で、松代練光寺も中興し、寛永 13 (1636)に 137 歳で没と伝(『増訂小菅神社誌』; 没年は『瑞穂村誌』には寛永 8 と出る)。大聖院の他に、飯縄山麓の霊仙寺も再興したと伝(『修験道と飯山』147 頁)。	(澄舜の事績にも記した通り、神袋坊恵秀による中興が『増訂小菅神社誌』の主張通り天正年間とすると、澄舜が別当であったのはその後になると考えられ、矛盾が生じる)
2	憲秀		慶安 2 (1649)、城主松平忠親による奥院修復申しつけ(『馬頭観音由来』)・万治 3 (1660)、里宮改修(『2005 年報告書』175 頁)。寛文 1 (1661)、大鳥居建立(『2005 年報告書』79 頁、93 頁)。
3	恵儀		
4	恵我	貞享 1 (1684)、『小菅山元隆寺来由記』を著す(『元興寺報告書』85 頁)。元禄 1 (1688)、澄舜の『略縁起』に書き加える(『2005 年報告書』60 頁)。	元禄期(1688-1704)頃、仁王門建造(『2005 年報告書』174 頁)。現・観音堂の馬頭観音立像(厨子入り)が元禄 9 (1696)制作(『元興寺報告書』40 頁)。元禄 10 (1697)、講堂修復(『2005 年報告書』79 頁、93 頁)。
5	恵照	享保 14 (1729)、没(『増訂小菅神社誌』)。	
6	恵舜	宝永 6 (1709)、屋根葺替(『馬頭観音由来』)。享保 8-14 (1723-29)の奥院修復と馬頭観音堂建立(『馬頭観音由来』)、享保 17 (1732)の講堂中尊阿弥陀如来像再建の願主(『2005 年報告書』331 頁)。『永代行事』の宛先(『2005 年報告書』97 頁)。宝暦 5 (1755)、『小菅山旧事記』をまとめる。宝暦 12 (1762)、没(『増訂小菅神社誌』)。	寛保 3 (1743)、里宮神楽殿の再築(『2005 年報告書』80 頁)。寛延 3 (1750)、護摩堂建造(『2005 年報告書』184 頁)。
7	秀光	宝暦 5 (1755)、奥院修復(『馬頭観音由来』)。安永 9 (1780)、恵我の『小菅山元隆寺来由記』を書写(『元興寺報告書』85 頁)。安永年中(1772-81)、奥院屋根葺替(『馬頭観音由来』)。	
8	孝如	天明年中(1781-89)、奥院葺替(『馬頭観音由来』)。	
9	誠孝	寛政 6 (1794)、奥院小修復、寛政 7 (1795)、『馬頭観音由来』を著し、そこで「当山方九葉誠孝之識」と記す。	
10	英厳	文政 4-5 (1821-22)、奥院修復(『馬頭観音由来』の追記)。	
11	英眞	明治 2 (1869) 2 月に復飾し、武内大膳元隆と称する(『増訂小菅神社誌』)。	

〔小菅山の復興と復興後の組織〕

このような山内の惨状に対し復興の兆しが見え始めるのは、表2の備考欄のように（そこに元号が載るので、以下西暦を主とする）、奥院修復の開始（一六四九年）、里宮改修（一六六〇年）あたりを濫觴とする模様である。いくつかの縁起的テキストに川中島合戦での焼失後、一〇〇年前後退転していたとあるのは誇張ではなかった可能性もある。

この両者や、続く大鳥居の建立（一六六一年）はいずれも神社関連の修復であったが、仏教に関する施設としてはむしろその後、仁王門（元禄期頃）、現観音堂内の馬頭観音坐像（一六九六年）、講堂の修復（一六九七年）、馬頭観音堂（一七二九年）、講堂の阿弥陀三尊の主尊（一七三二年）、護摩堂建造（一七五〇年）等々、一七世紀の末近くから一八世紀半ばにかけて、再興あるいは建立が目立ってくる（それぞれの典拠は、表2参照）。とくに、里宮・講堂・護摩堂という三者は、現在の柱松行事において尊重される三つの聖地である。

これらの復興事業は表2の通り、概ね第四世別当恵我と第六世別当恵舜の在位期に行われている。恵我は澄舜が著したとされる『略縁起』に元禄元年（一六八八）書き加えた人物とされ、『略縁起』には後半部で柱松行事について記述がなされている。詳しくは次節で検討するが、その部分は『来由記』に該当箇所が存在しないので、おそらく恵我の在位時代に柱松の意味づけが追記されたと考えるべきではないだろうか。

また、現在の柱松行事における松太鼓手および仲取がかつて付けていた古面が「江戸時代初期」（笹本氏二〇〇九年著書九頁）、奥社の役小角像が「江戸時代前期」（『二〇〇五年報告書』三二九頁）、菩提院観音堂の前立ち像も「江戸時代前期」（『二〇〇五年報告書』三二六頁）とされているが、上述してきたような大聖院と小菅権現の復興経緯を考えれば、これら三者は皆、一七世紀後半の別当恵我の時期以降と考えた方が良いのではないだろうか。

こうした復興期の状況を、次に小菅一山の組織面から見たい（表3）。藩政期に入ると当地は飯山藩に属することに

表3　組織の変遷

組織	典拠	備考（翻刻本など）
上中下3院に37坊（全ての固有名詞掲載）、神職4人、修験4人、神楽衆8人	『来由記』伝・天文11（1542）成立（明治12〈1879〉書写）	『元興寺報告書』80頁
上中下3院に37坊（全ての固有名詞掲載）、神職4人、修験4人、神楽座8人	『信州高井郡小菅山元隆寺之図』伝・永禄9（1566）（ただし、笹本氏2009年著書などで、『略縁起』版行の1688年頃の作図と推定）	『長野県町村史』　頁ほか
別当並びに18坊	天正19（1591）銘の奥院棟札（『馬頭観音由来』）	『元興寺報告書』81頁
37坊、上院は大聖院、曼荼羅の37尊を現す（ただし、縁起の語りとして）	『略縁起』澄舜著、慶長5（1600）成立（元禄1〈1688〉、別当恵我が書き加えた）	『2005年報告書』59頁
別当、桜本坊、別当配下衆徒33坊、社家、大工、庭掃	『寺社領並由緒書』天和2（1682）	『新編信濃史料叢書』第14巻、3頁
衆徒45坊、神主1軒（ただし、景勝の米沢移封直後についての語りとして）	『小菅山元隆寺来由記』貞享1年（1684）、別当恵我執筆（安永9〈1780〉法院秀光が書写）	『元興寺報告書』85頁
37坊（全ての固有名詞掲載）	『信濃国高井郡小菅山絵図』延享3（1746）銘	『元興寺報告書』6頁にカラー写真版あり
大聖院、神主、4院坊（菩提院・愛染院・浄蓮坊・大日坊）	『小菅村村差出覚控』宝暦4（1754）銘	『2005年報告書』210-211頁
新義真言宗・大聖院の「門徒」として、菩提院・浄蓮坊・大日坊・圓正坊	『信濃国真義真言宗本末帳』寛政7（1795）銘	『江戸幕府寺院本末帳集成』中巻（雄山閣）、1500-1501頁
高野山末真言宗・大聖院の「門徒」として、愛染院・浄蓮院・不動院、「一寺」として真言宗菩提院	『信濃国高井郡小菅村指出明細帳』文化5（1808）銘	『2005年報告書』213頁
高野山末真言宗・大聖院の「門徒」として、愛染院・浄蓮院・不動院、「一寺」として真言宗菩提院	『信州高井郡小菅村差出明細帳』文政5（1822）銘	『2005年報告書』214頁

なるが、その天和二年（一六八二）銘の『寺社領並由緒書』に「小菅山八所権現　別当新儀《ママ》真言大聖院」とあるうち、権現社領が八五石、新義真言宗である大聖院領が七三石だとしたうえで、この石数の大聖院に傍記して「三十三坊之衆徒以全坊残」とある(26)。さらに、桜本坊・社家・大工・庭掃の分の石高も書き上げられている。

この「衆徒」の実態が僧なのか修験なのかは問題が残るが、この二年後に原本が著された『小菅山元隆寺来由記』の「衆徒四五坊」(『元興寺報告書』八五頁)と比べると少ないものの、別当大聖院と桜本坊以外に三三坊あったとされているのが注目される。さらにこの史料から分かることは、「小菅山八所権現」が幕藩体制側から権現社として把握されていたこと、別当の大聖院が新義真言宗とされていること、などであろう。

このように、『略縁起』に中世には曼荼羅の三七尊と同じ三七坊があったと語られるのと同様、復興後も引き続いて山内に三〇から四〇の衆徒が集住していたという位置づけは、表3のように延享三年(一七四六)の『信濃国高井郡小菅山絵図』まで続いている。そのカラー写真版(『元興寺報告書』六頁)によれば、現在の集落と似たようなロケーションに〇〇坊と各々の固有名詞が記された合計三七坊が、克明に描かれている。

驚くべきは、この絵図からわずか八年後に当たる宝暦四年(一七五四)『小菅村村差出覚控』の「一寺四ヶ所」なる項目に、「先年三十七坊之内残リシ方」として四院坊の名が出、(27)『信濃国新義真言宗本末帳』(一七九五年)でも高野山龍光院末の大聖院「門徒」として、先と一部重なる四院坊の名があげられていることであろう(院坊の名は表3参照)。その後は一九世紀にかけて、菩提院が寺院としてカウントされ、愛染院など三院は大聖院の「門徒」と位置づけられるようになる(表3)。

ともあれ、一八世紀半ばにおいて衆徒数の激減が見られるということは、この時期に山内で大きな変化があったと考えるべきだろうか。これについて今のところ、確固たる根拠がある訳ではないが、否と答えるしかないのではあるまいか。なぜなら、延享三年(一七四六)のあまりに写実的な絵図から八年足らずで、衆徒が急に三、四〇坊も減ったとは考えにくいからである。

おそらくこれは、一八世紀半ばに衆徒・門徒などの捉え方に変化が生じた、ということではないだろうか。延享の図まで衆徒数三〇、四〇いくつと称していたのは、もちろん中世末までは宗教的な活動を行っていただろうが、衰退からの復興後はいわゆる俗聖的な立場に留まっていたか、もしくは全く世俗的な百姓家になった場合でも屋号のような形で坊号を称し続けている家をも数に加えた、ということではあるまいか。

しかし、もしそうであったとしても、背景は不明ながら一八世紀の中頃から宗教者としての実態のない者を院号坊号としてカウントしないように変わったことは間違いのない事実であり、こうした変化はきわめて重要であろう。この変化は第六世別当恵舜の在位期後半に起こったことになり(表2参照)、同じ彼の在位期に柱松行事に関係する講堂の主尊・阿弥陀如来の再建(一七三二年)、および同じく護摩堂の建造(一七五〇年)が行われていることにも注目しておきたい。

［修験道復古志向と社家勢力拡張とのせめぎあい］

その恵舜の事績を見ると上記二点(講堂主尊と護摩堂)に加えて、後に誠孝が賛嘆気味に記録するように、数年間を費やしての奥院の修復と馬頭観音堂の建立を画期的な業績としてあげることができる(表2参照)。後者は、おそらく現在の四阿付近の平地に建造したものであろう。

ここで『来由記』を再び想起すれば、奥院と加耶吉利堂は『来由記』で強調されていた小菅山の二つの聖地である。馬頭観音(加耶吉利)と修験との関わりは不分明であるものの、奥院が『来由記』の文脈で役小角と深く結びつけられていたこと、馬頭観音もその小角が感得したと語られていたことから、奥院および加耶吉利堂という両聖地を復興した恵舜の事績は、小菅山における修験的な伝統の復活を志向していたと解釈できよう。

さらに重要なのは、同じ恵舜が復興改修しようとした講堂と護摩堂は、柱松行事にとっての重要な聖地であるので、この両者は奥院および加耶吉利堂と場所は違うものの、やはり修験道復活という共通の地平上にあるのではないか、ということである(図2)。なお第一節で見たように、修験道系柱松の五事例のうち小菅柱松のみ、仏教施設である講

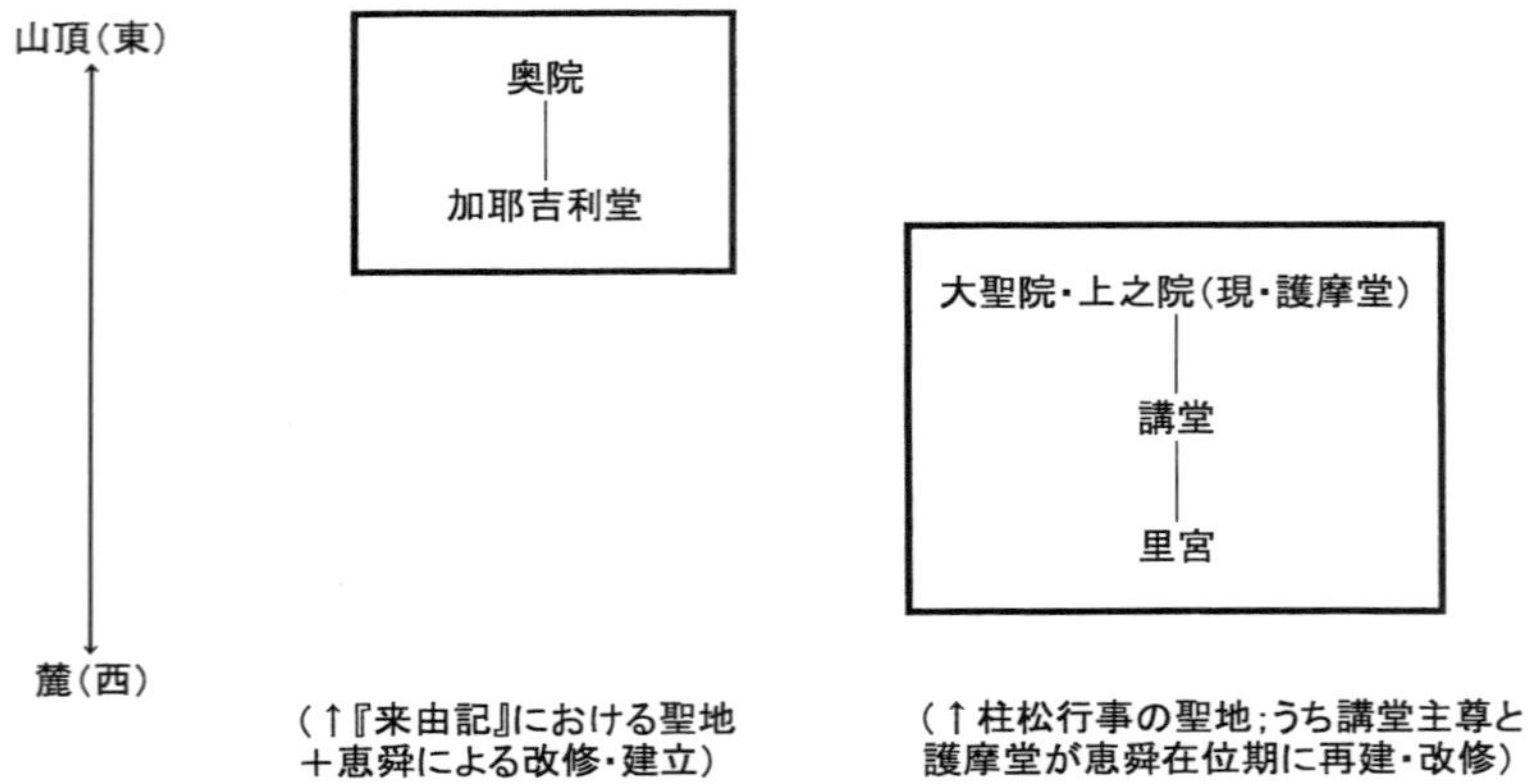

図２　修験道復古志向で注目される聖地

堂前に柱松を立てるのは、この反映かもしれない、

恵舜についてこれ以上のことは分からないが、『馬頭観音由来』で彼に敬意を払っていたかに見える編者の誠孝は、同書中で自らを「当山方九葉誠孝之識」と位置づけている(『元興寺報告書』八三頁)。この「当山方」が誠孝自らが当山派修験であることを意味するかどうかは不明であるが、奥院と馬頭観音堂の修復・再興に関する山内記録を丹念に集めた彼の志向も、小菅山における修験道的伝統の復活にあったと考えられる。

それに対して、同じく上記の一八世紀中頃から、社家勢力の拡張が確認できることにも注目しておきたい。まず、先にも見た『小菅村村差出覚控』(一七五四年)に、山内の諸宗教施設の管理者を紹介する中で、「神主」が「里宮山」および「祭礼御旅所幷拝殿」を「支配」していたことが明記されている(『二〇〇五年報告書』二一〇頁)。さらに時代が少し下るが、前にも参照した『小菅神社伝記』(一八一七年)に、同じ趣旨の「當社之例奥院者別当支配里宮者神主支配」との文言が見られる(『元興寺報告書』九一頁)。

前者については次節で詳しく検討するが、同じ別当恵舜に宛てられた形式の年不明『永代行事』で、柱松行事における御旅所での儀礼が仏教―修験的なものであったことを示唆する記述があるので、その御旅所を「神主支配」とするほぼ同時代の資史料が存在するのはきわめて興味深い。そこに、修験道復古の志向と社家勢力とのせめぎあいが表出していると考えられるからである。

なお、後者『小菅神社伝記』は、この神主による里宮支配が明記される以外にも、小菅山における神社―神道的な志向が顕著である。まず、タイトルが小菅山元隆寺や小菅八所権現ではなく小菅神社とされていることがあげられる。さらに、このテキストの末尾に、万治三年(一六六〇)の飯山城主松平忠樹の寄進による再建が記された後、同様の寄進と再建が列挙されているが(『元興寺報告書』九二頁)――年のみを記すと、天文一二年(一五四三)、慶長一三年(一六〇八)、寛永五年(一六二八)――、小菅神社をタイトルに記すテキストとしては当然かもしれないが、これら全てが奥院を含まない里宮関係のみである。

このように、一九世紀に入ると小菅山内で神社―神道志向の言説が顕在化してくるのである。

四　近世的な文脈における小菅柱松

以上を踏まえて、本章の最後に小菅柱松の近世的な文脈への位置づけを試みたいと思う。もっとも、柱松行事そのものを記録した近世史料は稀少であり、第二節で見たような現行の次第における個々に関して(例えば、和歌森が問題視した松太鼓手や仲取)、近世に遡ることがほぼ不可能であることを予めお断わりしておきたい。

まず、元禄元年(一六八八)に別当恵我によって書き加えられた『略縁起』に、既に見た『来由記』にはない柱松に関する次のような言及がある。『二〇〇五年報告書』の五九―六〇頁より引用したい。

又此峯の東北数十丁層々たる危峯有、悪神あつて国に妖怪をなす、権現そのカミ是を降伏してしハらく鎮座す、故御鎮座岩として凡人のふむことあたハさる奇岩あり、弘法大師其岩にて護摩を行ふ、滝の水を汲で閼伽とす故あか滝と号す、夫より毎月其傍におゐて護摩を修す、已上ハ当山結界也、金堂の庭の柱松ハ右の悪鬼降伏の護摩なり、

見られるように、金堂（今の講堂か）の庭で行われる柱松を、弘法大師が「あか滝」のそばの奇岩で行った護摩に由来すると位置づけ、その奇岩を山頂の東北方向にあった危峰に出没した妖怪を小菅権現が調伏した後、しばらく鎮座した岩としている。あくまで縁起的な語りにおいてであるが、柱松の起源を「悪鬼降伏の護摩」としているのは、「天下泰平」「五穀豊穣」の占いという性格が加味された現状と比べて興味深いものがある。なお、柱松を護摩と関連づけるのは、修験道教義とも対応する。(28)

第二に、一八世紀前半から中頃の別当恵舜が宛先になっている、前節でも触れた『永代行事』を見よう。同じく『二〇〇五年報告書』の九六頁から引用する。六月三日については既に引用しているが、次は祭礼当日の六月四日に関する記載の一部である。

四日、四ツ時警護来次第酒出ス、大鐘鳴行烈して出、御旅所ニて神拝之内惣衆心経読、経頭錫杖ニて、次講堂内ニて、火界呪ニて加持、

引用前半は、おそらく柱松行事の前に行われる御旅所への神輿渡御に関する記述であろう。そこでの「神拝」が今のような神職による神道式のものではなく「惣衆」による般若心経であったこと、さらに読経の前に錫杖がうち鳴らされるとあることが注目される。読経者が修験であったというより、修験者が御旅所の外に控えていた、ということではないだろうか。

引用後半は現在の祭礼では行われていないが、おそらく柱松行事が始まる前に、講堂内で「火界呪」による加持が

なされると記されたものであろう。なお、同テキストには他に、この前（四ツ前）および柱松行事終了後（祭後）の記述はあり、「四ツ前」には「護摩修畢」という記載もある。柱松そのものについて同テキストでは記されていないが、この「護摩」が柱松行事を意味するのではないだろうか。なお、四日の祭礼に関する別の箇所には、「山伏ハ村より願、此方ニて饗応ス」ともある。

前節でも見たように、同じ別当恵舜の時期に記された『小菅村村差出覚控』（一七五四年）に、件の「祭礼御旅堂并拝殿」が「神主支配」と明記されている。もし両史料が同時代であるとするなら、「神主」は「支配」しているはずの御旅所において、そこに渡御してきた神輿に対して仏式の儀礼が行われていることに対し、指を加えていたことになる。つまり、一八世紀の中頃から僧・衆徒と社家との間の相剋が始まっていたと推察できるのである。

以上の資史料で詳しく触れられなかった柱松行事の詳細は第三のソース、既述の『小菅神社伝記』（一八一七年）に見られる。『元興寺報告書』九〇頁から引用する。

六月四日、為社例而神主等成楽、従里宮御旅宮昇下神輿供奉之、則於御旅所奏神楽神事之間、修験脩柱松柴燈護摩、衆徒於講堂勤大般若理趣三昧法華八講、氏人為種々伎芸奉慰神慮、

なお、前節で『来由記』を検討した際、これと似た記述があるが考察から除く、とした部分におよそ対応する。短い記述であるが、柱松行事への「神主」「修験」「衆徒」「氏人」という四者の関わりを、次のように簡潔に表現していると思われる。

神主：里宮から御旅所まで神輿を登らせたり下ろしたりするのに供奉。御旅所で神楽を奏する。
修験：柱松柴燈護摩を修する。
衆徒：講堂において、大般若理趣三昧と法華八講を勤修する。

氏人：種々の伎芸により神慮を慰めたてまつる。

以上のうち、「衆徒」はこの場合、おそらく別当を含む修験より上位の僧を意味するであろう。なお、先の『永代行事』によれば、御旅所への神輿渡御に続いて講堂内での加持祈禱が行われるとされているので、上記引用の記載順序は必ずしも儀礼の執行順ではないと思われる。したがって、あえて「神主」を「修験」より先に描いている所に、前節でも見たこのテキストの神道―神社志向が反映していると見ることができるのではないだろうか。

さらに、『永代行事』の時代には御旅所で心経読誦が行われたのに対し、数十年後のこの時代には神主による神楽が奏されるとあることにも注目したい。一九世紀に入って社家の勢力が拡大したことによって、儀礼が神道式に変化したことを確認できよう。

第四に幕末のデータとして、小菅神社文書『小菅山祭礼旧記之写』（一八六一年）に注目したい。『元興寺報告書』八六頁から引用する。

（前略）柱松之儀ハ、往昔当山権現鎮座之砌、悪神障気をなす儀神霊役行者ニ託して悪魔降伏之法ヲ行しめ玉ふ、于今天下泰平之柱松護摩を修行す、但柱松火打役として拾弐才迄之男子弐人ツツ、

引用の前半は、先に見た『略縁起』における護摩供としての柱松の起源譚を踏襲しているが、そこでの弘法大師がここでは役小角に換えられている。これは、山内における修験道的な伝統への回帰を踏まえたものであろう。さらに、柱松への火打ち役として一二歳までの男児二人を充てることが明記されており、現在の松神子の濫觴ではないかと推察される。

以上、きわめて限られた情報であったが、近世における小菅柱松への言及を当地の資史料より見てきた。前節でも見たように、とくに一八世紀中頃から山内で修験的な伝統の復古志向と社家勢力の増長との相剋が見られ、参照した

四つのテキストのうち『永代行事』『小菅神社伝記』および『小菅山祭礼旧記之写』の三者には、そのことの反映がそれぞれの形で見られた。

小菅柱松は、もともと講堂前に上下の柱松を立てることで山内における修験道復興の反映という側面を持ちつつ、近世後半における修験—社家の拮抗を背景として神輿（祇園）行列と柱松行列を主要な骨組とするように変化してきたと考えられることを、当面の結論としたい。

注（本文で参照する資史料について翻刻の掲載された二つの報告書から引用する場合、繰り返しは大変煩雑となるため初出の場合を除き注には記さず、本文に丸括弧で示すことにした）

（1）和歌森太郎「柱松と修験道」、『日本民俗学会報』第三七号、同学会、一九六五年。同「戸隠の修験道」、『戸隠』信濃毎日新聞社、一九七一年所収、にも類似した小菅柱松の位置づけがある。これらの和歌森の所論について筆者はかつて疑義を呈したことがあり、本文での以下の論はそれを継承している。由谷「小菅神社の柱松行事—戸隠の残存例かは疑問」、信濃毎日新聞二〇〇五年三月二一日記事。

（2）関山神社火祭りについて筆者は複数の論考を公表しているが、同祭礼のうちとくに棒使いと呼ばれる部分を詳細に記録・分析した拙稿の含まれる報告書として、『関山神社火祭り調査報告書』（妙高市教育委員会、二〇〇六年）がある。

（3）柳田國男（尾芝古樟名義）「柱松考」、『郷土研究』三—一号、一九一五年。柳田『神樹篇』（実業之日本社、一九五三年）に再録。『定本柳田國男集』第一一巻（筑摩書房、一九六九年）にさらに再録。

（4）小菅柱松の場合、後述のように柱松近くの御旅所まで神輿が渡御され、神輿の前で柱松への点火が行われるので、神が柱に降臨するという解釈は成り立たない。なお、柱松の意味づけを棚上げすることについては、由谷「修験道系柱松における神仏関係：戸隠・妙高・小菅山の比較」（『神道宗教』第二〇一号、二〇〇六年）で初めて議論した。

（5）これらの祭礼について、例えば次を参照。小倉学「夏祭りについて」、『國學院雑誌』第五九―一号、一九五八年。小倉『祭りと民俗』（岩崎美術社、一九八四年）に一部増補のうえ再録。同論で小倉は、能登半島で柱松明を立てて点火するこれらの神社祭礼を、夏越の祓いという観点から位置づけていた。

（6）『長野県飯山市小菅総合調査報告書　研究・調査編』飯山市教育委員会、二〇〇五年（以下、『二〇〇五年報告書』と略）、二九三頁参照。そこでの記述によると、この場所に馬頭観音堂が建立されたのを享保一四年（一七二九）、現観音堂への移転を明治二七年（一八九四）としている。

（7）笹本正治『修験の里を歩く』（高志書院、二〇〇九年）の三五頁に、最初の加耶吉利堂は、「御座石に至る少し手前南側」「集落から直線に続く参道の山裾のもっとも深い位置」「船岩の西南」にあったとされ、その跡の写真も掲載されている。同書一〇七頁にも別の写真がある。しかし、近世における小菅山の宗教環境を考える場合、注6前掲の情報に従って、現在の四阿のある場所を近世の加耶吉利堂と捉えることのみに限定して構わないのではないだろうか。

（8）『増訂小菅神社誌』は森山茂市著の私家版で、一九三一年のもの。本文および表で参照する場合は、全て『二〇〇五年報告書』か、若しくは笹本氏二〇〇九年著書からの孫引きとなる。この箇所は、『二〇〇五年報告書』一〇七頁による。

（9）例えば、弘治三年（一五五七）銘で平景虎敬白、とされる小菅神社文書に、「上造立八所之寳社、下結構三十坊之紺宇、香花未嘗止、梵唄常傳聲」「元隆寺者、遷補陀落峯乎」などと小菅山元隆寺が賛嘆されている。翻刻は、『信濃史料』巻一二、一九五八年、一六四頁。

（10）例えば、小菅山の古代および鎌倉時代に関する、笹本氏二〇〇九年著書、六二―六八頁を参照。ただ、『来由記』は存在しない原本でさえ一六世紀の成立とされるので（現存本は明治時代）、書かれている内容が古代に言及しているからといって、その時代を記録する史料と捉えるのはいかがなものだろうか。

（11）『中近世の地方山岳信仰に関する調査研究報告書』（財）元興寺文化財研究所、二〇〇四年（以下、『元興寺報告書』と略）、七九―八一頁。なお、『重要文化財小菅神社奥社本殿修理工事報告書』（小菅神社奥社本殿修理委員会、一九六八年、以下『重文報告書』と略）の三七―三八頁に写真版が掲載されているが、明治の書写であることを追記する箇所が写真版では割愛されている。

（12）『二〇〇五年報告書』五八―六二頁。写真版は、『重文報告書』三九頁。本文でも紹介しているが、この縁起は慶長五年（一六〇〇）に別当大聖院澄舜が上杉景勝に寄進したとされるもので、『来由記』における役小角を小菅山に導いた「一異人」がこの略縁起では「老翁」とされており、その者が自らを「飯縄明神」と語る。また、縁起の後半では、弘法大師の当山登拝と様々な奇瑞が記されるなど、『来由記』とはかなり異なる情報が含まれている。

（13）大阪の金剛寺に伝わる『結縁灌頂道具目録』に、興国二年（一三四一）小菅寺別当の大進阿闍梨が醍醐寺座主覚済から三宝院流の灌頂を受けていた記録が残るので（『信濃史料』第五巻、四五四頁）、『来由記』などでいう元隆寺が天台であったとすれば、それ以前の可能性が高い。なお、あくまで縁起の語りにおいてであるので史実であるかは疑問だが、長野県の皇国地誌を翻刻した『長野県町村誌　北信編』（同誌刊行会、一九三六年）に、小菅神社の由緒について天台から真言に転じたのを大同年間（八〇六―八一〇）としている（同書一一〇六頁）。

（14）『二〇〇五年報告書』三四五―三五〇頁（高橋平明「小菅山の馬頭観音信仰と坂上田村麻呂伝承をめぐって」）、参照。

（15）その根拠は、『小菅山奥院天正以来修覆記録』冒頭の文言「社頭内ニ記　奥院三社頭造立永正五年」（『元興寺報告書』八一頁）による。なお三基のうち中央宮殿のみ、慶応三年（一八六七）に新たに建造されたとのことである。『二〇〇五年報告書』一八八頁、参照。
(16) 山本義孝「山岳修験のルーツをさぐる」、笹本正治(監修)『修験道と飯山』ほおずき書籍、二〇〇三年、参照。
(17) 山本ひろ子『異神』平凡社、一九九八年、同「出雲の摩多羅神　異神たちの中世へ」、山陰中央新報二〇一〇年一〇月二六日記事、参照。
(18) 『信濃奇勝録』は、天保五年(一八三四)成立とされる信濃の地誌である。同テキストは本文で引用した素盞《ママ》鳴尊の件だけでなく、「焼却」を弘治三年とすること、「奥院ハ別当大聖院元隆寺里祠ハ神主鷲尾氏」との情報を載せるなど、一九世紀前半の小菅山に関する当地外における重要な情報源である。当該箇所は全て、『新編信濃史料叢書』第一三巻、信濃史料刊行会、一九七六年、二三一頁。
(19) 明治神社誌料編纂会(編)『府県郷社明治神社誌料』中巻、講談社、一九七五年(復刻版)、六六六頁。
(20) 『元興寺報告書』八五頁。
(21) 『元興寺報告書』九二頁。
(22) 『元興寺報告書』八六頁。
(23) 皇国地誌には、「天正の頃上杉氏所領に當り、稍々復興すと雖も、神封些少にして日月に衰退に属す」(『長野県町村誌北信編』一一〇六頁)と、あえて景勝の名をあげずに曖昧な記述を行っていることが、逆に注目される。
(24) 『元興寺報告書』八一頁。『重文報告書』七頁。なお、後者の翻刻には「天正五十九年」とある。
(25) 由谷「小菅神社(長野県飯山市)の柱松柴燈神事」、『宗教研究』第三六七号、二〇一一年、参照。
(26) 『新編信濃史料叢書』第一四巻所収、信濃史料刊行会、一九七六年、三頁。なお、このテキストの「三拾三坊之衆徒以全坊残」との傍注箇所を、別の翻刻では「三十三坊衆徒　今壱坊残る　桜本坊」としている。『新編瑞穂村誌』同刊行会、一九八〇年、五一二頁。前者は問題の箇所を七五石とされた大聖院に関する傍注と捉えているのに対し、後者はそれを一石とされた桜本坊に関する追記と捉えている模様であり、石高としてはどちらもあり得るだろう。筆者は原本に当たっていないので両者の真偽を留保すべきかもしれないが、表3のようにこのテキスト以降に著された史料で大聖院配下の複数の院坊名を記すものがあり、とくに一八世紀後半以降は大聖院以外四院坊で間違いないと思われるので、後者の一坊のみ残るという翻刻には疑問を感ずる。その意味から、本章では前者の翻刻に依拠しておく。

(27)『二〇〇五年報告書』二一〇頁。

(28)一五二〇年代に廻国の修験者・阿吸房即伝によって編まれたと考えられる『三峯相承法則密記』(『修験道章疏』第二巻所収)に、「第三十八　柱松作法事」が記載されている。文意が難解で理解しがたい部分が含まれるが、冒頭に「秘記」を引いて柱松に長短二種があること、後半で「入成行列」の前に行う柱松の手順について解説がなされていると考えられる。両者をつなぐ中間箇所に、「師傳曰。柱松者竪柴燈也。宣度先達自行柴灯用之」云々とあって、柱松を柴燈護摩と関係づけている。

第三章　妙高山関山権現の夏季祭礼における柱松

一　問題の所在

本章では、前章の小菅山と並んで近世までに修験者が関与し、かつ現存する柱松行事の例として、妙高山東北麓に位置する関山神社（新潟県妙高市）の夏季祭礼を事例として取り上げる。第一章末尾でも見たように、「柱松」という問題を初めて学術的営為の対象として見出した尾芝古樟（柳田國男の筆名の一つ）の「柱松考」（『郷土研究』三―一号、一九一五年）でも、その最後に戸隠山七月七日の柱松、出羽三山月山神社の松例祭と共に取り上げられているのが、「関山三社大権現六月十七日の祭」であった。ただ、尾芝は『越後志略』を参照しているので、当該祭礼を実見してこの箇所を書いたのではないと思われる。

現行の関山神社夏祭りは「火祭り」と通称されるものの、観光的な注目を集めるのは柱松への点火行事の前に行われる棒使い（棒遣い、とも記される）である。また、上下二本の柱松も巨大な小菅神社のものとは異なり、梯子が付いていて最上段が成人男子の肩くらいの高さである（写真1）。この写真は、「若者会」のメンバーが二〇〇一年七月一七日に祭礼の準備をしている所を撮影したものであり、人物の背の高さと比較してその高さ大きさを理解できると思う。また、小菅柱松の点火競争が一〇分前後かかるのに対して、関山はほんの二、三分で火がつくという違いもある。

写真１　準備中の柱松(2001年)

なお、妙高山は修験道研究の蓄積が少ないという印象があるとはいえ(そのためか、二〇〇八年に日本山岳修験学会を筆者が妙高市に誘致しようとした祭、色々な方に意外だという反応をされた)、いわゆる妙高山信仰史については多くの言説が積み重ねられている。そこで、小菅柱松に関する前章での立論と異なり、まず第二節でそうした妙高山を巡る宗教文化史一般を概観し、柱松行事を行う関山神社、近世までの関山権現が含まれる文脈を明らかにしたいと思う。次に第三節で現行の祭礼次第と、近世の次第で管見の及ぶ限り最も詳しいと思われる『関山権現祭礼手文』とを比較対照する。第四節では関山宮司家に遺されている膨大な『宝蔵院日記』から、関山権現の夏季祭礼を担った多様な宗教者とその経年変化を追跡したい。以上を踏まえて、第五節において前章で議論した小菅柱松との比較に繋げたいと思う。

二　妙高山を巡る宗教文化史と関山権現

本節では妙高山を巡る宗教文化について古代・中世・近世・近代という時代順に概観すると共に、本章で課題とする柱松行事が行われてきた関山権現(現在の関山神社)を、その中に定位しようと試みる。

1　妙高山を巡る宗教文化史

［古代の妙高山信仰］

山に関わる古代の信仰・宗教については、二つの局面に分けることができるであろう。一つは、平野部で主に稲作農耕を行う民が水源としての山を信仰するような形態、いわゆる水分《みくまり》の信仰があげられる。水分という固有名詞そのものが出てくる崇拝対象としては、大和国（奈良県）の吉野山（青根が峰）麓に位置する吉野水分神社（子守明神とも称される）が八世紀初頭の記録に載っている。

他方で、仏教や道教の影響を受けた宗教者が修行として山岳に登拝したり籠もったりする形態、つまり山林修行をあげることができよう。こちらについては、七世紀後半頃の史実上の人物とされる役小角が大和葛城山で修行したと伝えられ、のちに修験道の開祖として崇敬されるようになった。

奈良時代に入ると、養老三年（七一九）以来複数回、僧侶の山林修行を禁ずる法令が出されているので、山林修行は実際に行われていたのであろう。平安時代に入ると、最澄が開いた天台宗の拠点である比叡山や空海の真言宗が依拠した高野山のように、公的に朝廷から認められた仏教宗派の中心寺院が近畿地方の山岳に築かれるようになった。

とはいえ、役小角が修行したとされる葛城山を含め、これら平安時代中頃までに仏教系の修行者が集まったとされる山岳は、平野部あるいは都会の対概念としての山、といった程度のおよそ一〇〇〇メートル未満の高さである場合が大半であった。例えば、葛城山は九五九メートル、比叡山は八四八メートルである。ということは、標高二四五四メートルの妙高山のように二〇〇〇メートル級の高山ではなかった。

このことから、妙高山に関して上にあげた後者の形態、つまり標高が高い地帯での山林修行を推定するのはかなり難しいと考えられる。実際に妙高山の山腹や山頂近くで、古代に遡る考古遺跡は発見されていない。

以上のように、妙高山における古代の山岳修行についてはほとんど不明であるといってよい。和銅元年（七〇八）に裸行《らぎょう》上人が妙高山を開山したとするのは、後世に唱えられるようになった伝説であろう。

しかし、先に見た前者、すなわち麓の平野部からの妙高山信仰に関しては、当時の地名としては確認できないものの後に「関山」と呼ばれるようになる東北側山麓に、いくつか往時の妙高山信仰を推測させる信仰遺物が存在する。

第一に、現在の関山神社で非公開の御神体とされ、近世まで関山権現の本尊として崇敬されていた菩薩座像をあげることができる。(1) 二〇センチほどで持ち運び可能な仏像(金銅仏)であるので、古代から関山地方にゆかりの崇拝対象であったと断定することはできないが、六世紀後半から七世紀初頭頃にかけて朝鮮半島で製作されたものと考えられている。この像は、二〇〇九年三月に国指定重要文化財に指定された。

第二に大正五年(一九一六)、帝国在郷軍人会関山村分会が日露戦争などの戦没者を祀る碑を建設しようと関山神社境内を整地した際、偶然発見された経塚の存在である。この通称「関山神社経塚」からの出土遺物は、銅製経筒と珠洲壺、珠洲鉢であり、経筒が形態から一二世紀に地方で製作されたもの、珠洲壺と珠洲鉢は共に一二世紀後半頃のものと推定されている。(2)

このことから、近世に妙高山への登拝口であった現在の関山神社付近に、経塚の営まれた一二世紀頃までに何らかの宗教施設が既に立地していた可能性が高いことになる。

第三に、同じく関山神社境内の妙高堂(かつて山頂に安置されていた阿弥陀三尊像を置く堂祠、後述する)の手前側に、覆いがされた堂内に二五体ある石仏をはじめとして、関山周辺に三〇数体点在する「生け込み式」と称される石仏群の存在である。生け込み式という称は胸から下側を地中に埋め込んであることによるもので、石仏研究の川勝政太郎による由である。かつては阿弥陀仏と考えられていたが、(3) 現在では弥勒菩薩を刻んだものが多いと考えられている。

こちらは経塚のように明確な年代比定が定まっていないが、平安末から鎌倉期にかけての造像というのが近年定説化している。④

［中世の関山］

現在までに妙高山山頂付近で発見されている考古遺物で最古のものは、小柳義男の論文によれば、将軍地蔵碑周辺で見つかった一四世紀第2四半期と推定される珠洲壺の砕片である。他にも一五、六世紀頃と推定される土師器が一二点、阿弥陀堂跡周辺で発見されている。⑤このことから、妙高山頂への信仰目的の登拝が開始された時期を、およそ一四世紀頃からと推定しておきたい。中世の中頃にさしかかるこの段階に至って、ようやく妙高山頂付近で山林修行を行う者が出始めたのではないかと思われる。

というのも、文献資料に妙高山という名前が登場し始めるのが一四世紀を遡らないと考えられるからである。同じく小柳義男の指摘によるが、この山名の初出は、一四世紀中後期頃の成立と考えられている『神道集』だという。『神道集』は北関東に関係の深い天台系遊行宗教者の語りを集成したと考えられる神社縁起集であるが、全五〇話中の最終、第五〇話「諏訪縁起事」に妙高山が言及されているのである。

同話は甲賀三郎の伝説として知られている冥界遍歴譚で、三郎が二人の兄によって地中に閉じ込められて蛇身へと変身し、地底の国を遍歴した末に浅間山山頂より地上に蘇り、四方を見回す描写の中で、北方に「妙高山御嶽」(写本によっては「妙高・御嶽」)が明記されているのである。

また、正確な成立年代は不明であるが、おそらく『神道集』成立からやや遅れて、妙高山と「関山」を関連づける記述も見られるようになる。金沢文庫蔵「社寺交名」がそれであり、著名な霊場を一国から一所ずつ列挙する中で、越後国に関して「妙高山関山」とある。⑥

さて、少なからぬ論者が指摘することではあるが、これ以降一五世紀に入ると妙高山に言及する文献資料が急に増え始める。

まず、室町時代初期の成立と考えられる『義経記』の巻第七「直江の津にて笈探されし事」に、「妙観音の嶽より下ろしたる嵐を帆引掛けて、米山を過ぎて、角田山を見付けて」とある「妙観音の嶽」が妙高山を指すというのが通説である。[7] これは『義経記』の最もポピュラーな翻刻本である岩波書店「日本古典文学大系」版に見られる表現であり、その底本は近世の木活字本である東洋文庫所蔵本とされている。なお、周知のことかもしれないが、『義経記』に関しては柳田國男が『雪国の春』（一九二八年）において、山伏の描写に詳しい点に注目している。

ともあれ、先の引用箇所を含む部分で義経一行が直江津付近から船に乗り、上記の嵐で西蒲原郡の「角田山」まで来たという位置関係と、「妙観音の嶽」の「妙」の一字が妙高山と一致する、という二点から、この山が妙高山であろうという通説は盤石に思える。

ところが、『義経記』は異本の少ない軍記物語という定評に拘わらず、この引用箇所そのものが欠落している写本（例えば、田中本に基づく小学館「日本古典全集」版）も存在するのである。したがって、妙高山を指すとも推察される「妙観音の嶽」にまつわるエピソードの記されたのが必ずしも室町初期でなく、のちに写本が形成される過程であった可能性も否定できないことになる。

その意味では、一五世紀における妙高山、とくに山麓にあたる関山の宗教文化に関わる情報源として、『義経記』よりむしろ次の二点に注目すべきではないかと思われる。

第一に、歌人としても知られる僧・堯恵《ぎょうけい》が寛正六年（一四六五）、加賀国から善光寺に参詣する旅程を記した『善光寺紀行』（『群書類従』第一八輯所収）である。そこでは、越後に入って「浄土といふ所」「いとい川」「朱山」「花笠の里」などの後、「限なき行ゑの隔に聞えし関の山も是ならんとわけ入て。むかし西塔に侍し快藝法師にあひぬ。拙者尊師隆雲法師道のしるべにとて文書てたびしを。往時の夢にあらずやなどみるがごとくに打かたらひて」と記されている。「快藝」は、それが宝蔵院という名称であったかは不明であるものの「関の山」、おそらく関山の寺院に関わっていた僧侶であろう。堯恵は快藝と、戸隠を参詣した後の帰路でも再会している。

著者の尭恵は越後上杉氏と関係があったと考えられており（『群書解題』第三）、天台僧であったとする説もある。この年の善光寺への旅の起点は加賀白山麓の金剣宮《きんけんぐう》であり、堯恵が「関の山」の後に参詣した善光寺と戸隠、いずれも天台寺院である（善光寺は浄土と兼修）。引用分中の「西塔」も比叡山のそれと推察されるので、尭恵と共に西塔で修行をしたという「関の山」の快藝法師も、また天台僧であったと思われる。

中世の宝蔵院については、これまで『訂正越後頸城郡誌稿』[8]下巻の記述により、「真言修行の道場」として栄えたというのが通説であった。しかし、この『善光寺紀行』で言及される快藝がもし同寺関連僧だったとしたら、それは天台寺院である可能性が高いことになり、この通説が覆るのではないかと考えられる。[9]

第二に、その二〇年ほど後、もと臨済禅僧で還俗した万里《ばんり》集九《しゅうく》による漢詩文集『梅花《ばいか》無《む》盡蔵《じんぞう》』（『続群書類従』第一二輯下）に、彼が長享二年（一四八八）に江戸・武蔵・上野・越後を訪れた記録の中で、九月後半の記事に二箇所、「妙高山」が言及されるところがある。「龍集戊申之冬。漆桶子遊若耶之諸刹連妙高山之李漆首座有書室」、および「妙高山雲興主盟仲成和尚投所所作見需運斤」である。

前者の「首座」はおそらく寺院の役職を意味し、後者の「仲成和尚」はそうした階梯を有する妙高山関連寺院の僧であろうか。なお、「関の山」と記す『善光寺紀行』と併せて、この一五世紀後半に至っても宝蔵院という寺院名が出てこないことに注目しておきたい。

もう一点。関山への旅行記録とは少し異なるが、先の第一と第二のちょうど中程、文明一三年（一四八一）に成立したと推定されている連歌師宗祇の『老葉』の中に、「越後国関の山」なる語が含まれるものが知られている。[10]このことを受けて、かつて宝蔵院の庭園であった場所に現在、この句を刻んだ宗祇句碑が築かれている。

以上のように宝蔵院なる寺院の名称は中世末まで確認できないものの、戦国時代の一六世紀に入ると、「関山権現」という称の崇拝対象が上杉家によって信仰されていたらしい。例えば、大永六年（一五二六）や天文二四年（一五五五）に上杉家関連の起請文が存在する。[11]おそらくその影響と思われるが、上杉景勝が越中に出兵中の天正一〇年（一五八二）、信長配下の森長可《ながよし》が関山一帯を焼き払った。その後も、景勝の会津・米沢移封（一五九八―九一）があり、当地の宗教勢力は一時的に衰退した。

［近世の復興と妙高登山］

一七世紀はじめに関山権現を再興したのは、当時の幕府御用達の天台僧天海の弟子と称される俊海である。他に俊海については、上杉謙信の甥であるという伝説が『頸城郡誌稿』に載っている。また俊海は戸隠の第四八世住持であり、宝蔵院の他にも五智国分寺、愛宕権現（以上、現在の上越市）、および蔵王権現（現長岡市の金峯神社と安禅寺）の住持を兼帯していたとされる。[12]

ともあれ俊海は、天海との師弟関係もあってか江戸幕府より慶長一六年（一六一一）に一〇〇石の寄進を受け、近世宝蔵院の再興者となった。なお、この寺社領一〇〇石については、後に三代将軍家光より慶安元年（一六四八）に朱印地として賜ることになり、将軍の代替わりごとにそれが慣例化した。

また、近世においては妙高山の開山を八世紀頃の伝説的な宗教者である裸行上人とするようになったため、再興された形の宝蔵院初代を裸行にあてる場合があり、裸行の位牌も関山宮司家に存在する。俊海の戸隠における先代である慶也を初代とする場合もあるが、いずれにせよ俊海はそれにつぐ第二世とされるので、初代は形式的なものであり、宝蔵院は実質的には近世に俊海によって開かれたと考えるべきかもしれない。

このように俊海によって再興、もしくは開基された宝蔵院は、俊海の師匠であった天海が江戸上野に開いた東叡山寛永寺の末寺となった。

天台寺院である宝蔵院は、近世を通じて関山権現もしくは関山三社権現の別当であった。別当とは神社を祭祀することを専門とする僧、いわゆる社僧のこと、もしくはその僧が住する寺院を意味する。こうした近世の関山権現と宝蔵院との関わりについては、次項で詳論する。

同権現が祀られていた本殿は現在の関山神社本殿に継承されるが、現在の建物は文化一五年(一八一八)の建立とされる。

さて、この関山権現の別当であった天台宗宝蔵院には、通称『宝蔵院日記』なる長期に渡る記録が遺されていた。同日記については本章の第四節で詳論することにして、ここではその享保六年(一七二一)六月の日記から、近世の妙高登山について概観しておきたい。二二日早朝に「別当」が登山し、その他に松雲院・宝海寺・五郎左衛門・権十郎・権左衛門・惣左衛門が「相詰」めたとされる。翌二三日が一般の登山に当たり、宝海寺らが引き続いて相詰めたとされ、「妙高山登候役人」が八ツ半の時に帰ったと記されている。

この妙高山登山については他にも様々な近世史料が残っており、それらを広く利用しての総合的な位置づけも見られる(13)。ここでは、長野県中野市の旧庄屋であった土屋家所蔵文書から、その九代五郎治による文化六年(一八〇九)六月二三日の登拝記録のうち、山腹および山頂付近の拝所名のみ列挙しておく。なお、登拝に先だって宝蔵院に三〇〇文を奉納したとされている(14)。

姥堂、関ノ湯、湯坂、渋池坂、木生路、長坂、隠れ清水、如意輪観世音、血ノ池、中道、児石、六地蔵、天狗の

写真２　第18世・常磐（右）と、第16世・量海の墓（宝蔵院墓地）

宝蔵、笈摺岩、貝摺、山頂（阿弥陀三尊）、他に山頂に、大黒天、五天王、
日本石、木曽義仲の御馬屋、胎内潜り、

右の拝所のうち、「胎内潜り」や「天狗」を冠するものはかつての修験者の関与をうかがわせるが、それ以外の姥堂、如意輪観音、血の池、六地蔵、それに山頂の阿弥陀三尊は、山腹における血の池地獄の信仰とそこからの女人救済（如意輪や地蔵）、そして山頂における阿弥陀浄土という観念と対応すると考えられる。

実際、近世の妙高山に関して考古学の観点から、地獄の信仰や血盆経との関わりによる女人救済、および極楽往生の信仰が主体であったと見る説もある。[15] 今後は、近世の宝蔵院が、妙高山を舞台とするこうした阿弥陀浄土と地獄の信仰とどう関わったかを解明することが課題となるであろう。

ちなみに、妙高山の七つの温泉のうち、近世に始まるのは前山と神奈山を源泉とする現在の関温泉、および北地獄谷を源泉とする赤倉温泉であり、幕末開湯という燕温泉もあるが、他は明治以降の開湯である。[16] 宝蔵院は、このうち関温泉を管理運営していた。

また、最近の研究では考古学の小島正巳が、関・燕温泉から天狗平の間に廃絶した道を含めて三つの登拝道があったことを紹介しており、[17] 妙高山における山岳修験の実態は徐々に明らかになりつつある。

［明治の神仏分離］

宝蔵院の神仏分離については詳しく解明されていない。一八世宝蔵院院主量潤、関山家に所蔵される位牌の名では常磐法印が、復飾して関山神社宮司の関山氏となった。なお、現在の関山神社には歴代院主の墓があるが、この一八世常磐法印と一六世権大僧都量海は明治以降に逝去したため、神葬祭で葬られたらしい(写真2)。

宝蔵院は維新後もしばらくは建物が残ったとされる。しかし、明治一一年(一八七八)における明治天皇の北陸巡幸に際して、宿泊地に予定されていた浄土真宗大谷派新井別院(現妙高市)が急な火災被害にあったため、その庫裡を再建するための資材として急遽取り壊されたと伝えられている。

また現在の関山神社鳥居手前側には、「権現」とあった箇所に「神」と彫り直した石造の社号標が当時のままで残されており、維新前後の廃仏毀釈が激しかったことをうかがわせる。

2　関山権現に関して

［権現について］

まず、権現という名称について見たい。周知のこととは思われるが、一〇〇年以上前の辻善之助による神仏習合研究において、当初は仏が神明の上に位置しており、「神明は仏法を擁護する」「神明は仏法によりて業苦煩悩を脱する」といった上(仏)―下(神)関係であったと位置づけられていた。それが次第に神の位置が上昇してゆき、院政期に至って神明の本地が定まる、すなわち仏イコール神明という本地垂迹説が確立したのだ、と辻は解釈していた。

辻によるこうした神明と仏菩薩の相互関係の中で、彼が「垂迹思想」が現れる初見とする「藤原時代」に、権現という日本の神祇の呼称も登場するとされている。辻があげているのは、寛弘元年(一〇〇四)のこととされる熱田権現の垂迹、その三年後に藤原道長による金峰山への納経に「蔵王権現」の銘が見られることである[18]。

権現(英語で avatar)とは語義の上では仏の仮の姿を意味し、神社の名を仏教的に表現する場合に使われる。つまり、仏が日本の神で現れたことを意味する。とはいえ、本地(垂迹神や権現の本来の姿である仏菩薩)との関わりについてを含めて、その実態はかなり多様である。上の二つの権現号に限っても、熱田権現は神社名(熱田)の後に付けられた称であるのに対し、蔵王権現は金峰山特有の崇拝対象であり、吉野青根が峰山頂付近にある延喜式内社金峯神社とは全く関係がない。その意味で、同じ権現と称されていても宗教的性格がかなり異なると思われる。

後者のパターンの権現号としては、伯耆大山の智明《ちみよう》権現、白山の白山妙理権現など、山岳宗教者が集まった霊山の仏教的聖性に見られる。このような山岳宗教系の権現号に関しては、菩薩号で呼ばれる場合(蔵王菩薩・白山妙理菩薩など)も見られる。

妙高山に関する権現号としては、関山権現ないし関山三所権現が知られている。ただし、この場合は菩薩号で称される例は確認できていない。

前項目1で見たように、関山という固有名詞と妙高山とが関係づけられる初見は、南北朝を遡らない時期とされる金沢文庫「社寺交名」と考えるのが妥当であるので、この権現号の登場も一五世紀以降であろう。「関山権現」の初見はさらに時代が下り、先述(注11)の大永六年(一五二六)の起請文に載る「関山権現」ではないかと思われる。

〔関山三所権現の本地垂迹〕

この関山権現ないし関山三所権現は、遅くとも近世には本地および垂迹神が充当されるようになる。ちなみに、上記の智明権現の本地は地蔵、白山妙理権現の本地は十一面観音とされるが、蔵王権現(菩薩)の本地は通常語られない。

ともあれ、『訂正越後頸城郡誌稿』によれば、関山三所権現の垂迹と本地は次の通りである。

右　素戔嗚尊　本地　文殊菩薩　新羅大明神ナリ

中　国常立尊　同　聖観音菩薩　関山大明神ナリ

左　伊弉冉尊　同　十一面観世音菩薩　白山大明神ナリ

垂迹神に天皇家の神話的祖先が充当されているが、関山神社は延喜式内社(一〇世紀の格式《きゃくしき》である『延喜式』の通称神《じん》名《みょう》帳と呼ばれる巻に載る神社)ではないので、この部分は後世の作為という感が否めない。とはいうものの、他の近世史料にも類似した垂迹神が掲載されている。

本地に関しては、見られるように中尊となる関山権現の本地が聖観音とされたのである。『宝蔵院日記』の例年六月一八日の記述から夏季祭礼の中心に本地供があったことがうかがえるが、一八日は観音菩薩の縁日であった。このように、近世における関山権現が観音を本地とすると考えられていたことは確実であろう。

一方で関山権現との関係は不明ながら、先述のように中世には妙高山そのものを阿弥陀如来と見る観念も存在していたらしい。その根拠の一つは、近世に妙高山頂に置かれていた阿弥陀三尊像である。これらは現在、関山神社境内の妙高堂に置かれているが、かつては木曽義仲が崇拝していた仏像という伝説も存在した。

近年では、三尊のうち中尊の成立年代は鎌倉後期頃、脇侍の観音・勢至は室町後期から江戸初期頃と推定されているので[19]、義仲との関係は当然ありえない。ともあれ、先項1で見たように近世の妙高山登拝記の類に阿弥陀三尊が山頂に安置されていたことが明記されているので、おそらく中世後半から近世にかけて、妙高山の本地として阿弥陀を想定する観念も存在したことは疑いないであろう。

その傍証としてしばしば引用されるのが、長尾為景(謙信の祖父)が春日山に林泉寺を築き、曹洞宗の曇英《どんえい》禅師(一四二四―一五〇四)を招いた明応元年(一四九二)の法語に出る、「西を鎮むるは妙高の峰、暮景懸れば即ち無量寿尊の寿域を接受す(原漢文)」という文言である。無量寿尊とは、阿弥陀如来のことである。もっとも、この法語は次に東方向の米山を薬師如来として描くので、単に春日山から見て東西に位置する二つの霊山を両如来に当てはめただけである可能性もあるし、また曹洞禅僧である曇英が阿弥陀如来をとくに称賛する理由も考えられないが、これを妙高山阿弥陀本地説の裏づけと見る通説も否定はできないだろう。

加えて、先述の『宝蔵院日記』にも見られるが、六月の夏季祭礼の後二三日に行われた妙高山参りでは、登拝の途次に唱えられる称賛において「南無阿弥陀如来」の唱和が中心であったとされるし、そのためにこの登拝自体が「なんぼいさん」と通称されることになった。

妙高山そのものを阿弥陀如来と見なす観念は、このように近世においても継承されたと考えられ、関山権現の本地を聖観音と考える観念と、近世において共存したのであろう。

［関山権現の別当宝蔵院］

先項1で見たように、関山権現には一五世紀後半の『善光寺紀行』で「関の山」と記される頃から、快藝のような僧が供奉していた。『梅花無盡蔵』でも僧の名と職階と思われる名称（首座）が言及されていた。このことから、それが宝蔵院という寺院名かどうかは別にして、中世後半に既に僧侶が住する寺院が関山権現の祭祀を支えていたと考えられる。

近世に天海の弟子とされる俊海によって再興された宝蔵院は、江戸上野の天台宗東叡山寛永寺末とされたことも先項1で見た。この寺院は、天明六年（一七八六）前後の成立とされる『越後国天台宗寺院名前帳』に「越後国　天台東叡山末」として、安禅寺・宝持院・国分寺に続いて「妙高山雲上寺　宝蔵院」として「御朱印高百石」と出る。[20] つまり、朱印領を賜る天台寺院として本末帳に書き上げられているのである。

一方で、上記の安禅寺（長岡市）や宝持院（廃、上越市）もそうであったが（順に、蔵王権現と愛宕権現の別当）、宝蔵院は関山権現の別当寺院でもあった。別当については先に先項1でも簡単に触れておいたが、近世までは権現とも称されることもあった神社の祭祀を専らとする、社僧が住持をする寺のことである。この点で、近世の宝蔵院は中世からの関山権現祭祀を継承したものと考えられる。

ところで、浄土真宗以外の宗派では幕末まで僧職がほぼ妻帯していなかったが、社僧は例外的だ、という見方もある。例えば、加賀白山麓の現在の白山比咩《しらやまひめ》神社、当時の称で「下白山《しもしらやま》」なる権現社の「長吏」と称された社僧別当は、近世には世襲が理想とされた。とはいえ、近世後期には必ずしも身内に適当な後継者が見つからなかったこともあった[21]。

表1 『宝蔵院日記』開始以降の院主

第何世	院主名	入院年月	逝去年月
8	如海	正徳2（1712）・5	享保2（1717）・1
9	一泰	（日記欠落）	享保16（1731）・10
10	最鎮	享保17（1732）・4	延享4（1747）・12
11	最黄	延享5（1748）・1	明和2（1765）・11 （明和6・11説も）
12	恵岳	宝暦2（1752）	安永5（1776）・2
13	観海	安永2（1773）・4	寛政11（1799）・11
14	常穏	寛政11（1799）・5	文化3（1806）・9
15	薩海	文化4（1807）・5	文政11（1828）・1
16	量海	文政11（1828）・2 （同・3説も）	明治4（1871）・2 （明治3・2説も）
17	寂照	嘉永2（1849）か？	安政4（1857）・3
18	量潤 （常磐法印）	嘉永7（1854）・6 （同・7説も）	明治2（1869）・5

（典拠は『宝蔵院日記』『妙高村村史』、および宝蔵院墓地の墓石による）

これに対して宝蔵院では「院主」と呼ばれる住職が妻帯せず、代替わりごとに本寺である寛永寺から派遣されてきた。表1として、『宝蔵院日記』時代における歴代院主リストを掲げておくことにしたい。このうち第一六世・量海と第一八世・量潤が神葬祭であったらしいことを、既に見ている。

近世宝蔵院で行われていた各種法要については、先行研究でも例えば『妙高村史』[22]にリストアップされている。もっとも、これは近世を通して名の出る法会を総花的にまとめたものに過ぎないので、ここでは『宝蔵院日記』で詳細な描写の始まる年度である享保六年（一七二一）の記述に基づき、年間に行われた法要名を列挙しておきたい。この年は一月に院主が親しくしていた愛宕宝持院院主金海法印が亡くなり、その葬儀への対応や同寺の後継院主についての記述、四月以降には何度か湯元の普請関連の記事なども載っている。

御宮御宮殿開帳（一月一日）、涅槃会（二月一五日）、御宮御膳献上（三月三日）、仏生会（四月八日）、御宮御膳献上・御本地供修行（五月五日）、夏季祭礼（六月一四―一八日）、妙高山登山（六月二二―二三日）、御宮御膳御盛物神酒献備（八月朔日）、御宮常如御出勤（九月九日）、開山忌御斎（一〇月一五日）、斎（一一月二三日）、大師講（一一月二四日）

この他、同年付け『宝蔵院日記』には七月一五日に、宝海寺（宝蔵院領内の曹洞寺院）を筆頭に、続けて多数の俗人が列挙されており、とくに明記されないが『妙高村史』に出る施餓鬼《せがき》供養であろうと思われる。

三　関山権現の夏季祭礼：現行と近世の次第

本節では、関山権現、現在の関山神社の夏季祭礼のうち、柱松に関わる儀礼が行われる七月一七日分（旧六月一七日分）を概観する。なお、関山神社の夏季祭礼は二〇〇七年度より七月の第三土曜・日曜日に行われるようになったので、一七日分は第三土曜日に執行されているパート、ということになる。

ともあれ、まず現在の執行次第を見たうえで、比較対照する形で近世の次第を見ることにしたい。ここで「現在」としているのは、筆者がこの祭礼を拝見した一九八四、二〇〇一、二〇〇五、二〇一〇年度のことである。

1　現在の祭礼次第（七月一七日分、現在の七月第三土曜日分）

関山神社夏の祭礼のうち七月一七日分は、午前八時半頃に始まり、午前一〇時から観光的中心となる六人の仮山伏による棒使いの演舞、さらに二つの柱松への点火競争（火祭り）と松引きなどが行われ、同日午後から奉納角力がある。

写真3　関山神社境内案内図

翌七月一八日が例祭当日に当たり、午前から始まる神輿渡御に沿って、近年から始められたという村内五箇所での仮山伏演舞がある。このように、神輿渡御など神社側の聖性に直接関わる儀礼はもとより、二日間に渡る祭礼のほとんどの部分が、一七日午前中の一時間前後を除き柱松と直接の接点を持たない。

以下には、柱松行事およびその前に行われる棒使いへの関心から、一七日午前中の行事のみに限定して祭礼次第を見てゆくことにする。すなわち、一七日午前の祭礼次第は、①社務所から十六段下広場を経て拝殿への行列、②拝殿内での神道式の祭儀、③棒使い、④柱松を巡る儀礼群、というおよそ四つの要素に分かれる。以下、筆者が妙高市教育委員会の要請で火祭りの報告書を執筆した[23]二〇〇五年度の進行に主として依拠しながら、祭礼次第を概観してゆきたい。時間が付されているのは、この年度のものである。

なお、参考までに境内概念図を写真で示しておく。これは、境内の「現在地」と描かれている地に立てられている看板の図である(写真3)。

①社務所から十六段下広場を経て拝殿への行列

この行列は二〇〇一および二〇〇五年度には午前八時三〇分頃社務所を出発したが、筆者がこの祭礼を初めて拝見した一九八四年度は、社務所の位置が今と違って十六段下広場の近く(図では手水舎の右奥)に位置していたという違いもあるのか、午前九時頃からと遅かった。観光用リーフレットでも九時からの開始と予告されており、変更は近年からのことらしい。なお、二〇一〇年度は筆者が神社に着いたのが八時二〇分頃であったのに、行列が既に拝殿に入ってしまっていた。

この行列は、年輩の白丁役のかかげる法螺貝や、大幣《おおぬさ》と呼ばれる扇、小幣と呼ばれるオハケ状の祭具を先頭に、六人の仮山伏、法被を着た仮山伏保存会の若者、裃袴姿の「代官」役、神職や巫女らが続く。このうち、筆者が見た一九八四年度に巫女はいなかった(二〇一〇年度もいなかった)。なお、この行列に神輿は伴わない。

社務所を出て二、三分後、行列が金比羅堂の後ろを通って拝殿正面の十六段下広場に着くと、行列一行が手水舎で清めをする。最後に神職が念入りに清めをする間、先に済ませた仮山伏たちが広場の後方で上下三人ずつ対になって警護の姿勢をとり、仮山伏保存会員が彼らをあおぐ。

なお二本の柱松は、十六段下広場よりさらに鳥居側の、拝殿からかなり離れた地点に(図では池の下側に左右一対)立てられているため、この時の行列とは一切関わらない。

その後一行は階段を上り、拝殿から向かって右横の仮祭場に集合し、ここで神職による魂迎えが行われる。仮祭場は、拝殿の右真横に結界のように注連縄で囲いがされており、正面に御幣が飾られている。この時も仮山伏が後方で警護の姿勢をとり、保存会員があおぐ。なお、これが始まる前、二本の大幣などは先に拝殿内に運び込まれ、拝殿正面に左右対にして掲げられた。

魂迎えが終わると、神職(宮司ではない)が仮山伏を修祓し、次に神輿殿の前に進んで、行列に参加しなかった関係者を修祓する。次の棒使いや柱松行事をサポートする若者会員(背中に「祭」の字の法被)が多数、神輿殿の周辺に控えているからである。この後神職は、神輿殿入口で神輿の修祓をした。

修祓が全て終わると神職は一端仮祭場に引き返し、先に仮山伏らが拝殿に向かい、階段で警護の姿勢をとる。神職や巫女らは、この間を通って順に拝殿に入っていった。控えていた若者会員ら関係者も続いて入場した。これら一続きの行列が終了したのは八時四五、六分頃であったので、この部分は全体で一〇数分に過ぎなかったことになるが、現在の祭礼で厳粛さや神聖さを体現しているように思われた。

②拝殿内での神道式の祭儀

この部分については、記すべきことが少ない。

関係者の入場後、拝殿内で開扉・献饌・祝詞・巫女舞・玉串・撤饌・修祓などが神道式に行われるだけで、とくに当事例の独自性は少ないと考えられる。拝殿奥に柱松への点火に際して使われる大幣が飾られているのが注目されるくらいであろうか。

もっともこのうち巫女舞は、上記①でも見たように巫女が一九八〇年代には祭礼に参加していなかったので、かつては行われていなかった。また、二〇一〇年度も行われなかった。

③棒使い

この部分は、午前一〇時をもって拝殿手前側の十六段下広場にて執行される。

九時四〇分過ぎから、広場に主役である六人の仮山伏が上下三人ずつ対面して着座する。

階段前には、拝殿を背に並べられたパイプ椅子に神職・巫女や村の重立ちが着座し、階段の上には若者会員によって神輿も曳き出される。なお、神輿の曳き出しは、近年行われるようになったものらしい。この行事は同日午前の祭礼のうちで最も観光客を集めるもので、地方のマスコミをはじめ多くのアマチュアカメラマンが、神職らとは反対側（拝殿を正面に見る方向）に参集する。

写真4　棒使い・一本ざし(2010年)

午前一〇時丁度になると、法被を着た仮山伏保存会員の一人が手水舎前でマイクをとり、この儀礼や仮山伏の由来を説明したうえで、個々の演目や演者の名、その者が今年で何年目かを告げる。儀礼の由来は奈良の宝蔵院流であること、仮山伏は氏子の若者で独身の長男であること、等々。

演目は全二二種からなり、長刀・太刀・棒の組み合わせによっている。六人の仮山伏が役抜(やくぬけ、またはやくのけ)・火切・火見《ひみ》の三役に分かれ、同じ役同士の組が順に演ずる(写真4、火切による演目「一本ざし」)。

役抜は六種、火切と火見は八種の演目を行う。演目の詳細な所作について、筆者は全二二演目について報告したことがあるが[24]、本章のテーマと関わらないので、簡単にこれらの演目について概観しておくに留めたい。

役抜と火切に関しては、偶数の演目がやや長めで、奇数のそれは短いという傾向が見られた。火見でも最初の演目「薙刀」はやや長めであったが、そうした傾向は概ね見受けられる。

また全二二演目のうち、役抜二演目、火切および火見三演目という計八演目が、上下とも太刀によるものである。さらに、これらは全て奇数番目に位置しているので、短めの演目ということになる。

それに対して太刀と槍という組み合わせは、役抜三演目、火切および火見四演目の計一一演目であり、太刀のみの演目より多めとなっている。さらに、全てが偶数番目で長めの演目となっている。

それらのうち、火切の第四演目「しばしき」では上下の山伏が互いの体をぶつけ合わせるし、第六演目「一本ざし」では下の山伏が槍で上の太刀を飛ばし(前掲写真4、左側の仮山伏二人は飛んでくる太刀を受けている)、上の山伏が丸腰で下に近づいて槍を奪う。火見の第六演目「投げ棒」では、途中で両者が武具を投げて交換する。これら三演目に典型的なように、太刀と槍との組み合わせでは、太刀どうしの短い演目より芸能的というか、観客にヨリ楽しんでもらうための所作が見られるように思う。

さらに、短い奇数番目のものでは演目の最後、長い偶数番目の演目では途中および最後に、仮山伏が腰を低くして足を広げるなどし、あるいは起立姿勢のまま、掛け声と共に武具を突き出す姿勢をとり、静止するのがクライマックスになっている(写真5)。このことは、各演目が武道の演舞というより、芸能ないし神事に近いものであることを意味するのではないだろうか。

写真５　棒使い・投げ棒(2001年)

個々の所作が現在のように固まってくるまでに、通説[25]のように何らかの武道の影響があった可能性があるとしても、現在の執行においては、そうした武芸の雰囲気というより、むしろ神前での芸能という性格が濃厚に表出していると思われる。なお、前章で見たように小菅の柱松神事では刀などを使った試闘は行われないが、失われた戸隠の柱松[26]、および現在も執行されている等覚寺松会[27]には、芸能化した刀などによる試闘が見られる。

ともあれ、棒使い二二演目が全て終了したのは午前一〇時半頃であった。

④柱松を巡る儀礼群

この部分はさらに細かく見ると、大幣・小幣の柱松への設置―太鼓橋上での火切山伏の整列―柱松への点火(「火切り」とも称される)―松引き、と分かれる。順に見てゆきたい。

写真６　火切の仮山伏が駆け上がる直前の、上の柱松（1984年）

まず棒使いが終わるとほどなく、行列時に拝殿へ大幣・小幣を運んだ白丁役が、二つの柱松に設置するため大幣・小幣を拝殿から運び出す。

この前後には、観客が三々五々池の手前側の柱松周辺に集まり始める。柱松は細めの木の幹数本を蔓で縛って周囲から縄で支える簡素なもので、後で仮山伏が飛び乗るための梯子が縛りつけられている。梯子の最上段の高さは、成人男子の肩くらいである。この時、後の松引きのための綱が柱松につけられる。なお、筆者が二〇〇一年に事前調査のため七月一四日に同神社を訪れた際、既に柱松は設置済みであった。

柱松への大幣・小幣の設置が終わる頃、役抜と火見の仮山伏が上下に分かれ、柱松の両側に位置して準備する。火見は自分の柱松に、役抜は逆の方に行き、二人で柱松の中段、両端に位置して火切の山伏が駆け上がるのを待つ（写真6）。時間は一〇時四五分過ぎであった。

これらの動きと併行して、池の上の太鼓橋上には裃袴姿の「代官」役を中央に、火切の山伏二人が整列する。彼らを挟んで、仮山伏保存会員が一人ずつ控える（写真7）。

上記の整列はほんの一、二分あるだけで、一〇時五〇分頃保存会員の合図で、二人の仮山伏が各々の柱松に向けて駆け出す。保存会員も各一人ずつ後を追う。

火切の仮山伏は、役抜・火見が位置する中間に飛び込み、火打ち石で点火を試みる（写真8）。この間、周りをとりまく若者会員らが、「ついたぞー」とはやしたてる。一、二分も経たないうちに、上の柱松の方にあっけなく火がついた。それに次いで、下の柱松にも火がつく。

点火の直後(一〇時五三分頃)、若者会員の一人が小幣の位置を調整したり、何人かで大幣にまんべんなく火がつくように扇を曲げたりしていた。なお筆者が初めて拝見した一九八四年には、大幣が全て燃え切った後に年長の若者会員が大幣を池に投げ込む所作をしていたが、最近はこれが行われないようで、大幣についた火がほぼ消えた頃に柱松が倒された(一〇時五六、七分頃)。この時既に、仮山伏たちは報告のため拝殿に向かっていた。

なお、上下二つの柱松への点火は一見競争のようにも見えるが、上の方が先につくと豊作とされており、筆者が拝見した四年度とも上の方が先についていた。もっとも、近世の記録には下が勝ったとする年も見られる。

写真7　太鼓橋上の代官と仮山伏(2001年)

写真8　上の柱松への点火(2005年)

上下とも柱松が倒されると、興奮を鎮めるかのような弛緩した時間が数分あった後、すぐに松引きに移行する(一一時頃)。これは、観客にも二つの柱松につけた綱を持たせ、旧・宝蔵院方向(前掲、写真3参照)に柱松を曳いてゆく行事である。これが大体三〇分ほど続き、その間観客にも酒が振る舞われ、若者会員らは「めでためでたの若松さまよ」との唄を独特の節で歌い、盛り上がる。

さらに、仮山伏が拝殿への報告の後に鳥居の外に全速力で駆けて行く儀礼的所作があり、この後、走って戻る彼らは、陣羽織を脱いで頬被りをしている。一説に、乞食の格好をまねたものともされる。

松引きは、走って戻ってきた彼らを松の上に乗せて、引き続き盛り上がって行われる

2　近世の祭礼次第

次に、近世の祭礼次第として管見で最も詳しい記述を有すると思われる、寛政八年（一七九六）成立の『関山権現祭礼手文』（村越家文書）[28]を参照したい。

その際、現行の祭礼次第で分類したものと比較対照できるように、①権現社（現在の拝殿）への参加者の行列、②権現社殿内での祭儀、③棒使い、④柱松への点火、という現行と同じ四過程に分けて概観する。

①権現社殿への行列

・巳刻から午刻の間に、導師が袍裳結袈裟を着けて案内を待つ。

・その間、出仕した先達・社家・仮山伏は庭上で蹲踞《そんきょ》して待つ。

・先達の法螺により、行列して権現社に向かう。行列の順序は次の通り。

大麻（二人）―祈竹（二人）―小麻（二人）―先達修験「胎蔵院」―仮山伏・長刀（二人）・金剛杖（四人）―先払―導師―

侍（二人）―扈《こ》従（一人）長柄・履押・宝海寺―倉科右近―社家（二人）―惣押　庄屋　組頭

②権現社殿内での祭儀

・導師・先達・仮山伏などが社内に入る。先達は正面に、仮山伏六人左右に、錫杖・太刀・長刀で警護の役を志す。

・社家が神輿の前で一曲神楽を奏する。

・先達が法螺を奏すると、導師が登壇し本地供を修す。その間、扈従が導師の装束を整える。

・初鈴で先達が不動慈救呪を一二回誦する。この間仮山伏は祈竹を撃つ。後鈴でこれを繰り返す。
・先達が法螺を奏すると、社家が再び神楽を奏する。
・導師下壇、先達が階段を下りて床机に着き、仮山伏が階の左右に列居。導師が拝殿を出て着座。

③棒使い

これについては、かなり記述が短い。すなわち、仮山伏六人が庭上で「太刀長刀の事」を勤める。ただし、進退の時は神前にうかがいをたてる、云々。

④柱松への点火競争

ここの記述も①②に相当する部分ほど分量が多くなく、おおよそ次の三点にまとめられる。
・玉橋の端で、先達が鎮火の山伏二人を左右に、手を携える。
・二人の山伏が疾走して柱松に上り、火を鎮めるのにその遅速を上街と下街で競う。これが「鎮火祭式」の古例である。
・氏子らが妙高山称讃を唱えて柱松を門外まで曳き、のち庭上に蹲踞して再び称讃を数遍。群集が歌舞し、神酒を頂戴する。

〔現行の祭礼次第との比較〕

以上のうち、③④相当箇所は現在と似たものであったと推測される。なお、このテキストで「鎮火祭式」と位置づけられている部分について、後で詳しく検討する『宝蔵院日記』中に「切火勝負」との記もあるので、あまり字面に拘泥する必要はないであろう。このテキストに上街と下街との競争とあることについても、同様である。

それに対して、現在の次第と大まかな構造は似ているものの、かなりの違いを見せているのが①と②に相当する部分である。端的にいえば、現在の祭礼における神道式の部分――①における手水舎での清め、拝殿横での魂迎え、神職による修祓、②における祝詞・献饌・撤饌や玉串、巫女舞など――が、神仏分離以降に付け加えられたことが導ける。さらに、①に相当する部分の行列は、当時は宝蔵院から権現社に向かうものであった。なお、「導師」とは宝蔵院主のことだと考えられる。

一方で、『関山権現祭礼手文』にあって現在の祭礼に欠落している部分は、①に相当する行列記事における旧宝蔵院関係の諸職(導師・先達)や侍・庄屋など、②相当箇所では前者による仏教ないし修験的な儀礼――導師による本地供、先達による不動慈救呪、仮山伏による祈竹の撃ち付け――であろう。

四　関山権現夏季祭礼に関わった宗教者たち：『宝蔵院日記』より

以上のように、関山権現夏季祭礼の近世次第については、一八世紀末の『関山権現祭礼手文』が最も詳しい情報を提供してくれる。とはいえ、関山神社の関山宮司家には約一〇〇冊に及ぶ通称『宝蔵院日記』が所蔵されており、夏季祭礼に関わった宗教者の固有名詞、および所作などに関する若干の経年変化を読み取ることができる場合もある。そこで本節では、まず『宝蔵院日記』とは何かについて概観したうえで、夏季祭礼に関わった宗教者の中で注目される存在である社家および先達(山伏とも記されることがある)を除いた他の宗教者について記し、続いて社家および先達について眺めることにしたい。

1　『宝蔵院日記』の概観

この史料は、旧宝蔵院の隣に位置している関山家に遺されているもので、それぞれ『雲上寺日記』『日並記』あるいは『宝蔵院日記』などと題された一種の手控えの集成約一〇〇冊からなる。したがって、『宝蔵院日記』とは通称にして総称である。なお、関山家以外に所蔵されていた分もある、との説もある。

同史料の存在については早くから地元研究者に知られていた模様で、一九六〇年代の中頸城郡南部総合調査時代から参照されていた。ただし、この時は全てを『宝蔵院日記』と総称することはまだ一般化していなかった模様で、個々の冊子の題である『宝蔵院日記』『日並記』などとして言及されていた。[29]これらの冊子全てを『宝蔵院日記』とする通称が流通するようになったのは、おそらく一九七〇年代後半に立教大学文学部日本史研究室が当該文書を調査し、その一部をこの称を冠して翻刻して以来ではないかと考えられる。[30]

ともあれ、同研究室の報告によれば、文久三年(一八六三)に一度日記の台帳が作成され、そこには宝永二年(一七〇五)から文久三年まで計一一二冊の日記が書き上げられているとのことであった。その後、妙高市教育委員会によって二〇〇八年に刊行された翻刻本第一巻には全九八冊と明記され、第一巻冒頭の正徳二年(一七一二)から、翻刻本第三巻の末尾に慶応四年(一八六八)までが収録された。[31]

つまり、立教大学の論文とは、開始・終了時期、および冊数とも若干の差があることになる。このうち時期の違いについては不明であるが、開始・終了ともわずか数年の違いであり、冊数が一〇冊余り異なるのは、おそらくこの三〇年ほどの間に失われたものがあるからではないだろうか。ちなみに、翻刻本が冒頭に置いている正徳二年(一七一二)は、宝蔵院に新しい院主・如海(第八世)が着任した年であった(前掲、表1参照)。

このテキストの記述スタイルは、執筆者であったと思われるのが宝蔵院内に住む院主よりは下の身分の者であると考えられることから、[32]彼らの立場からの備忘録的なものであったと思われ、祭礼次第についての詳しい記載は意外に少ない。

以下では、この『宝蔵院日記』翻刻本における関山権現夏季祭礼に関する記述から、両者とも途中から正式に祭礼に関与するようになったと考えられる社家、および「先達」と称される修験的な宗教者を除く、祭礼を担った宗教者たちから概観してゆきたい。同史料の個々の記載年度ごとのデータについては、表2に概略を示しておいた。また、翻刻本の特定箇所を参照する場合、注記せずに本文に丸括弧で翻刻本第何巻何頁と記すことにしたい。

2　社家・先達を除く祭礼を担った宗教者

まず、神仏分離後には姿を消してしまった宝蔵院の院主から概観したい。「導師」と記されることもある。

［院主］

院主の夏季祭礼における主要な宗教行為を時間順で見てゆくと、一八世紀のうち比較的詳しい記述のある享保六年（一七二一）六月一七日分では、「今昼時院主御宮出勤、御本地供執行、観音経心経等有之」と記されている（翻刻本第一巻六二頁）。

その後、寛政一一年（一七九九）から享和四年（一八〇四）まで、寛政一三年を除き、表2の通り夏季祭礼における院主の宗教行為がかなり詳しく記述されている。この期間は、宝蔵院の第一四世常稳の在任期間と全く一致している。すなわち、常稳は寛政一一年の五月朔日に「御入院」（翻刻本第二巻七頁）し、文化四年（一八〇七）の五月一九日に第一五世薩海が「御着」（同一一九頁）したことに伴って隠退している（前掲、表1参照）。現存する『宝蔵院日記』は享和四年から文化四年の間が欠けているため、常稳在任時期が寛政一一年から享和四年までの同史料現存分と対応することになるのである。

上記のように『宝蔵院日記』の執筆者は院主自身ではなく、宝蔵院内の院主より下位の宗教者ではないかと推察される。そうだとすると、寛政一三年を除いて同一一年から享和四年まで、院主常穏の下にいて筆録を担当していた者が夏季祭礼の記録にかなり熱心だったことになる。

以上五年分の記述をまとめてみると、六月一七日には院主が朝と昼過ぎの二回、装束を替えて昇宮し、朝は懺法と普門品（法華八講とも）、午後は本地供修行を執行していた。一八日も朝の開扉、献膳から始まるもののほぼ同様に懺法普門品、次は前日より早く午前中に装束を替え、行列を従えて再び登壇し、本地供修行を行う。その後に神輿の出御があり、還御後に普門品、終わって閉扉となったことが分かる。個々の執行時間は表のように似通ってはいるが、完全に同じではない。

このように当該期間における院主の宗教行為は、一八日は開扉—閉扉が重要となるが、一七・一八両日とも前半が法華懺法および普門品読誦、後半は本地供修行であったことが分かる。これは、関山権現のご神体が観音菩薩と考えられていたことに基づくと思われ、とくに一八日は観音の縁日であった。

これらと一八世紀分の院主の宗教行為に関する記述との差異であるが、法華懺法については一八世紀においても例えば正徳二年（一七一二）のように記載されていた年もあり（翻刻本第一巻三頁）、開扉・閉扉や装束替えは、この五箇年に限って詳しく記載されただけではないかと思われる。

ところで、宝蔵院の院主が夏季祭礼に不在の年もあった。一八世紀のうちでは、管見の及ぶ限り最初と思われるが、享保一九年（一七三四）に院主が江戸在住で不在であった。そのため、愛宕宝持院の住持が代僧を務めたとされる（翻刻本第一巻八九頁）。

宝持院は、越後国頸城郡において五智国分寺や宝蔵院と並ぶ天台宗東叡山末寺院で、朱印高は二〇〇石であった。

院など）

宝海寺	その他（真宗寺院など）
宝海寺ら、「山見門前相詰候也」とある（6/15）	
「御宮御普請故御祭礼相止候」（6/17）	
宝海寺・松雲院空心、庄屋ほか、御祭礼の勤め例年通り（6/16）	社役場より御祝儀に（6/18）
	東叡山へ准后がご隠居の件で、飛脚（6/5）
	宝持院様にご開帳見舞いで酒など（6/6）
	宝持院様入湯云々（4/23-29）
宝海寺、松雲院ら勤める（6/16）、松雲院と宝海寺（僧西念？）を「衆僧」と記？→院主らと御本地供（6/18）	（この年より詳細な記述が始まる）
宝海寺ほか御宮に出られ、神輿を拵え候（6/16）、院主の供奉に宝海寺和尚（6/17）	
（宝持院の普門品読経に）宝海寺・教如・西念出仕（6/18）	

表2 『宝蔵院日記』夏季祭礼記述における院主・仮山伏・宝海寺・その他（真宗寺

年号	西暦	院主（導師）	仮山伏
正徳2	1712	（主語なし）昼、大祓、御宮へ入る（6/16）、法印衆僧らと神前で、導師が本地供云々（6/17）、朝、法印衆僧と三十三巻経、終わりて御供え御神酒頂戴、昼導師本地供（6/18）	戸隠より衆僧6人来たる（6/15）、法印と衆僧が出仕、法華懺法普門品心経云々（6/16）、法印衆僧山伏6人が神前で導師が本地供、衆僧山伏は祈禱（6/17）、衆僧は普門品誦む（6/18）、衆僧帰院に馬を柏原まで申しつけ（6/19）；←仮山伏でなく、後の“先達”につながる可能性も？
正徳3	1713		この年の祭礼は中止、
正徳4	1714	（主語なし）神前勤めは例年通り（6/18）	
正徳5	1715	（主語なし）御歳礼、例年通り（6/16）、御宮例年通り（6/17、18）	
正徳6	1716	（主語なし）例年の通り（6/17）、同断（6/18）	
享保2	1717	（主語なし）御宮勤め例年通り（6/16）、例年通り、惣氏子への料理酒下され（6/17）、御祭礼例年の通り（6/18）	
享保3	1718	（主語なし）神前は例年の如し（6/16、17、18）、氏子に料理下され（6/17）、江戸より飛脚で、宝持院様のお願い首尾良し云々（6/18）	
享保5	1720	（主語なし）神前の料理支度（6/16）、料理頂戴（6/17）、神前のお勤め（6/18）、例年の通り	
享保6	1721	大麻渡し院主出勤（6/16）、昼時院主、御宮へ出勤、御本地供執行、観音経心経など（6/17）、院主出勤、普門品三十三巻、昼時院主と衆僧（宝海寺ら？）が出勤、御本地供、神輿渡御（6/18）	長刀遣役人（詳細不詳）6人記名に夕飯振る舞う（6/16）、（院主の）勤行に山伏士7人祈り終わり、柱松終わり云々（6/17）
享保17	1732	院主4ツ半時に御出勤、供奉は山臥7人、宝海寺和尚ら（6/17）、院主例の如く御出勤、神輿が村方をお廻りの際、院代そけん五条が相添え（6/18）	山臥6人夕飯より相詰め（6/16）、院主に供奉する山臥7人（6/17）
享保18	1733	（主語なし）御宮にて神輿相かざり候（6/16）、院主、4ツ半時に御宮へ御出勤、お供え例の如し（6/17）、同断（6/18）	
享保19	1734	院主が出府されているので、愛宕宝持院様を御祭礼にとご依頼申し候（6/13）、御膳は例の如し、宝持院様、御出勤（6/17）、御膳は例の如し、御出勤され、普門品三十三巻読経（6/18）、宝持院様ご帰寺につき、駕籠人足4人で高田までお送り申し候（6/19）	

宝海寺	その他（真宗寺院など）
御院主の出仕に、宝海寺・教知・西念出勤（6/16）	
昼過ぎの院主の御宮への出仕に、お供で宝海寺・教知・西念ら（6/16）	慈雲寺の名が出る（6/16）
例年の通り払い拵え、宝海寺・村役人来る、柱松かざり云々（6/14）	
教智・西念・即禅に言及（宝海寺との関係不明、6/16）	
（高田宗門奉行よりの薬草に、教知が差し出す云々）（6/18）	
宝海寺・教知・西念をけさ呼び寄せられ、石塔をご供養したことに布施を下され云々（6/16）	
（教知・西念に言及、6/14）、宝海寺・教知・西念ほか院主のお供（6/16）	
宝海寺・西念来る、柱松例の通り（6/14）	
院主社参の後、宝海寺・西念ほか列挙（6/16）	慈雲寺の名が出る（6/16）

年号	西暦	院主（導師）	仮山伏
享保20	1735	（主語なし、御祭礼に）御出勤（6/17）、同断（6/18）	
享保21	1736	（主語なし）御宮神輿拵え候（6/16）、如例（6/17､18）	
元文2	1737	御院主、御宮へ例年の如く昼過ぎよりご出仕（6/16）、4ツ半御宮へご出仕、御供廻り例の如く（6/17）、ご出仕例の如し（6/18）	百姓之内ニて山臥六人出シ、夕飯より被下候也（6/16）
元文3	1738	昼過ぎに院主御宮へご出勤（6/16）、院主お供とご参詣、昼前に御宮へご出勤、御供廻例の如し（6/17）、院主ご出勤、神輿例の如く村中を御幸（6/18）	
元文4	1739	御祭礼4ツ半、院主御出勤なり、御供廻り例の如く終わる（6/17）、御祭礼4ツ半、院主御出勤、御本地供修行（6/18~）	山伏6人、例の如く夕飯より来たる（6/16）
元文5	1740	院主、朝飯前に御社に参る、御出仕と御供廻は例の如し（6/17）、昼過ぎより御宮へご出仕、御供は例の如し（6/17）、（主語なし）還御直ちに普門品読誦終わる（6/18）	山臥6人、今晩より相詰め（6/16）、神輿の村中お廻りに、社人のほか山伏6人などとある（6/18）
元文6	1741	院主様、昼過ぎより御宮へ御出仕（6/16）。（主語なし）4ツ過ぎより御宮御出仕、その他は例の如し（6/18）	山伏6人、今夕より来たる（6/16）
寛保2	1742	（主語なし）昼前より御宮へ御出勤、御本地供御修行なり（6/17）、（主語なし）日中御宮へ御出仕（6/18）	作り山伏6人、今夕より相詰め候（6/16）
寛保3	1743	（主語なし）ご祭礼に候えども、開帳ゆえ御供えもの、ご祈禱ばかり（6/17）、前日の通り（6/18）	
寛保4	1744	（主語なし）ご祭礼、御宮供え物そのほか例の如し（6/17）、例の如く祭礼相済み（6/18）	
延享2	1745	（主語なし）御祭礼、例の如くなり（6/17）	
延享3	1746	昼過ぎに院主御宮へご出勤（6/16）、4ツ過ぎ、院主ご出勤、お供え例の如し（6/17）、院主ご出勤、神輿村中へ出御なり（6/18）	山伏6人今晩より相詰め、ご料理下され候（6/16）
延享4	1747	院主、昼過ぎに御宮へ御出勤、例年之通り（6/16）、（主語なし）御祭礼例の如く（6/17）	山伏6人例の通り、夕飯より来たる（6/16）
寛延元	1748	昼過ぎに院主御社参（6/16）、4ツ過ぎに御祭礼御出仕、御供廻例の通り（6/17）、4ツ過ぎに御出仕なり（6/18）	山伏夕飯より来たる（6/16）、山伏1人につき200文下され候（6/18）
寛延2	1749	昼過ぎに院主御社参（6/16）、院主朝社参、御宮へ御出勤、4ツ過ぎ	

宝海寺	その他(真宗寺院など)
庄屋と宝海寺が来たる、中飯より夕飯まで下され候(6/16)、院主が留守で、宝海寺・社人1人呼び寄せ候(6/17)	
宝海寺・右京出仕(6/16)、院主の御出勤に伴い、山伏についで宝海寺・右京(6/17)、院主出勤に伴い宝海寺・右京出仕(6/18)	慈雲寺の名が出る(6/16)
院主の御出勤に、宝海寺和尚ら出仕(6/16)	
御宮の御内陣掃除、神輿拵えに宝海寺が手伝いに参られ候(6/16)、院主の御出勤に、宝海寺・実境・玄心出仕(6/17)、院主病気につき、宝海寺実境出仕(6/18)	慈雲寺が参上云々(6/17)
御祭道具拵えに宝海寺ほか来たる、夕飯まで下され候(6/14)	慈雲寺の名が出る(6/17)
宝海寺庄屋組頭、相詰め、御祭礼道具を祓い揃え候(6/14)	
宝海寺ら相詰め、御祭礼道具を祓い揃え候なり(6/14)	慈雲寺の名が出る(6/17)
記事そのものが無い	
	当年は新造の御神輿ゆえ、小野沢へもお越し(6/18)
宝海寺出勤(6/16)、大進・実境出仕、(昼時)宝海寺・大進巳下普門品33巻、神盃など例年の如く候(6/17)	柱松、下の方が少し早し(6/17)
	慈雲寺の名が出る(閏6/17)
信行房出勤、御本地修行、9ツ時御宮出勤、宝海寺・信行房ほか(6/17)、御宮御膳、例の如し、宝海寺・信行房・覚道出勤、普門品33巻修行、9ツ時御宮出勤、宝海寺・信行房、御本地修行(6/18)	柱松、上方が少し早し(6/17)
	雨のため、神輿渡御延期したらしい(6/18)

年号	西暦	院主(導師)	仮山伏
		お供の行列例の如くなり(6/17)、御宮へ4ツ過ぎに御出仕云々(6/18)	
寛延3	1750	御院主様、江戸表よりご帰寺(6/15)、御祭礼、万事例年の通り(6/17)	
寛延4	1751	(院主)御留守(6/17)	山伏3人、相仕舞い候(6/17)
宝暦8	1758	院主昼過ぎより御宮へ御出勤(6/16)、4ツ時院主御宮へ御出勤(6/17)、4ツ時より院主出勤(6/18)	山伏6人夕飯より相詰め(6/16)、院主の御出勤に伴い、山伏7人が宝海寺らの先に(6/17)、院主出勤、宝海寺出仕に続き、山伏6人ほか供奉(6/18)
宝暦10	1760	院主、8ツ時に御宮へ御出勤(6/16)、(主語なし)御祭礼4ツ半時より、御出勤、御供え例の如く(6/17)、早朝院主、御出勤(6/18)	
宝暦11	1761	4ツ時院主御宮へ御出勤、御供廻例の通り(6/17)、院主御病気に付き、御不参、公儀御他界につき、祭礼相止め候(6/18)	例年の通り山伏6人、百姓より申しつけ、今晩より相詰め夕飯より下され候(6/16)
宝暦13	1763	御祭礼4ツ半時より院主御宮へ御出勤なり(6/17)、4ツ半時より院主御宮へ御出勤なり(6/18)	山伏7人、夕飯より来たる(6/16)
宝暦14	1764	御院主様、8ツ時御宮へ御出勤云々(6/16)、(主語なし)御宮例の通り(6/17、18)	山伏7人、夕飯より来たる(6/17)
明和3	1766	昼過ぎより院主御出勤(6/16)、(主語なし)御祭礼例の如し(6/18)	
明和4	1767	昼過ぎより院主御社参なり(6/16)、(主語なし)例年の如く御祭礼首尾よく相済み云々(6/18)	
明和5	1768		6月の
明和6	1769	院主、御出勤(6/16)、御神事例年の通り、院主御出勤。…戸隠より御飛来札到来(6/17)、昼時御神事、御出勤前日の如し(6/18)	山伏など例年通り(6/16)
明和7	1770	御宮御膳例年の通り、御出勤、昼時御宮へ御出勤、御供去年の通り(6/17)、院主御出勤、御本地供御修行。…昼時御出仕(6/18)~	山伏社家も去年の通り(6/17)
明和7	1770	御宮御膳例の通り、院主御参詣なり(閏6/18)	
明和9	1772	(院主不在)	山伏ども9ツ過ぎより参る(6/16)、宝海寺らと共に山伏に言及(6/17)
安永2	1773	院主様、表通り御社参のこと、ただし雨降り(6/17)	

宝海寺	その他(真宗寺院など)
覚道・御児・円利坊、出仕勤行(6/17)、御児ならびに覚道・円利出勤、三十三巻経執行、神輿の町への渡御に富丸・円利らが供奉(6/18)	9ツ時、柱まつ相済み候(6/17)
御名代の為に、宝海寺出仕なり(6/18)	慈雲寺の名が出る(6/17)
神輿村方へ御幸、お供は宝海寺社人3人なり(6/18)	慈雲寺の名が出る(6/17)
宝海寺・新三位出仕(6/17)	慈雲寺の名が出る(6/14、祭礼道具拵えで)
御祭礼祓諸道具拵えで慈雲寺と共に名が出る(6/14)、(院主御出勤のお供に)宝海寺ほか(6/17)	慈雲寺の名が出る(6/14、祭礼道具拵えで宝海寺らと共に、6/16料理方として)
御祭礼祓諸道具拵えで慈雲寺と共に名が出る(6/14)、早朝より御宮へ相詰め云々(6/16)	慈雲寺の名が出る(6/14、祭礼道具拵えで宝海寺らと共に)
御祭礼祓諸道具拵えで慈雲寺と共に名が出る(6/14)、(院主御出勤のお供に)宝海寺ほか(6/17)	慈雲寺の名が出る(6/14、祭礼道具拵えで宝海寺らと共に)
宝海寺ら、御宮に出られ神輿を荘厳(6/16)、御宮へ院主出仕の際、宝海寺ら(6/17)、早朝、院主らと共に宝海寺も出座(6/18)	
	慈雲寺の名が出る(6/14、祭礼道具拵えで宝海寺らと共に)
宝海寺ら、御宮に出られ神輿を荘厳(6/16)	雨天ゆえ柱松への火掛けは中止
宝海寺病気につき、名代で板倉宝寿院より一舟長老が入来し、両日あい勤め帰られる(6/16)	
院主の出仕に伴い、師宝海寺名代一舟和尚の名が(6/17)	
8ツ時に院主・宝海寺出仕し、妙経第八を御読誦(6/16)、4ツ半の院主ご出勤に、宝海寺らと祢宜がお供(6/17)	
	子供5人、祇園拍子の曲云々(6/17)

年号	西暦	院主（導師）	仮山伏
安永3	1774	恒例の通り、御宮院主御社参(6/17)、院主御社参なり(6/18)	(院主の御社参に)山臥ども供奉(6/17)
安永4	1775	御祭礼4ツ半、院主御出勤なり、御供廻り例の如く終わる(6/17)、院主、4ツ半出勤なり、御祈禱云々(6/18)	
安永5	1776	院主、御出勤なり、御宮御出勤4ツ時より、御供廻例の如し(6/17)、4ツ時より御出勤なり(6/18)	夕飯より百姓拵山伏7人来たる(6/16)
安永7	1778	院主、4ツ時に御出勤なり(6/17)、院主、4ツ時過ぎに御出勤なり(6/18)	(例祭参加者書き上げ)山伏7人、社人3人(6/17)
安永8	1779	御宮御膳例の如し(6/17)、同断(6/18)	社人3人、山伏7人、夕飯より相詰め云々(6/16)
安永10	1781	4ツ時より院主御出勤(6/17、18)	(院主の御出勤のお供に)恒例の如く山伏7人(6/17)
天明3	1783	9ツ半時、院主御宮へ御出勤(6/16)、早朝、院主御宮へ御出勤(6/17)、院主、4ツ時御宮へ御出勤(6/18)	
天明5	1785	4ツ時院主仕勤(6/17)、4ツ時御出勤なり(6/18)	
天明7	1787	院主、8ツ時出仕(6/16)、6ツ半時、御宮へ院主出仕例の如し(6/17)、早朝院主ら出座(6/18)	
天明8	1788	日中、院主出仕(6/16)、4ツ時院主御宮へ出仕(6/17)、御出仕前日通り(6/18)	
天明9	1789	日中、院主出仕(6/16)、6ツ時半、院主御宮出仕、日中前御宮御出仕(6/17)、4ツ時御宮へ御出仕(6/18)	
寛政2	1790	午の下刻、院主ら御宮へ出仕(6/16)、卯の下刻出仕、院主四ツ時御宮御出勤、御供廻り例の通り(6/17)、御宮御出仕(6/18)	
寛政3	1791	4ツ時、御宮御出仕	
寛政4	1792	8ツ時に院主・宝海寺出仕し、妙経第八を御読誦(6/16)、早旦、院主御宮御出仕、4ツ半、院主御宮御出勤(6/17)、早旦、院主御宮御出仕、4ツ半、院主御宮御出勤、御供廻前日の通り(6/18)	
寛政5	1793	院主、御宮へ御出仕(6/15)、院主、御宮へ昼時出仕(6/16)、早朝御宮	

宝海寺	その他(真宗寺院など)
祭礼道具拵えに円利・宝海寺入来(6/14)、宝海寺・円利ら相詰め、神輿荘厳につき院主と宝海寺出仕(6/16)、4ツ時の院主御宮ご出仕に、宝海寺もお供(6/17)。神輿の村中渡御に、宝海寺もお供で、7ツ時に還御(6/18)	
院主の御本地供修行のお供の一に、宝海寺(6/17)	
宝海寺出勤、院主とともに法華経8巻を読誦(6/16)、院主が懺法と法華八講を御修行時、宝海寺は法華経8の巻を読誦、9時からの行列に宝海寺も出る(6/17)、6時に院主が登檀後、懺法普門品読誦、との記に添えて、「宝海寺同断」とある(6/18)	
御宮へ宝海寺ら出られ、御神輿を荘厳(6/16)、この年は、17、18日分には記載なし	
無しなどとあり。しかし、氏子の祭礼ゆえ、村方に朝昼飯を振るまう、などとも	
宝海寺出勤、院主とともに法華経第8巻を読誦(6/16)、院主が懺法と法華八講を御修行時、宝海寺は法華経8の巻を読誦、9時からの行列に宝海寺も出る(6/17)、6ツ時に院主が登檀後、懺法普門品読誦、との記に添えて、「宝海寺同断」とある(6/18)	6月15日分に真宗興善寺が言及、6月17日の行列中に児が言及

年号	西暦	院主（導師）	仮山伏
		へ御出仕（6/17）、御院主、御宮御出仕、日中前日の通り御出仕（6/18）	
寛政6	1794	早旦、院主御宮御出仕、4ツ時院主、御宮御出仕（6/17）、早朝、院主御宮御出仕、4ツ時御出仕、供廻り前日の通り（6/18）	
寛政7	1795	院主、御宮御祭礼、御本地供修行（6/17）	
寛政8	1796	一番鐘（巳刻）、二番鐘（午刻）、院主御出仕、御本地供修行（6/17）、一番鐘、二番鐘、供揃前日の通り（6/18）	院主の御本地供修行のお供の一に、仮山伏6人（6/17）
寛政10	1798	院主、御宮へ御出仕、妙経第8巻読誦（6/16）	
寛政11	1799	院主宮に昇り、御神酒、法華経8巻読誦（6/16）、院主は6時に素絹五条で侍を供に宮へ昇り、御膳御神酒を献備、懺法並び法華八講を修行；9時に院主が袍裳衲袈裟を着用して宮へ昇り、行列が続いた後、礼盤脇に着座、その後登檀、御本地供修行云々（6/17）、晩に素絹五条を着用、侍を伴い6時に宮に昇り、本殿を開扉、赤飯など献備、懺法普門品、御登檀後、御本地供修行、神輿御還御の後、院主が宮に昇り普門品読誦云々（6/18）	今夕仮山伏6人共、例年通り（6/16）、9時からの行列に「仮リ山伏」6人とある、院主登檀後、仮り山伏一同共慈救の覚を唱え、祈り竹をうつ、鈴も同断、院主下檀後、仮山伏と共に石階に下り、例年通り長刀太刀の作法（6/17）、院主の本地供に際しては仮山伏、今日は無言、とある（6/18）
寛政12	1800	8時頃、素絹五条御着用にて御出勤、法華経8巻読誦（6/16）、6時半、御宮へ素絹五条にて御出仕、法華経8の巻御読誦、昼刻、御宮へ袍裳衲袈裟を着用して御出仕、行列が続いた後、その後昇宮し、ただちに御本地供修行云々（6/17）、昼刻御出仕、前日と同様、神輿御還幸の後、院主が宮に昇り普門品読誦、終わりて閉扉云々（6/19）	仮山伏6人に夕飯云々（6/16）、院主下檀後、仮山伏の作法並びに柱松之式あり云々（6/17）
寛政13	1801	とくに祭礼の役職について記載なし。前々から御開帳の年には御祭礼	
享和2	1802	院主宮に昇り、御神酒、法華経第8巻読誦（6/16）、院主は6時に素絹五条で侍を供に宮へ昇り、御膳御神酒を献備、懺法並び法華八講を修行；9時に院主が袍裳衲袈裟を着用して宮へ昇り、行列が続いた後、礼盤脇に着座、その後登檀、御本地供修行云々（6/17）、院主素絹、侍を伴い6時に宮に昇り、本殿を開扉、赤飯など献備、懺法普門品、御登檀後、御本地供修行、8	仮山伏6人、今夕飯より例年通り（6/16）、9時からの行列に仮山伏6人とある、院主登壇後、仮山伏共慈救呪を唱えながら祈竹をうつ、院主下檀後、先達山伏と仮山伏6人が石階に下り、例年通り太刀の作法を行う（6/17）、院主の本地供に際して仮山伏、今日は無言（6/18）

宝海寺	その他（真宗寺院など）
御神輿の御荘厳につき宝海寺ら出勤、荘厳と昼食の後、院主と宮に昇り、法華経8の巻読誦（6/16）、院主が懺法と法華八講を御修行時、宝海寺は法華経8の巻を読誦、8時からの行列に宝海寺も出る（6/17）、院主が登檀後、懺法普門品読誦、との記に添えて、「宝海寺同断」とある（6/18）	児2人が言及（6/17）
御神輿の御荘厳につき宝海寺ら出勤、荘厳と昼食の後、院主と宮に昇り、法華経8の巻読誦（6/16）、院主が懺法と法華八講を御修行時、宝海寺は法華経8の巻を読誦、昼時からの行列に宝海寺と供1人、とある（6/17）、院主が暁に昇宮した時、「宝海寺同断」とある、還幸後、宝海寺・大聖院・倉科その他御相伴云々（6/18）	行列中に児2人が言及（6/17）
御宮神輿の荘厳の役に宝海寺（6/16）、行列に宝海寺（6/17）、18日には言及なし	児2人、慈雲寺が言及（6/17）
御宮へ来て御神輿を荘厳（6/16）、行列の社家中の前に宝海寺（6/17）、18日分には言及なし	児2人（6/17）
などとあるだけで、この年は祭礼の諸役について言及がない	
18日に「御宮御膳御神酒」などが触れられるだけで、祭礼の諸役について言及がない	

年号	西暦	院主（導師）	仮山伏
		半頃、神輿御還御、その後、院主が宮に昇り普門品読誦云々（6/18）	
享和 3	1803	昼時、御荘厳が済み、院主が宮に昇り、普門品読誦（6/16）、院主は6時に素絹五条で侍を供に宮へ昇り、御膳御神酒を献備、ただし今日は御本殿開けず、懺法並び法華八講を修行；昼時、院主が袍裳衲袈裟を着用して宮へ昇り、行列が続いた後、礼盤脇に着座、その後登檀、御本地供修行云々（6/17）、院主素絹五条を着用、侍を伴い宮に昇り、本殿を開扉、御膳など献備、懺法普門品読誦、9時、袍裳衲袈裟を着用し、昨日と同様の行列を従えて御登檀して御本地供修行；神輿御還御の後、院主が宮に昇り普門品読誦、閉扉云々（6/18）	仮山伏共に例年通り賄い（6/16）、8時からの行列に仮山伏6人と出る、院主登檀後、仮山伏慈救之呪を唱えながら祈竹をうつ、院主下檀後、修験大聖院と仮山伏6人が石階に下り、例年通り長刀太刀の作法を行う（6/17）、院主の本地供に際して仮山伏、今日は無言（6/18）
享和 4	1804	昼時、御荘厳が相済み、院主が宮に昇り、普門品読誦（6/16）、院主は6時に素絹五条で侍を供に昇宮し、御膳御神酒など献備、ただし今日は御本殿開けず、懺法並び法華八講を修行；昼時、院主が袍裳衲袈裟を着用して宮へ昇り、行列が続いた後、まず御鳥居下へ、院主昇宮後、礼盤脇に着座、その後登檀、御本地供修行云々（6/17）、暁に院主素絹五条を着用、侍を伴い昇宮し、御本殿を開扉、献膳の後、懺法普門品御読誦、普門品読誦、9時、袍裳衲袈裟を着用し、昨日と同様の行列を従えて御登檀して御本地供修行；神輿御還御の後、院主が宮に昇り普門品読誦、閉扉云々（6/18）	仮山伏共に例年通り賄い（6/16）、昼時からの行列に仮山伏6人と出る、院主登檀後、山伏共慈救之呪を唱えながら祈竹をうつ、院主下段後、修験大聖院と仮山伏6人が石階の下へ下り、例年通り長刀太刀の作法を行う（6/17）、院主の本地供に際して山伏共、今日は慈救呪を唱えず、院主下檀後、残らず庭上へ下り、御神輿出御で御宮の通り3遍御廻り云々（6/18）
文化 4	1807	残らず御荘厳が済み、院主が出仕（6/16）、院主は6ツ半に宮へ昇る云々（6/17）、5時前に院主、昇宮御供、昨日通り、7時還御の後、院主が宮に昇る（6/18）	16日には言及なし；大聖院と並んで行列に仮山伏6人とある（6/17）、18日にも言及なし
文化 5	1808	日中過ぎ、院主御昇宮、御神酒等献備（6/16）、6ツ半に院主御宮へ御出仕、4ツ半に行列と共に御宮へ出仕（6/17）、6ツ半御宮へ出仕、7ツ半に還御し、院主が御宮へ出仕（6/18）	行列に仮山伏6人とあるのみ（6/17）
文化 6	1809	6月17日に「御祭礼之節」、19日に「御祭礼相済候」	
文化 8	1811	この年も、6月17日に「御宮御膳」並びに「如来様御膳」を供えたこと、	
文化 11	1814	この年も、右記の仮山伏以外はきわめて簡素な記述で、それ以外の祭礼役は言及されず	仮山伏6人の到来が言及されるも、「棒御御見入」と意味不明の語が続く（6/16）

宝海寺	その他(真宗寺院など)
	6月17日分の行列に児が出る
	御祝儀の件の初見か？
	遷宮祭。6月15日分に戸隠山善法院・広善院・普賢院ら衆徒7人がまかりこした、高田瑞泉寺に御遷宮に付き奏楽者5人頼んだ、との記。16日分に児2人とある
8ツ半の院主御出仕に伴い、宝海寺も出仕した云々(6/16)	6月18日分の記載なし
宝海寺が新参につき、広間にてお目見え(6/16)	
庄屋組頭・宝海寺が来て、御宮を荘厳(6/16)	
宝海寺代僧磨尼王寺出勤(6/17)	宝海寺に代僧
宝海寺並び少納言出勤(6/16)	
お宮掃除は宝海寺ほか、7時献膳後、御名代大忍坊ほか宝海寺が勤行(6/16)、御院主ご病気。御宮へ献膳後、昨夕のごとく勤行、行列に宝海寺と供2人(6/17)、開扉後勤行、昨日の如し。心経三十三巻経御読誦、宝海寺・禅梁房・大忍房出仕云々(6/18)	(この年、「日竝記」「引湯公裁一件」の二つの史料あり)
がないので、夏季祭礼の情報もなし	

年号	西暦	院主(導師)	仮山伏
文化 12	1815	6 月 17 日の行事中、院主関連のものに言及なし、18 日は行列にて院主が出仕とあるのみ	左記の書き上げ箇所、先達の次に仮山伏、また若者が柱松に相掛け、などとある(6/17)
文化 13	1816	院主御出勤、行列は例年通り、御祈禱終えて御宮より御退出(6/17)、御宮へ御出勤云々(6/18)	仮山伏 6 人に夕飯云々(6/16)、昼飯に仮山伏手酒云々(6/17)
文化 14	1817	この年は、仮山伏が 6 月 18 日、大聖院と倉科掃部が出立する件で 19 日に言及されるのみで、祭礼については「例年通」(6/17)などと簡略に記載されている。＋19 日に大聖院と倉科掃部御出立	
文化 15	1818	御遷宮、御宮で法華三昧、正午、院主御昇宮、御膳など献備の後、退出(6/16)、例年の通り、御昇宮云々(6/17)、開扉の後、御出勤、御神輿の御廻りにつき云々(6/18)	酒ふるまいの件につき、先例の仮山伏 6 人、とある(6/17)
文政 2	1819	8 ツ半、院主御出仕(6/16)、巳ノ上刻行列に御出勤、御修法相済み御神幸云々(6/18)	神輿の還御後、仮山伏に清酒が出されたこと(6/18)
文政 3	1820	3 番鐘で先例のように御出勤、御修法終わり御退散(6/17)、御行列にて御出勤云々(6/18)	仮山伏 6 人へは濁酒(6/16)
文政 4	1821	巳の半刻に先例通り御宮へ御出勤、御修法相勤(6/17)、例年通り御勤(6/18)	夕飯、仮山伏へ手酒(6/16)
文政 6	1823	巳ノ半刻に御出仕(6/17)、巳ノ半刻に御出仕、8 時に還御の後、院主御出仕(6/18)	仮山伏共へ煙草代云々(6/16)
文政 7	1824	7 時御昇宮御法楽(6/16)、朝 5 時御昇宮御法楽(6/17)	
文政 8	1825	早朝御宮並びに御出仕御法楽(6/17)	
文政 9	1826	(院主が主語はなし)御神事滞りなく相済み(6/17)、御祭礼例年の如し(6/18)	左記の名、新田久兵衛、利左右衛門、金五郎、仁左衛門に御神酒云々(6/18)
文政 10	1827	7 時御宮御出仕(6/16)、献膳の後、御出仕、昼時前略供奉にて御出仕(6/17)、開扉の後、御出仕御法楽、昼前、略供奉に御出仕、送幸の節また御出仕、心経 3 巻普門品 2 巻の法楽終え、御閉扉御退出(6/18)	仮山伏共、今晩よりまかない、7 ツ半過ぎ、表庭で太刀長刀相遣い(6/16)
文政 11	1828	院主ご出仕(6/15)、ご院主ご病気につき、美守安貞入来(6/17)	仮山伏に礼を為す云々(6/16)、行列に仮山伏 6 人、とあり(6/17)、神主と大聖院に謝礼、勝手次第に帰る(6/19)
文政 12	1829	この年には 6 月分の記述	
天保 2	1831	午の刻、御行列にて御昇宮、御修	

宝海寺	その他(真宗寺院など)
御宮の荘厳と掃除に宝海寺ら出る(6/16)	
御宮の荘厳に宝海寺ら出る(6/16)	
御宮の御掃除に宝海寺ら出る(6/16)	
御宮の荘厳と掃除に宝海寺ら出る(6/16)	(ここまで翻刻第2巻)
御宮の荘厳と掃除に宝海寺ら出る(6/17)、院主が留守のため、御法楽を院代と共に宝海寺が勤めた云々(6/17)	
御宮の荘厳と掃除に宝海寺ら出る(6/15)	
宝海寺・光善寺(ママ)ら来る(6/16)	光善寺は興善寺の誤りか？
御宮の飾り付けに宝海寺・光善寺(ママ)ら来る(6/16)	同上
御宮荘厳掃除などに宝海寺ら出る(6/16)	6/14、15に宝海寺

年号	西暦	院主(導師)	仮山伏
		法相済み云々(←翌日の記述によれば、名代が？)(6/17)、前日通りの刻に御行列、御修法、柱松の式を終え、還幸には御名代大忍坊がお出迎え(6/18)	
天保3	1832	午ノ刻、御宮へ御行列、御修法済み次第、柱松式(6/17)、午ノ刻、御出勤、御法楽相済み、御神幸、御還幸云々 6/18)	仮山伏6人、目見に出る(お目見え、の意か？)、濁酒を出す(6/16)
天保4	1833	この年は、雨のため祭礼を順延し、17、18日の行事をそれぞれ翌日に行った由。とはいえ、“御祭りの修行いたされ候”(6/18)、“奉供揃いにて御宮御出仕”云々(6/18)など、主語が全くない記述が続いている	
天保5	1834	先例の通り御出仕、ただし院主の御供廻りは大いに略、御本地詰(ママ)相済み云々(6/17)、旦那は前日の如く御出仕(6/18)	(主語なし)御本地詰(ママ)相済み次第、太刀作法(6/17)
天保6	1835	朝、旦那御出仕、午ノ刻先例通り、供奉揃えにて御宮へ出仕、御本地供え並に柱松の式終わり、旦那へお目見云々(6/17)、開扉昇宮、御法楽、雨天のため御神輿休み、広間にて旦那御挨拶(6/18)	仮山伏6人夕飯たはこ代に100文渡す(6/16)
天保7	1836	院主勤仕(6/15)、御修法云々、社領には院主出ず(6/17)、午之刻御出勤、御法楽相済み云々(6/18)	仮山伏6人目見出る、濁酒、たはこ代に100文(6/16)
天保8	1837	先例の如く午ノ刻、御宮へ御行列、御出勤、御修法済み次第柱松式(6/17)、午ノ刻に御出勤、御法楽相済み云々(6/18)	仮山伏6人見目出る、多葉粉代100文(6/16)
天保9	1838	院主が留守で院代と宝海寺による御法楽の後、御修法、柱松之式が済み、院代が宝海寺と対面し、(高田領村役人へ？)盃を下される(6/17)、(院代が？)午ノ刻御出勤、御法楽、神輿など例年通り(6/18)	仮山伏6人見目出る、例年通り料理と煙草代100文(6/17)
天保10	1839	午刻御行列にて御出勤、御修法相済み柱松式(6/17)、午刻御出勤、御法楽、御神輿、当時は院主禁酒に付き云々(6/18)	
天保11	1840	巳ノ半刻、先例の通り御宮へ御出仕(6/17)、前日の如く御出仕云々(6/18)	
天保12	1841	夕方、院主御昇宮(6/16)、午ノ刻御行列にて御昇宮云々(6/17)、巳ノ刻御宮へ御昇宮云々(6/18)	仮山伏広間庭上にて棒長刀の習礼(6/16)
天保13	1842	御宮へ供奉にて御出仕云々(6/17)、巳ノ半刻、御宮へ御出仕云々(6/18)	仮山伏6人に夕飯が下される(6/16)

宝海寺	その他（真宗寺院など）
宝海寺・興善寺ら来て、御宮荘厳並びに掃除など（6/16）	
御宮御荘厳につき、興善寺・宝海寺ら来る（6/16）	
御宮荘厳につき宝海寺・光善寺ら詰める（6/16）	
宝海寺来る（6/15）、宝海寺・興善寺ほか出入り者来る（6/16）、還御の後、倉科・大聖院・宝海寺ら御祝儀申し上げ（6/18）	
宝海寺・光善寺ら詰め、御宮荘厳に向かう（6/16）、還幸の後、倉科・大聖院・宝海寺ら御祝儀申し上げ（6/18）	
かないため、夏季祭礼についての情報はなし	
宝海寺出られる（6/15）、宝海寺・興善寺ら山見門前相詰める（6/16）	この年、6月17日以降なし
宝海寺出勤（6/15）、御神輿御荘厳につき宝海寺ら出られる（6/16）	
宝海寺法楽之事（6/15）、御神輿御荘厳につき、興善寺・宝海寺ら出られる（6/16）	
御神輿御荘厳につき、興善寺・宝海寺ら出られる（6/16）	戸隠山より2僧が来て（6/15）、19日にその衆徒が帰る
宝海寺・興善寺ら御掃除に出られる（6/16）	戸隠山衆当方5人出られる（6/16）
例年之通り、御宮飾り付け御掃除など、宝海・興善ら相詰め云々（6/16）	戸隠山より衆当3人来る（6/16）

年号	西暦	院主（導師）	仮山伏
天保 14	1843	巳ノ刻供奉にて御宮へ御出仕（6/17）、辰半刻御宮御出仕云々（6/18）	仮山伏６人夕飯に来る、広庭で刀の修礼（6/16）
天保 15	1844	先例の如く御宮へ御出勤、（御）修法相済み云々（6/17）、巳ノ半刻御出勤、御法楽相済み云々（6/18）	先例の通り広間庭において太刀・長刀・棒の習礼、仮山伏に夕飯下される（6/16）、太刀・長刀・柱松の式終わり云々（6/17）
弘化 2	1845	定例之通り供奉にて御昇宮、御本地供ほか（6/17）、開扉、神輿の御神幸などの記のみで院主の記はなし（6/18）	柱松式首尾良く相済み云々（6/17）
弘化 3	1846	院主昇宮（6/16）、午上刻供奉にて御昇宮、御祈禱御本地供（6/17）、御本殿開扉供奉にて御昇宮、御法楽云々（6/18）	棒・柱松終わる（6/17）
弘化 4	1847	夕方、旦那様御昇宮（6/16）、巳半刻、供奉にて御出勤、御本地供を修す（6/17）、前日の如く巳刻御宮へ御出勤、御法楽終わりて御神幸云々（6/18）	（御本地供終わり次第）太刀棒之式、柱松終わり（6/17）
弘化 5	1848	午ノ上刻、奉供に付き御出仕（6/17）、18 日は開扉―神幸―還幸の記のみで、院主については触れられず	
嘉永 3	1850	この年は 10 月と 12 月の日記し	
嘉永 4	1851	御宮への御昇宮なし（6/15）、なおこの年は 17 日以降の記載なし	仮山伏６人、夕刻前に来て御玄関前で棒長刀の下稽古、なお６人の名前も（6/16）
嘉永 6	1853	御法楽之事（6/15）、御法楽遊ばされ、御修法相済み云々（6/17）、午之刻供奉にて御出勤、御法楽云々（6/18）	仮山伏６人御目見へ出る、例年通り御料理・濁酒・煙草代として 100 文（6/16）、御修法済み次第、柱松之式終わる（6/17）、仮山伏の衣類など虫干し（6/19）
嘉永 7	1854	御法楽遊ばされ、御条法（ママ）相済み次第、柱松之式終わり云々（6/17）、午ノ刻供奉にて御出勤、御法楽相済み次第、御神輿村方へ御神幸云々（6/18）	仮山伏６人御目見へ出る、例年通り御料理・濁酒・煙草代として 100 文（6/16）、御条法相済み次第柱松之式終わる（6/17）、仮山伏衣類など虫干し（6/19）
安政 2	1855	戸隠山より衆当（以下欠字）来ること、院主御逮夜に御出勤云々（6/16）、御法楽遊ばされ次第、御条法（ママ）相済み云々（6/17）、午ノ刻供奉にて御出勤、御法楽相済み次第、御神輿村方へ御神幸云々（6/19）	仮山伏６人御目見へ出る、例年通り御料理・濁酒・煙草代として 100 文（6/16）、御条法相済み次第柱松之式終わる（6/17）、仮山伏衣類など虫干し（6/20）
安政 3	1856	式等相終わり云々（6/17）、午之刻供奉にて御出勤、御法楽相済み次第、御神輿村方へ御神幸云々（6/18）	仮山伏６人御目見へ出る、例年通り御料理・濁酒・煙草代として 100 文（6/16）、柱松之式等之義云々（6/17）
安政 4	1857	院主、御宮へ４ツ半過ぎに御供揃えにて御出勤、御法楽御修法相済み（6/17）、午之刻供奉揃って御出	今夕７ツ時頃、仮山伏６人出られる、棒の作法あり、髪結料（欠字あり）100 文遣わし（6/16）、柱松之式

宝海寺	その他(真宗寺院など)
宝海寺ら出仕(6/19)	戸隠正智院参院、夕方法楽に御出仕(6/16)
御神輿荘厳につき、宝海寺ら出られる、院主・宝海寺昇宮にて普門品読経(6/16)、院主の昇宮に伴い、法華経8の巻をともに読誦(6/17)、9ツ時に院主が昇宮した際、普門品に伴う、還御後、夕方広間での御神酒頂戴に相伴(6/18)	
	この年は、他もきわめて淡泊な記述のみ
日記が欠落しているため、夏季祭礼の記録はなし	
院代宝海寺ら院内の手伝い(6/16)	(“院代宝海寺”は、院代である宝海寺のことか、院代と宝海寺の意味か、不明)
書集成となっているため、夏季祭礼の記録はなし	

神仏分離の詳細については不詳であるが、別当を勤めていた旧愛宕権現、今の愛宕神社が上越市直江津地区に残るのみで寺としては残っていない。ちなみに、現在の西本願寺国府別院は元々宝持院の朱印地にあった親鸞旧蹟の地であり、近世の間に西本願寺配下の上越諸寺院、とくに本節で後述する高田瑞泉寺と宝持院との間で様々な折衝が行われたことが、一向一揆研究で著名な井上鋭夫の指摘以来知られるようになった[33]。

ともあれ、『宝蔵院日記』に宝持院および同じく越後国天台宗東叡山末の五智国分寺

年号	西暦	院主(導師)	仮山伏
		勤、御法楽相済みて御神輿村方へ御神幸云々(6/18)	終わりて云々(6/18)
安政5	1858	例年通り、供奉にて御社楽(6/17)、今日もやはり例の通り供奉にて御社参(6/18)	仮山伏6人御目見へ出られる(6/16)、柱松之式等之義云々(6/17)
安政6	1859	夕刻御宮へ御出仕(6/16)、朝御宮御出仕(6/17)	
安政7	1860	(神主山伏らへの御膳の後)御宮へ御出仕、先例の如し(6/17)、御宮へ御出勤、御仕法相済み次第御神輿村方へ御巡幸云々(6/18)	百姓供柱松式終えて(欠字など)、濁酒など差し出す(6/17)
万延2	1861	御式等先例の如し(6/17)、5ツ半頃、御社参、御式相済みて御神輿云々(一部欠字)(6/18)	仮山伏初御目見え、髪結線100文(6/16)、柱松の式終わりて云々(6/17)
文久3	1863	院主・宝海寺昇宮、普門品読経(6/16)、院主は6時に素絹五條着用で侍を供に昇宮し、御膳御神酒を献備、ただし本殿は開かず、懺法並び法華八講を修行(6/17)、朝に素絹五條を着用、侍を伴い昇宮、本殿を開扉、御神酒赤飯など献備、懺法普門品、終わりて退出、9ツ時、院主袍裳衲袈裟を着用して昇宮、本地共(ママ)修行、院主下檀後、出御、8半頃還御につき昇宮、普門品読誦、閉扉(6/18)	仮山伏6人は例年の通り賄いを下される(6/16)
文久4	1864	御法楽のこと(6/16)、御法楽のこと(6/17)、御法楽のこと(6/18)	
元治2	1865	法楽の事(6/16)、この年は17日分に祭礼の記載なく、18日は記載そのものがない	今夕、仮山伏初御目見え、庭前にて木刀云々(脱字あり)(6/16)
慶応2	1866	この年は、6月8日から8月晦日まで	
慶応3	1867	昼4ツ半供奉(一部脱字)御出仕、前日に記載ある院代のことか、院主自身かは不明(6/17)、昨日の通り供奉も定例云々(6/18)	柱松之式終わりて云々(6/17)
慶応4	1868	この年は、「御用留」と称されている文	

が頻繁に登場するのは、おそらく現在の上越市に位置していたこの二寺の住持が本山である寛永寺と往来するための途次に、宝蔵院が位置していたためであろう。

そうであるにしても、五智国分寺より以上に頻繁に愛宕宝持院が言及されるのは、それ以上の宗教的つながりがあったためとも考えられる。考えられる理由の一は、住持相互の親しさであろうか。とくに正徳二年(一七一二)五月に宝蔵院に入院した第八世の如海(前掲、表1参照)と、享保六年(一七二一)三月に亡くなったとされる愛宕宝持院の院主・金海法印とは親しかったらしく、江戸からの帰り道などを同道した記事が複数見られる(正徳三年三月、正徳五年七月、享保二年四月)。

これ以降も、愛宕宝持院は宝蔵院に年頭の挨拶として酒・蕎麦などを贈るのが通例であった模様であるし、返礼なのか、宝蔵院が二月に酒・蕎麦などを愛宕に送った記事もある。また、愛宕や五智が入湯に訪れたり、宝蔵院院主が愛宕や五智を訪れたりした記事も少なからず残っている。

話を宝蔵院院主が夏季祭礼に不在であった年に戻すと、愛宕宝持院が代僧となったのは、管見の及ぶ限りこの享保一九年(一七三四)のみである。その後は、寛延四年(一七五一)、明和九年(一七七二)、さらに一九世紀に入ると文政一一年(一八二八)、天保九年(一八三八)、および慶応三年(一八六七)は院主が病気もしくは留守であったと明記されており、院代が導師の役を代行していた。後述するように、宝暦一一年(一七六一)も院主が病気により八月一八日の「御経読誦」に不参であり、宝海寺実境が出仕したとある。天保二年も院主が留守だと明記されてはいないが、六月一八日の記録には「御名代」が神輿を迎えたとある。

これらのうち、明和九年(一七七二)、文政一一年(一八二八)と天保九年(一八三八)は宝海寺が法要の一部を担ったらしいので、先の宝暦一一年(一七六一)の件と併せて宝海寺についての後項で詳説したい。

ともあれ、夏季祭礼における宝蔵院主の導師としての役割が、代僧によっても代替可能な、祭礼全体から見るとおそらく補足的なものであったため、祭礼の①②において院主が関わった儀礼要素が、神仏分離によって神道式の祭儀に取って代わりやすかったと考えられる。

[仮山伏(含・戸隠からの「衆僧」)]

次に、現行の祭礼でも一七日(現在は七月の第三土曜日)の祭礼の主役となっている仮山伏について見たい。

旧妙高村教育委員会から一九七〇年代末に刊行された『村の文化財』以来ではないかと思われるのだが、この役割と関係して戸隠からの「衆僧」について注目されていた。すなわち、「江戸時代の関山権現宝蔵院日記によれば、関山権現の大祭には戸隠権現から大勢の神人・僧侶の一行が応援に足を運んでいる。それで本祭には戸隠から山伏を借りたから借り山伏であろうとする人もある」と『村の文化財』が主張するように[34]、仮山伏とは戸隠から借りてきた山伏であり、「借り」が「仮」となったという解釈が地元でかなり流布していた。

この引用文の根拠は、『宝蔵院日記』正徳二年(一七一二)六月分の記述に「衆僧山伏」と続ける箇所が複数あることから(翻刻本第一巻三頁)、同年六月一五日に「如先例戸隠より衆僧六人来」とある「衆僧」を山伏と解釈したことに由来すると思われる。

筆者はかつて、この戸隠からの「衆僧」は現在の仮山伏に継承される役割とは異なるのではないか、という推論を行ったことがあった[35]。その時に筆者は、『宝蔵院日記』正徳二年(一七一二)の六月一六日分に「法印衆僧出仕、法花懺法普門品心経終而帰リ」、一八日分に「昼導師本地供、衆僧八普門品誦」とあるように、「衆僧」が法花懺法を行ったり普門品や心経を読誦した旨の記述があり、そこから彼らは正規の宗教者ではなかったか、と推測していた。さらに、享保六年(一七二一)の六月一八日分では曹洞宗宝海寺などを「衆僧」と形容している。すなわち、「院主松雲院・宝海寺是空西念、昼時院主幷衆僧出勤」云々とある(同巻六二頁)。

とはいえ、この筆者の推論は、『宝蔵院日記』の翻刻本が寛政一〇年(一七九八)までの第一巻のみが刊行されていた時に行ったものであった。

その後、二〇〇九年に刊行された翻刻本第二巻に掲載された文化一五年(一八一八)の夏季祭礼に関する記述に、戸隠からの「衆僧」が言及されている。すなわち、同月一四日に「戸隠山善法院御方前衆僧方為御迎弐人差遣候事」

云々とあり、一六日に「戸隠山衆僧十人　春日町楽人　称宜（ママ）共献立」云々とあり、料理を振る舞った対象として明記されている。しかし、一七日の祭礼については「例年之通」とあって一〇人の「衆僧」が祭礼に参与したのではないと思われる（翻刻本第二巻二八〇頁）。この六月一六日の記述は、関山権現の仮宮から新たに改築された「御宮」への遷宮が行われた日であり、戸隠からの「衆僧」以外にも大勢が訪れていた。ともあれ、この戸隠からの「衆僧」については今後の課題としたく思う。

そこで、表2には正徳二年（一七一二）の戸隠からの衆僧の件を記載しているものの、ここでは現在の仮山伏に継承される、棒使いや柱松に点火する山伏役を百姓から選ぶことの始まりと経緯について見るに留めたい。

元文二年（一七三七）頃から祭礼における山伏（山臥）を百姓から出すようになった、と考えられる件である。すなわち、この年六月一六日の祭礼について、「百姓之内ニて山臥六人出シ」云々とあるからである（翻刻本第一巻九六頁）。

この後にも、「作リ山伏」（寛保二年（一七四二））、「百姓拵山伏」（安永五年（一七七六））などと書かれる年があるので、ただ「山伏」とだけ書かれる場合も含めて、元文二年（一七三七）の記述のように、百姓から選んで祭礼の山伏役をやらせることが慣例化していた、と解釈して妥当だろう。つまり、言葉通りに祭礼時だけの仮の山伏、という意味だと考えられ、戸隠から山伏を「借り」てきたから仮山伏なのだ、という旧説は誤りだったことになる。

問題はむしろ、この表現の初出と考えられる元文二年（一七三七）より、山伏役を百姓から選ぶことが始まったかどうかではないだろうか。というのは、六月一七日祭礼当日の記事に「右勤行山伏士七人祈終而、長刀遣終而」などとある享保六年（一七二一）の前日、一六日の記事末尾に「長刀遣役人金右衛門・五郎助・其左衛門・新六・角左衛門・平助也」に夕飯を振る舞った旨あるからである（同巻六一―六二頁）。

一六日分の「長刀遣役人」と翌日の「山伏士」とが対応するかどうか不明だし、人数も一人異なるものの、祭礼の役として「長刀遣」というパートを演ずる者が、引用のような百姓であった可能性が高いのではないだろうか。この享保六年（一七二一）は、それ以前の『抜書』とされていた記述から変わって、詳細な記事が始まった年度であるので、この記述にはとくに留意すべきだと考えられる。

以上から、現行の祭礼において仮山伏が担っていた儀礼行為のうち少なくとも「長刀遣」（おそらく、現行の棒使いに相当）の部分に百姓が出されたのは、一七二〇年代初頭の享保六年（一七二一）から、あるいはそれ以前からであった可能性もあることを確認しておきたい。

宝蔵院の夏季祭礼において仮山伏が主に関わった儀礼要素であると考えられる、③の棒使いや④の柱松への点火競争については、『関山権現祭礼手文』と同様に『宝蔵院日記』においても詳しい描写はほとんどない。とはいうものの、この儀礼要素が現在も残されているのは、近世の比較的早い段階で在俗の若者がそれを担うことが慣例化したことによるのではないだろうか。

［宝海寺］

宝海寺は、もと曹洞宗寺院で、現在は単立となっている。現在の関山神社からやや距離があり、同神社より南側山よりに位置する。

冒頭の正徳二年（一七一二）分では、六月一五日分に「宝海寺・松雲院・庄や組頭山見門前相詰候也」（翻刻本第一巻三頁）と明記されるものの、一七日分をはじめ当該日記としては比較的詳細な祭礼描写において、一切言及されていない。むしろ、二一日以降に妙高山参詣者に対する対応の中で、二二日分に「うば堂松雲院壱人付、権現堂宝海寺・久兵衛」（同巻四頁）などとあることから、宝海住持が久兵衛なる俗人と共に山中の権現堂に配置されていたことが分かる。この時点では朱印領を賜っていた宝蔵院が、寺領地内に位置する宝海寺を宗教施設としてより単なる領民の一つとして把握していたのではないか、と考えられる。

宝海寺が夏の祭礼で何らかの役職を担うようになったと推測される描写が登場するのは、表2のように詳しい記述の最初の年である享保六年（一七二一）であり、先に仮山伏に関して六月一六日分につき「長刀遣役人」の件を引用した二日後の、六月一八日分である（一七日分には出ていない）。

すなわち、一八日の祭礼のうち、神輿が権現社殿から出御する前の院主による本地供に、松雲院と宝海寺の是空・西念が、「衆僧」として付き従ったという記述がなされている（同巻六二頁）。これについては、宝海寺などを指して「衆僧」の語が使用される一例として前述した通りである。

宝暦一一年（一七六一）の六月一七日分には、院主が六ツ時に御出勤という記事の後、「宝海寺・実境・玄心出仕也」とあるのが「例年之通」とされているものの、一八日になると「御経読誦、宝海寺実境出仕也」と明記されている（同巻二〇五―二〇六頁）。実境が宝海寺の住僧かどうかは分からないが、少なくとも宝海寺住持が一八日の「御経読誦」を担当したことは確かだろう。もっとも、これは「院主御病気ニ付御不参也」という緊急事態のためらしく、同日の祭礼そのものも「公儀御他界ニ付」中止になったとされている。

明和九年（一七七二）は、院主が江戸にいて祭礼を留守にしていたことが別の箇所に記されている。この年の六月一七日の記述には、「御宮へ御膳如例、信行房出勤、御本地法修行、九ツ時御宮出勤、宝海寺・信行房、経奉侍壱人」などとある（同巻二八八頁）。信行房は宝蔵院内の僧ではないかと考えられ、一七日の祭礼を管掌したのは「御本地法修行」をしたという信行房であろうが、宝海寺の住持も同日の祭礼に全面的に関わった、ということであろう。ここでは、宝海寺（の住持）を信行房の前に記しているので、同住持の方が信行房より僧としての位が高かったのであろう。

翌一八日の祭礼は、「宝海寺・信行房・覚道出勤、普門品三十三巻修行、九ツ時御宮出勤、宝海寺・信行房御本地

仕候修行也」（同上頁）とあり、宝海寺は信行房らと例年の普門品修行に加えて本地供にも携わったとされている。

以上のようにこの年の記述では、宝海寺が留守であった宝蔵院院主の代行をした、とまでは断定できなくても、例年に比べて祭礼において大きな役割を担った、と位置づけることは可能であろう。

寛政二年（一七九〇）の六月一九日分には、当時宝海寺の本寺であった板倉の宝寿院が、一七、一八日の両日宝海寺を代行した、という趣旨の記がある（同巻四八〇—四八一頁）。六月一七、一八日分に宝海寺の名が記載さえされなかった正徳年間とは異なり、祭礼における宝海寺住持の職分が増大しており、同じ宗派の老僧を遠方である板倉からわざわざ招いて代行してもらう必要があった、という点に注目しておきたい。

一九世紀に入ると、宝海寺は以前の通り一七、一八日の院主による普門品読誦に唱和していたらしいが、表2のように一八世紀までと比較すると詳しい情報が記されない年が多い。これは、記録者と宝海寺との関わりによるのかもしれないが、詳細は不明である。

なお、既に院主に関して見たように、文政一一年（一八二八）と天保九年（一八三八）は、宝海寺が読経など本来は院主が行っていた部分を代行した可能性がある。文政一一年は、六月一七日の記事に「御院主御病気ニ付、美守安貞入来」とあるので、宝海寺が院代となったのでないのは明らかだが、一八日の記事に「例年之通御祈禱、心経三十三巻経御読誦、宝海寺・禅梁房・大忍房出仕」云々とある（翻刻本第二巻四五〇頁）。天保九年には六月一七日分に「御法楽院代宝海寺相勤候事」「院代宝海寺対面御盃被下之候事」（翻刻本第三巻一二頁）などとあり、後者では「院代」が宝海寺と「対面」して盃をしたとあり、前者では宝海寺がその院代と共に「御法楽」を相勤めたとある。慶応三年には六月一六日分に同じように「院代宝海寺」とあり（同巻六二七頁）、これが院代である宝海寺の意か、院代と宝海寺のことなのか、ここの文脈からはよく分からない。ともあれ、そのように夏季祭礼で重視されていた割に、一九世紀における宝海寺の同祭礼での記載は、表2のようにこれ以外の年には少な目である。

以上のように宝海寺は、当初は参詣者を迎える山の施設に配置される、といった俗人と似た奉仕であったのが、次第に普門品の読誦のような天台曹洞僧に共通する宗教的職能が期待され、やがて院主不在の際に読経などの重要な部分を担うようになり、祭礼になくてはならない存在になったのであろう。

〔慈雲寺・興善寺その他〕

宝海寺に次いでもう一箇寺、宝蔵院祭礼の記述に登場する寺院が真宗大谷派慈雲寺である。こちらは、関山神社の北東方向に、宝海寺と似た距離に位置する。

この寺の名が宝蔵院祭礼に関連して現れる最初は、寛延二年（一七四九）六月一六日分における、翌日朝の料理準備に関する記事だと思われる。「高田領庄屋方江、明朝例之通御料理被下候間、百姓中御通達可給候由、以使申遣候事、外ニ慈雲寺使遣候事」とある（翻刻本第一巻一四四頁）。

つまり、慈雲寺住持が祭礼における宗教的側面へ関与したのではないと思われる。似たような料理がらみの記述は、宝暦一一年（一七六一）と同一三年の六月一七日、明和七年（一七七〇）閏六月一八日、安永四年（一七七五）および同五年の六月同日、少し空いて文化四年（一八〇七）同月一七日の記事などに見られる。

さらに、宝海寺の場合と同様、この慈雲寺も時が経つにつれて祭礼での職分が増大したのではないかと考えられる。例えば安永七年（一七七八）の六月一四日には、宝海寺と共に祭礼の道具をこしらえたことが記されており（同巻三六五頁）、これは同一〇年、天明三年（一七八三）、同五年の同日記事でも同様である。ただし、宝海寺の名が記されている一七日分記述に慈雲寺は記されていないので、祭礼に際しての行列あるいは権現社殿内外での儀礼には参列しなかったのであろう。

宝蔵院領内の真宗寺院に関しては、もう一箇寺、本願寺派興善寺が一九世紀に入って、およそ享和二年（一八〇二）頃から言及されるようになる。この年の六月一四日の記事に、「興善寺幷幸右衛門入来」云々とある（翻刻本第二巻六五頁）。同寺は、関山神社南方向の宝海寺から見て、さらに南東に位置している。

興善寺の場合も慈雲寺と同様、六月一七、一八日の祭礼において何らかの役割を担ったのではなさそうである。ただ、夏季祭礼以外で興善寺が宝海寺や慈雲寺と併記される場合、宝海寺—興善寺—慈雲寺の順で書かれる場合が見られる（文化六年〔一八〇九〕の六月二五日、文政八年〔一八二五〕の七月一五日など）。新興の興善寺が何らかの理由で、宝蔵院にとっての重要性を増したのかもしれない。

なお、現在の上越市南本町にある本願寺派瑞泉寺は、この興善寺の本寺であった（先に引用した享和二年〔一八〇二〕時点では、仏光寺末だったらしい）。筆者がかつて詳しく議論した通り[36]、瑞泉寺は同市小丸山の親鸞旧蹟の復興（現在の西本願寺派国府別院の建立）のために、その地を朱印地としていた先述の愛宕宝持院との間で様々な折衝を行った本願寺派の院家寺院であった。これも筆者は述べたことがあるが、『宝蔵院日記』に何故かこの瑞泉寺がしばしば掲載されている[37]。

例えば、先に戸隠からの衆僧について正徳二年以降に言及される例として見た、文化一五年（一八一八）の六月一五日に、「高田春日町瑞泉寺中五人相頼ミ、是ハ御遷宮ニ付奏楽者御座候」云々とある（翻刻本第二巻二八〇頁）。翌日に予定されていた関山権現の拝殿遷宮式に参列する楽人を、瑞泉寺の寺中に依頼したということであろう。このように宝蔵院と瑞泉寺とが親しい間柄だったことについては、今後の考察に期したいと思う。

この他、一九世紀前半の祭礼の記述には、児《ちご》がしばしば触れられている。例えば享和三年（一八〇三）の六月一六日分で、来場した翌日の祭礼参加者を書き上げる箇所で、「児両人」が記されており、一七日分で院主が権現社に入場した後、児と侍も続いたとされている。

この児の祭礼における役割については、『関山権現祭礼手文』の後に登場したと思われるし、また現行の祭礼にも残っていないので、詳細は不明である。上記のほか、享和二年(一八〇二)、同三年、同四年、文化四年(一八〇七)、同五年、同一二年などの祭礼記述に児が登場しているが、幕末に近くなると見られなくなる。

3　社家(倉科社家など)

社家は『関山権現祭礼手文』では、①の箇所で行列に宝海寺の後に「倉科右近　社家二名」などと固有名詞と併せて三人の参列が載り、②の箇所で神輿前で神楽を奏するとされている。その意味では、現在の宮司他の神職とは職分がかなり異なっていた。

『宝蔵院日記』において夏季祭礼に関連しての社家の言及について、表3にまとめてみた。以下、それに沿って概観してゆきたい。

〔倉科社家登場以前〕
翻刻本『宝蔵院日記』最初の年である正徳二年(一七一二)には、六月一五日に「衆僧」六人が戸隠からやって来るのに迎えの馬を六頭出した描写の後、「幷ニ神主迎ニ馬壱疋雪林迄遣ス也」とある。さらに、一七日の描写にはこの「神主」の件は一切触れられないが、次の一八日と一九日に「祢宜《ねぎ》」という表現でこの人物が言及されている。一八日分では宗教行為について一切言及されず、末尾に「衆僧祢宜ニ布施物出之也」とある。一九日については、「衆僧」が帰るための馬を柏原まで申しつけた、という記述の後、「祢宜之送馬其村迄申付也」とある(翻刻本第一巻三頁)。
表3のように、その後二〇年余り社家が言及されないが、元文二年(一七三七)に至って六月の祭礼に三人の社人が

表 3 『宝蔵院日記』夏季祭礼記述における社家

年号	西暦	社家
正徳 2	1712	神主迎えに馬 1 疋雪林まで遣す(6/15)、(衆僧と)祢宜に布施(6/18)、祢宜を送る馬、その村まで申しつけ(6/19)
元文 2	1737	宮内村山城太夫をご祭礼に雇い、今日来る(6/16)、山城が帰られる、山城へ青銅 30 疋、社人 2 人に青銅 20、供の者に 50 文(6/19)
元文 3	1738	宮内村社人を召喚し、迎えの馬に 1 疋差し上げる。山城・采女・大学来る(6/16)、社家山城へ祝儀 30 疋、他社人 2 人に 20 疋、供の者へ 50 文ずつ出す(6/18)、社家ご帰参につき、荒井まで送り伝馬に 1 疋(6/19)
元文 4	1739	社家 3 人来られる(6/16)、社家朝飯の後に帰られる、ご祝儀民部へ鳥目 30 疋、他は 20 疋、供人へ 50 文ずつ、荒井までの送り馬に 1 疋(6/19)
元文 5	1740	社人逗留中、賄いと香の物、共に 1 汁 3 菜(6/16)、神輿の村内渡御のお供の一に、社人 3 人などとある(6/18)。社人帰られる、民部に 300 文、他 2 人に 200 文ずつ、供 2 人に 50 文ずつ、社人を送る馬に 1 疋(6/19)
元文 6	1741	社人を迎えに行かせる(6/16)、社人帰られる、送り馬に 1 疋申しつけさせ、鳥目に 300 文、次に 200 文、供に 50 文ずつ渡す
寛保 2	1742	宮内村から祢宜を迎える馬に 1 疋(6/16)
寛保 4	1744	宮内村山城、朝日村伊織、鍛冶町采女依頼により来る(6/16)、社人帰られる、ご祝儀青銅 300 文 200 文、社人送りの伝馬に 1 疋、荒井まで(6/19)
寛延 4	1751	(院主が)留守の為、宝海寺(が?)、社人 1 人呼び寄せた(6/17)
宝暦 11	1761	宮内村倉科土佐守が祭礼に参上(6/16)←倉科社家の初見か?
明和 4	1767	倉科土佐殿の倅が召し連れられて参る(6/16)
明和 6	1769	社家両人来る(6/16)
明和 7	1770	社家土佐守父子、昼過ぎに参勤(6/16)。院主が昼過ぎにご出勤、去年通り、山伏社家も同様(6/17)
明和 9	1772	宮内村土佐守、例年のごとく両人参る(6/16)。土佐守帰られる。祝儀は例年の如し(6/19)
安永 3	1774	倉科土佐出勤(6/17)。神輿の町への渡御に土佐供奉(6/18)。倉科帰られる、ご祝儀は例年通り(6/19)
安永 4	1775	宮内村倉科土佐守、例年のごとく来る。他に、祢宜 2 人、供 1 人(6/16)
安永 5	1776	例年のごとく宮内村倉料(科)土佐守、ほかに祢宜 2 人来る(6/16)
安永 7	1778	(例祭参加者書き上げ)山伏 7 人、社人 3 人(6/17)
安永 8	1779	社人 3 人、山伏 7 人、夕飯より相詰め云々(6/16)
安永 10	1781	宮内村土佐病死につき、下箱井村岩片和泉守、朝日村大嶋左京が来る(6/17)
天明 5	1785	宮内村社家右近、ほかに祢宜 2 人が(神輿渡御の?)お供(6/18)
天明 7	1787	社家 3 人「惣押」(8/17)。社家 3 人、帰られる(6/19)
寛政 2	1790	宮内右近来る(6/16)。未明に社家 3 人出立。例年のごとく青銅 50 疋、両人へ 20 疋ずつ、供に 50 文下された(6/19)
寛政 3	1791	社家、今日帰られる(6/19)
寛政 4	1792	7 ツ時に祢宜両人が入り来る(6/16)。4 ツ半の院主ご出勤に、宝海寺らと祢宜がお供(6/17)。祢宜、帰られる(6/19)
寛政 6	1794	宮内社家入来(6/16)。4 ツ時の院主御宮ご出仕に、祢宜中もお供(6/17)。神輿の村中渡御に、祢宜中もお供で、7 ツ時に還御(6/18)
寛政 8	1796	院主の御本地供修行のお供の一に、倉科右近(6/17)

寛政10	1798	倉科右近来る(6/16)
寛政11	1799	9時からの行列に社家3人とある(6/17)、18日分では言及なし
寛政13	1801	とくに祭礼の役職について記載なし。前々から御開帳の年には御祭礼無しなどとあり。しかし、氏子の祭礼ゆえ、村方に朝昼飯を振るまう、などとも
享和2	1802	9時からの行列に社家倉持右近とある(6/17)、神輿出御の後、社家が神楽、とある(6/18)
享和3	1803	信州の修験と並び倉科右近父子来る(6/16)、8時からの行列に社家倉持右近並び供1人、と出る(6/17)、6/18分には記載なし
享和4	1804	信州の修験と並び倉科右近父子来る(6/16)、昼時からの行列に社家倉持右近並び供1人、と出る(6/17)、還幸後、宝海寺・大聖院・倉科その他御相伴云々(6/18)
文化4	1807	宮内村社務入来、他に両人(6/16)、行列の末尾に社家3人(6/17)、18日には言及なし
文化5	1808	社家参上(6/16)、行列に社家中とある(6/17)、18日分には言及なし
文化12	1815	17日に祭礼の諸役と道具を書き上げた箇所の後ろの方に祢宜とある(6/17)
文化13	1816	倉科土佐入来(6/16)、17、18日分には言及なし
文化14	1817	この年は、仮山伏が6月18日、大聖院と倉科掃部が出立する件で19日に言及されるのみで、祭礼については「例年通」(6/17)などと簡略に記載されている。+19日に大聖院と倉科掃部御出立
文化15	1818	宮内倉科掃部主従5人が来る(6/15)、16、17、18日には言及なし
文政2	1819	大聖院と倉科掃部へ酒がふるまわれたこと、および御祝儀が倉科へ700文、下社家へ300文であること(6/18)
文政3	1820	神主倉科掃部が来て、素麺清酒上る(6/16)、倉科へ鳥目700文、下社家2人に300文ずつ(6/18)
文政6	1823	倉科伊予入来(6/16)、大聖院・倉科へ寝酒(6/18)
文政7	1824	倉科伊予参上、他に祢宜2人(6/16)、倉科並び下社家今朝帰る(6/19)
文政9	1826	倉科伊予参上、他に祢宜2人(6/16)
文政10	1827	倉科伊予守ほか社家2人参上(6/16)
文政11	1828	神主倉科参上し、素麺2玉献上(6/16)、行列に神主供1人、とあり(6/17)、神主と大聖院に謝礼、勝手次第に帰る(6/19)
天保2	1831	夕飯に先達と共に酒がふるまわれた、また社役より御神酒上がる、とある(6/17)
天保3	1832	倉科来る(6/16)
天保5	1834	倉科摂津来る(6/16)、宮内神主倉科摂津に鳥目700文、下社家2人に同300文(6/18)
天保6	1835	神主来る(6/16)
天保7	1836	倉科来る(6/16)、大聖院と共に帰る(6/19)
天保8	1837	倉科摂津正来る(6/16)、大聖院と共に帰る(6/19)
天保9	1838	社家倉科並びに大聖院来る(6/16)、大聖院と共に帰る(6/19)
天保10	1839	倉科摂津正来る、素麺2玉上る(6/16)、早朝、大聖院と共に帰る、倉科の母が入湯云々(6/19)
天保11	1840	宮内神主来る(6/16)
天保12	1841	神主来る、麦粉2袋献上(6/16)、祝儀倉科へ700文、下社2人へ300文ずつ(6/19)
天保13	1842	(六月祭礼の記述あるが、社人の言及なし)
天保14	1843	宮内神主大竹の子5本献上(6/15)、宮内倉科伊予へ700文、下社家2人に600文(6/19)

天保 15	1844	山伏とともに社家来る(6/16)、問屋庄屋組頭へ料理下される際に社家山伏も同席(6/17)、神主山伏に夕飯(6/18)
弘化 2	1845	御本地供のあと大麻とあるが、社家の関与は記されず(6/17)
弘化 4	1847	祢宜山伏など来る(6/16)、還御の後、倉科・大聖院・宝海寺ら御祝儀申し上げ(6/18)
弘化 5	1848	還幸の後、倉科・大聖院・宝海寺ら御祝儀申し上げ、倉科に 700 文、下社家 2 人に 300 文ずつ(6/20)
嘉永 4	1851	神主倉科伊予守来る、そうめん 2 玉献上、下社家 2 人来る(6/16)
嘉永 6	1853	社家倉科並びに大聖院来る(6/16)、還御後、倉科大聖院へも御神酒差し出し(6/18)、倉科大聖院帰る(6/19)
嘉永 7	1854	社家 3 人並びに大聖院来る(6/16)、還御後、倉科大聖院へも御神酒差し出し(6/18)、神主山伏帰る(6/19)
安政 2	1855	社家 3 人並びに大聖院来る(6/16)、還御後、倉科大聖院へも御神酒差し出し、今夕倉科・大聖院帰られる(6/18)
安政 3	1856	夕方、社家 3 人並びに大聖院来る(6/16)、還御後、倉科大聖院へも御神酒差し出し、祝儀物等も例年通り(6/18)
安政 4	1857	今夕、倉科・山伏等来る(6/16)、還御後、倉科大聖院へも御神酒差し出し、祝儀物等も例年通り(6/18)、倉科・山伏引き取り(6/19)
安政 5	1858	今夕方、社家・山伏等来る(6/16)、還御後、神主・山伏等御祝儀申し上げ(6/18)、社家ら今朝帰る(6/19)
安政 6	1859	出入りの者の下働き終わって、先達山伏行列云々(6/17)
安政 7	1860	神主・山伏等へ御膳差し出す(6/17)
万延 2	1861	倉科土佐守菓子 1 箱献上(6/16)、還御後、山伏神主も御祝儀申し上げ(6/18)、今朝倉科・山伏等帰る(6/19)
文久 3	1863	今夕、信州二ノ倉村大聖院並びに神職倉科、他に社人 2 人例年通り来る(6/16)、還御後、夕方広間での御神酒頂戴に相伴(6/18)、山伏・神主、今朝引き取り(6/19)
文久 4	1864	神主・山伏来る(6/17)
元治 2	1865	倉科土佐守方 3 人出る(6/16)
慶応 3	1867	神主修験御座敷にて別献立(6/17)、(還御の後)社家山伏へ祝儀、泊まり(6/18)、一同朝発足(6/19)

やって来た記事が登場する。まず、同月一六日の祭礼記述において、次のようにある（同巻九六頁）。

一、宮内村山城太夫御祭礼ニ御雇、今日来ル

宮内村は、現在の斐太神社（妙高市宮内）付近を意味すると考えられる。同じと考えられる人物について、一九日分にも次のように記されている。

山城罷帰ル、青銅三十疋山城江社人両人へ青銅二十疋ツヽ、供之者江ハ五十文遣之ス

つまり一九日分によれば、祭礼にやって来た社人は山城太夫を含めて計三人、それに加えて「供之者」もいたということであろう。その翌年、元文三年（一七三八）の六月一六日分では御祭礼のために宮内村へ馬を差し向けて招いた社人に

ついて、「山城・采女・大学」と山城以外の者の名も記されている(同巻一〇〇頁)。

元文五年(一七四〇)には、一八日に関する記述のうちに「神輿村中御廻リ、奉供教知・社人三人・山伏六人・庄屋組頭」などとなっており(同巻一〇七頁)、社人三人が一八日の神輿渡御に関わったことが分かる。

さらに、寛保四年(一七四四)の六月一六日分に、「御祭ニ付、宮内村山城・朝日村伊織・鍛治町采女御頼来ル」と山城らに言及がある。この年の一九日分には、「社人」を「荒井」まで馬で送ったという描写もある(同巻一一一頁)。

このように、一七一〇年代の正徳二年(一七一二)には一人であった社人が、一七三〇年代の元文二年頃(一七三七)から三人やって来るようになり、元文五年の記述から一八日の神輿渡御に主として関わっていたらしいことが分かる。社人三人のうち、元文二年と三年および寛保四年(一七四四)の「山城」、それに表3に示した寛保二年の「祢宜」は、いずれも宮内村とあるので斐太神社の倉科社家と関連のある人物ではあろう。しかし、それ以外で例えば元文三年の采女らは、寛保四年の記述から宮内村以外から招いた社家ではないかと考えられる。

ともあれ、およそ一七五〇年代頃までの『宝蔵院日記』には、倉科という固有名詞は登場してこない。

［倉科社家の登場］

それが一変するのは、宝暦一一年(一七六一)からである。六月一六日の記述のうちに、次のようにある(同巻二〇五頁)。

一、御祭礼ニ付宮内村神主倉科土佐守壱人申遣参上也、例年之通山伏六人百姓之内より申付、今晩より相詰夕飯ヨリ被下候也、

元文二年(一七三七)六月一六日分などに出ていた「宮内村山城太夫」と同じ村名を冠しているので、同じ社家かもしれないが、二〇数年前には太夫号であったのに、今回は「土佐守」と正規の神職のような名称となっている。

もっとも、この年の祭礼は「院主御病気」と「公儀御他界」のため、とくに一八日については「御祭礼相止メ」とされているため、「神主倉科土佐守」がどのような宗教行為に関わったのか、明らかではない。ともあれ、元文二（一七三七）、三年頃は正規の神職でない可能性のある下位の社人が三人ほど来ていたのに、この宝暦一一年（一七六一）には正規の神職が一人到来したことに注目しておきたい。

『宝蔵院日記』では翌宝暦一二年（一七六二）分が欠で、続く同一三年以降では、明和四年（一七六七）六月一六日分に「昼時宮内倉科土佐殿倅召連被参候」とあり、倅と共に参上したとされる（同巻二三三頁）。明和六年（一七六九）六月一八日付け記事には、神輿をこの年に新造した旨の記載がある。また、一六日には「社家両人来ル」とあるも、倉科神主の名は言及されていない（同巻二四七頁）。

その翌年、明和七年（一七七〇）の日記にも同一と思われる社家が登場する。この年は、卯月一三日に火災があった年で、日記の記述も比較的詳細に渡っている。その六月一六日分のうちに、「社家土佐守父子昼過より参勤也」とある。そして、彼らが参与した儀礼要素については、一七日分について、

一、昼時御宮へ御出勤、御供去年之通也、山伏社家右同断、柱松切火下之方少シ早シ、

とあって（同巻二六八頁）、具体的なことは不明であるが、社人が一七日における儀礼にも参与したことが、おそらく初めて明記されたと思われる。昼に院主が、（宝蔵院から、と推察されるが無記載）「御宮」と称される権現社殿に赴いた際、山伏と社家もそれに伴った、全てが去年通り、ということであろう。憶測になるが、明和四年（一七六七）に神輿が新造されたことを契機に、祭礼における社家の役割が増えたのではないだろうか。

その後は、似たような表現であったり（明和九年（一七七二））、社人の記がなかったり（安永二年（一七七三））の後、安永三年の六月一七日から一九日に「倉科土佐」として社人が言及されている（同巻三一七頁）。

十七日　恒例之通、御宮院主御社参、覚道・御児・円利坊出仕勤行、山臥共供奉、倉科土佐出勤、(後略)
十八日　(前略)神輿町江渡御、富丸・円利・土佐供奉、
十九日　雨天　倉科罷帰、御祝儀如例年、

一七日分で、はじめて「出勤」という表現が使われている。もっとも、倉科土佐が関わったのは、この年では一八日の神輿渡御のみ明記されている。

翌安永四年(一七七五)の六月一六日分には、「宮内村倉科土佐守如例年来ル、外ニ称宜《ママ》弐人・供一人来ル」云々とあって(同巻三三四頁)、人数が増えているが、彼らが祭礼のどの部分に携わったかの記はない。

以上、宝暦一一年(一七六一)から安永四年(一七七五)まで「倉科土佐守」として『宝蔵院日記』に名称が記載される人物は、現在の上越市中ノ俣の気比神社神官の長野家に伝わっている文書『神葬祭出入始末一件』によれば、頸城郡の五人の社人が神葬祭を求めて明和八年(一七七一)に寺社奉行に訴え出た時に何度か署名したり文書の宛名となっていた「倉科土佐」㊳と同一人物ではないかと考えられる。

ともあれ、社人三人という体制は、その後しばらく続いた模様である。もっとも、安永一〇年(一七八一)の六月一七日分のうちには、「宮内土佐病死ニ付、下箱井村岩片和泉守、朝日村大嶋左京来ル」とある(同巻三九五頁)。かつては太夫号の社人が来訪していた祭礼での役割が、正規の神職でなくては担えないような形に既に変化していた、ということだろうが、この年の祭礼に臨時にやって来たらしい二人の社人が何にどう携わったかは記されていない。

数年の後、天明五年(一七八五)の六月一八日の記事には、次のようにある(同巻四一八頁)。

一、十八日　晴天　御膳神酒献之、四ツ時御出勤也、宮内村社家右近、外ニ祢宜弐人御供也、

右近は倉科姓とされていないが、表3のように寛政八年(一七九六)と同一〇年の祭礼記述には「倉科右近」として

言及されるので、安永一〇年に病死したとされる倉科土佐守の子息ではないかと推測される。

およそここまでが、『宝蔵院日記』翻刻本の第一巻に載る情報である。

〔一九世紀の宝蔵院夏季祭礼における社家〕

別表のように、この時期に言及される社家は倉科氏で一貫している。当初は、天明五年（一七八五）に初登場していた倉科右近が言及され、享和四年（一八〇四）六月一六日には「倉科右近父子」が来たとされている（翻刻本第二巻一〇七頁）。

なお、天明五年（一七八五）からこの享和四年（一八〇四）まで言及される倉科右近は、寛政八年（一七九六）の『関山権現祭礼手文』にも同じ名称で出ている。この人物は数年後になるが、文化八年（一八一一）付けの『御朱印地幷除地高組分帳』（高田図書館所蔵「森本家文書」）に除地を持つ神社の社人五二人の一人としてリストアップされていた「宮内村諏訪大明神　倉科右近」と、同一人物であろう。[39] 彼は宮内村の「諏訪大明神」の宮司であった模様である。

少し間が空いて、文化一三年（一八一六）六月一六日に「倉科土佐入来」とある（同巻二三九頁）。これは、右近からの代替わりではないかと推察される。もっとも、この固有名詞の社家が言及されるのは同年だけで、翌文化一四年の六月一九日に出立したとされる社家の名は、倉科掃部《かもん》となっている（同巻二六一頁）。倉科土佐と倉科掃部とは異なる人物ではないかと思われるが、両者がどのような関係かは不明である。

もっとも、倉科掃部が来たとされるのも文政三年（一八二〇）までと短く、文政六年に夏季祭礼に来た社家の名は倉科伊予守と記されている（同巻三五〇頁）。伊予守が明記されるのも文政一〇年までで、その後しばらくは、神主倉科、倉科などとして登場している。

そして、天保一〇年（一八三九）には「倉科摂津正」が来たとされている（翻刻本第三巻三〇―三一頁）。もっとも、天保一四年には宮内の倉科伊予守に七〇〇文を渡した旨あるので(同巻一三二頁)、倉科伊予はまだ隠退しておらず、伊予守と摂津正は父子ではないかと推定しておく。その後は、神主あるいは社家などとして固有名詞が出されない年が続くが、幕末近くの万延二年(一八六一)の夏季祭礼で、倉科土佐守が言及されている(同巻五二〇頁)。

以上のように、一九世紀の宝蔵院夏季祭礼に招かれた倉科社家は、右近―土佐―掃部―伊予守―摂津正―土佐守、ということになる。このうち、倉科右近が諏訪大明神(斐太神社のことであろう)の社人であったことは先の寺社領の件から確実であるが、土佐以下がそうだったかどうかは不明である。

彼らの祭礼における役割としては、享和二年(一八〇二)の六月一八日の条に、神輿出御の後に社家が神楽、とある(翻刻本第二巻六六頁)以外、詳しく記されている年度はない。

以上の代替わりと一八日における神楽奉納以外では、祭礼に招かれた社家の人数が、一八世紀からをほぼ継承して計三人であると考えられることを追記しておく。

［社家に関しての小括］

以上、『宝蔵院日記』における夏季祭礼の描写に焦点を絞って、社人の祭礼への関与を見てきた。もともと、『宝蔵院日記』全体の傾向として祭礼の記述が詳細ではないうえ、執筆者の姿勢の違いから年によって情報量の差が大きい。その結果、社人の数や関与した儀礼要素についても曖昧な部分が多いが、少なくとも次のようにまとめることができるだろう。

『宝蔵院日記』の現存する形態の最初である正徳二年(一七一二)時点で既に、そこでは「神主」あるいは「祢宜」と称されていた何らかの社人が祭礼のため招かれており、元文二年(一七三七)からその数が三人に増えている。ただ、元文二年時点では太夫号であったことから、正規の神職でなかった可能性もある。

宝暦一一年（一七六一）より、倉科土佐守という正規の神職名として同日記に登場するようになり、明和七年（一七七〇）より一七日の祭礼にも関わったことが明記されるようになる。また、この間に訪れた社人の数は変動しているが、天明五年（一七八五）に土佐守のおそらく子息と思われる倉科右近が祢宜二人と訪れて以来、ほぼ三人で固定化するようになった。

一九世紀に入ると、『宝蔵院日記』の記述自体に社家への関心が減ってくるように思われる。一方で、関山権現の夏季祭礼に招かれる倉科社家は、時には隔年で別称の人物であったりした。

宝蔵院の祭礼に訪れた社人の役割については、当初は六月一八日の神輿渡御への供奉が主体であったと考えられる。しかし、宝暦一一年（一七六一）から正規の神職に依頼するようになったことと関係するのか、あるいは先に推察したようにその数年後、明和六年（一七六九）に神輿を新造したことによるのか、一七日の祭礼における何らかの神道式の儀礼要素に関わるようになったと考えられる。

一九世紀に入っても、一七日の祭礼記述で社家が言及されることが少なくない。とはいえ、その日の祭礼で彼らが担った役割は、院主の本地供あるいは行列への供奉以外は明確でない。一方、一八日の祭礼においては、彼らは少なくとも神輿出御に関わる神楽に携わっていた。

4　先達

続いて、「先達」について見たい。寛政八年（一七九六）銘の『関山権現祭礼手文』では、①で行列の始まる前に法螺を奏する、また行列に「胎蔵院」として仮山伏の前に明記されており、②で法螺を奏する、および不動慈救呪を一二回唱える、④で仮山伏による上下の柱松への点火競争の前に、玉橋において仮山伏二人を左右にして手を携える、などと記されている。その『宝蔵院日記』の夏季祭礼に関わる記述は、表4にまとめた。

『関山権現祭礼手文』が記されたと同じ寛政八年(一七九六)より、「先達」と記される役職が夏季祭礼に登場することになる。もっとも、夏季祭礼の後に六月二二、三日から始まる妙高山登拝における「先達」という役職は、同日記でこれ以前から見られる。

前者(夏季祭礼の役職としての先達)については、寛政八年(一七九六)六月一七日の記事の内に、

一、一番鐘巳刻、二番鐘午刻、院主御出仕御本地供御修行有之、御供左之通、先払足軽弐人・大麻二人・祷竹二人・小麻弐人、先達飯山徳本院・仮山伏六人・院主侍弐人、長柄・草履取・宝海寺・社家倉科右近・祢宜弐人・

物押庄屋組頭、

とある(翻刻本第一巻五六〇頁)。飯山の徳本院なる先達、おそらく修験者が、同日の祭礼で院主・仮山伏・宝海寺・社家(および祢宜二人)と共に何らかの役割を担った、ということであろう。

なお、『関山権現祭礼手文』の別の写本には、先達の名称に押紙で、「千明院　徳法院」とされている。[40] ともあれ先達の固有名詞には揺れがあるが、祭礼での役割はおおむね、法螺貝を吹き、不動慈救呪を唱え、現在の祭礼でも「代官」役に継承されている、玉橋での所作を行う、ということであろう。最後のもの以外は、修験者独自の職能を要請されたのだと考えられる。

その後も、寛政一〇年(一七九八)には六月一六日分に「先達修給、飯山徳法院来ル」(同巻五七三頁)と、おそらく同じ修験者が言及されている。なお、これと同名の天台寺院が飯山市内に現存するので、徳本院が正しい名称ではないかと考えられる。翌年以降も、「修験山伏」(寛政一一年)、「先達山伏」(寛政一二年)、「先達修験」(享和二年(一八〇二))のように固有名詞があげられない形で、修験的な存在が一人、祭礼に関与したとされている。寛政一二年の六月一七

表 4 『宝蔵院日記』夏季祭礼記述における先達

年号	西暦	先達(修験)
寛政 8	1796	院主の御本地供修行のお供の一に、先達飯山徳本院(6/17)
寛政 10	1798	院主の読誦に先達修給、飯山徳法院来たる(6/16)
寛政 11	1799	9 時からの行列に修験山伏 1 人とある；院主下檀後、仮山伏と共に石階に下り、例年通り長刀太刀の作法(6/17)、18 日分では言及なし
寛政 12	1800	午刻、院主の出仕後、御玄関で山伏が(法)螺一双、とある、院主下檀後、仮山伏の作法並びに柱松之式あり云々(6/17)、18 日分では言及なし
寛政 13	1801	(ご開帳の年ゆえ御祭礼なし、などとあるのみ)
享和 2	1802	9 時からの行列に先達修験 1 人とある。院主下檀後、仮山伏と共に石階に下り、例年通り長刀太刀の作法(6/17)、18 日分では言及なし
享和 3	1803	今夕信州二ノ倉村大聖院来る(6/16；←おそらくこの固有名詞の初出？)、8 時からの行列に修験大聖院と出る。院主下檀後、仮山伏と共に石階に下り、例年通り長刀太刀の作法(6/17)、18 日分では言及なし
享和 4	1804	今夕信州二ノ倉村大聖院並びに神職倉科右近父子例年通り来る(6/16)、昼時からの行列に修験大聖院とある。院主の本地供修行の間、山伏共一同に慈救呪を唱えさせ云々、院主下檀後、修験大聖院と仮山伏 6 人が石階の下へ下り、例年通り長刀太刀の作法(6/17)、山伏共、今日は慈救呪なし、還幸後、宝海寺・大聖院・倉科その他御相伴云々(6/18)
文化 4	1807	修験二ノ倉村大聖院入来、院主に入寺の御祝儀云々(6/16)、6 ツ半の行列に修験大聖院並びに仮山伏 6 人とある(6/17)、18 日分には言及なし
文化 5	1808	山伏参上とあるのみ(6/16)、行列に山伏大聖院(6/17)、18 日分には言及なし
文化 12	1815	17 日に祭礼の諸役と道具を書き上げた箇所に、先達とあるのみ
文化 13	1816	二ノ倉大聖院入来(6/16)、昼飯に大聖院生酒云々(6/17)、帰るので先例通り御祝儀(6/19)
文化 14	1817	大聖院と倉科掃部が出立(6/19)
文化 15	1818	戸隠山衆僧 10 人(6/15)；←遷宮の観客らしく、17 日以降には言及なし
文政 2	1819	大聖院と倉科掃部へ酒がふるまわれたこと、および御祝儀が金 2 朱であること(6/18)
文政 3	1820	神主と山伏へは清酒(6/16)、大聖院へ金 50 疋、御小僧へ 300 文(6/18)
文政 6	1823	大聖院・倉科へ寝酒(6/18)
文政 9	1826	大聖院 4 ツ時参上(6/17)、先達と共に(柱松を)焼く者 4 人の名が出る
文政 11	1828	大聖院来る、蕎麦粉 1 袋上がる、また行列に大聖院供 1 人、とあり(6/17)
天保 2	1831	夕飯に神主と共に酒がふるまわれた(6/17)
天保 5	1834	二ノ倉村先達大聖院に金 2 朱(6/18)
天保 6	1835	先達大聖院来る(6/16)

天保 7	1836	大聖院来る(6/16)、倉科と共に帰る(6/19)
天保 8	1837	大聖院来る(6/16)、倉科摂津正と共に帰る(6/19)
天保 9	1838	社家倉科並びに大聖院来る(6/16)、倉科と共に帰る(6/19)
天保 10	1839	大聖院来る(6/16)、早朝、倉科と共に帰る(6/19)
天保 11	1840	二ノ倉大聖院来る(6/16)
天保 12	1841	祝儀大聖院へ 50 疋、小僧 300 文(6/19)
天保 14	1843	先達二ノ倉大聖院へ布施金 50 疋、他に 100 疋を大聖院に、これは同院が春に類焼した見舞いとして(6/19)
天保 15	1844	社家と共に山伏来る(6/16)、問屋庄屋組頭へ料理下される際に社家山伏も同席(6/17)、神主山伏に夕飯(6/18)
弘化 4	1847	祢宜山伏など来る(6/16)、還御の後、倉科・大聖院・宝海寺ら御祝儀申し上げ(6/18)
弘化 5	1848	還幸の後、倉科・大聖院・宝海寺ら御祝儀申し上げ、大聖院に 50 疋(6/18)
嘉永 4	1851	信州二ノ倉大聖院来る(6/16)
嘉永 6	1853	社家倉科並びに大聖院来る(6/16)、還御後、倉科大聖院へも御神酒差し出し(6/18)、倉科大聖院帰る(6/19)
嘉永 7	1854	社家 3 人並びに大聖院来る(6/16)、還御後、倉科大聖院へも御神酒差し出し(6/18)、神主山伏帰る(6/19)
安政 2	1855	社家 3 人並びに大聖院来る(6/16)、還御後、倉科大聖院へも御神酒差し出し、今夕倉科・大聖院帰られる(6/18)
安政 3	1856	夕方、社家 3 人並びに大聖院来る(6/16)、還御後、倉科大聖院へも御神酒差し出し、祝儀物等も例年通り(6/18)
安政 4	1857	今夕、倉科・山伏等来る(6/16)、還御後、倉科大聖院へも御神酒差し出し、祝儀物等も例年通り(6/18)、倉科・山伏引き取り(6/19)
安政 5	1858	今夕方、社家・山伏等来る(6/16)、還御後、神主・山伏等御祝儀申し上げ(6/18)、社家ら今朝帰る(6/19)
安政 6	1859	出入りの者の下働き終わって、先達山伏行列云々(6/17)
安政 7	1860	神主・山伏等へ御膳差し出す(6/17)
万延 2	1861	大聖院参院(6/16)、社家大聖院等へ膳部(6/17)、還御後、山伏神主も御祝儀申し上げ(6/18)、今朝倉科・山伏等帰る(6/19)
文久 3	1863	今夕、信州二ノ倉村大聖院並びに神職倉、他に社人 2 人例年通り来る(6/16)、還御後、夕方広間での御神酒頂戴に相伴(6/18)、山伏・神主、今朝引き取り(6/19)
文久 4	1864	神主・山伏来る(6/17)
元治 2	1865	二ノ倉村法印参上(6/16)
慶応 3	1867	神主修験御座敷にて別献立(6/17)、(還御の後)社家山伏へ祝儀、泊まり(6/18)、一同朝発足(6/19)

日分には、この「先達山伏」につき「螺一双」と付記されている（翻刻本第二巻二五頁）。

徳本（法）院に代わる新たな固有名詞を持った「山伏」が登場するのは、享和三年（一八〇三）の六月一六日に信州二ノ倉村から来たとされる大聖院である。二ノ倉（二倉）は長野県における中世・近世の地名で、黒姫山東麓、現在の上水内郡信濃町に位置する。なお、長野県の皇国地誌を刊行した『長野県町村誌　北信篇』の上水内郡柏原村（現信濃町の一部に相当）には「飯縄山大聖院」について、寛政一二年（一八〇〇）に更級郡より移転した「天台宗修験」で、明治七年（一八七四）に廃院となったと記されている。(41)

この年の関山権現夏季祭礼における大聖院の記述は、六月一七日の権現社への行列で仮山伏六人の前を歩いたこと、権現社殿内での不動慈救呪には大聖院の名が見えず、院主が下段の後、仮山伏と共に「石階」（現在「十六段」と称されている、拝殿手前の石段のことか）へと下りたとされること、などに留まっている（同巻八九頁）。

もっとも、先にも述べたように宝蔵院院主に常穏が就任した寛政一一年（一七九九）から享和四年（一八〇四）まで『宝蔵院日記』の記述が比較的詳しいので、そのうち大聖院の名が現れた翌年に当たる享和四年の、六月一七日の記事に注目してみよう。昼時に院主が昇宮の為に袈裟を着用したことが記された後、行列の先払、「祈り竹」を持つ両人、大麻・小麻持ち、足軽二人、先箱持ち、などと行列の説明が続く。先に引用した寛政八年と行列の順序がやや異なるが、院主の他に修験（大聖院）、仮山伏、宝海寺、社家（倉科右近）の四者が中心と考えられることは変化していない。

行列の説明の後、院主が昇宮するまでの各職分の位置などの説明があるが省略し、院主昇宮の後を引用しておく（同巻一〇七頁）。

夫より院主右之踏ヲはき昇宮ニ而禮盤脇ニ着座、何連茂座定ツ而院主登壇、御本地供御修行、初鈴より山伏共一同ニ慈救之呪を乍唱祈竹ヲを以板敷ヲうちならし直ニ右相止メ、夫より後鈴之節又初之通り同音ニ而慈救之呪を唱、院主下座礼仏、此時大聖院初メ仮山伏不残大石階の下江下り、例年之通、（後略）

「例年之通」から後は、現在の仮山伏による棒使いと火祭りに相当する。

この引用箇所には法螺貝を奏することは記されていないものの、大聖院の主な役割は、院主が登壇している際に、初鈴および後鈴の合図で仮山伏と共に不動慈救呪を唱えることであったと考えられる。

以後の年は先述のように詳しい記述がなされないが、大聖院の関山権現夏季祭礼への関与は、その後も継続されたと考えられる。夏季祭礼の記述において大聖院、あるいは先達・山伏・修験という表現が言及される年を以下に列挙するが、同日記のほぼ最後まで続くからである。

すなわち、表4にも示したように、文化四（一八〇七）、同五、同一二、同一三、同一四、同一五、文政二（一八一九）、同三、同六、同九、同一一、天保二（一八三一）、同五、同六、同七、同八、同九、同一〇、同一一、同一二、同一四、同一五、弘化四（一八四七）、同五、嘉永四（一八五一）、同六、同七、安政二（一八五五）、同三、同四、同五、同六、同七、万延二（一八六一）、文久三（一八六三）、同四、元治二（一八六五）、慶応三（一八六七）、であるが、これらの後の方（天保一二年以降）になると、倉科神主と併記されて祝儀の内容が主になっている。例えば、これらの最後に当たる慶応三年六月一七日の記事には、次のようにある（翻刻本第三巻六二七頁）。

一、高田領六拾軒社領百姓男子ら不残御料理ニ而御膳被下候定例之事、高田領問屋幷村役人神主修験御座敷ニて別献立御膳被下御酒被下候事、（後略）

以上、関山権現夏季祭礼に、一八世紀末の寛政八年（一七九六）より北信濃（飯山および二倉）の修験者が訪れていたことを見てきた。なぜ彼らが招かれたのかは、同じ祭礼に宮内村の倉科社家が幕末まで招かれていた理由と同様、今のところは不明である。とはいえ、ほぼ幕末まで、北国街道を経由して北信濃からわざわざ修験者を祭礼に呼んでいたことについて、宝蔵院と信州との親しさから想像を逞しくすることはできよう。

というのも、宝蔵院院主は清僧であり、代替わりごとに本寺である上野寛永寺から派遣されてきた。また、『宝蔵院日記』には、戸隠や善光寺からの来訪が少なからず記載されている。こうした旅で使われたのが、北国街道である。

このように、北国街道を経由しての宝蔵院と南方の地、とくに北信濃との密接な交流によって、彼地の修験との関係が生まれたのだと今のところは推察しておきたい。

5 小括

以上見てきた夏季祭礼に関わった宗教者のうち、各々が行った宗教行為について比較的詳しい情報のあった院主―導師および先達（修験）について、簡単にまとめておきたい。

まず院主については、寛政一一年（一七九九）から享和四年（一八〇四）までの詳しい記載のある時期（第一四世院主常穏の在職期）の『宝蔵院日記』において、昇段や装束替えの反復という入念な所作が詳しく記載されていた。幕末までこうした所作が続けられてきたとすれば、社僧であった宝蔵院院主が神仏分離に伴って関山宮司となったことにより、所作の細部は神道式に改変されたとしても、夏季祭礼のうちの権現社殿（現拝殿）内での祭儀の部分（上述の①）として保持され続けたのだと考えたい。

筆者はかつて、この夏季祭礼が近世と比較的似た形で伝承されてきた背景に、仮山伏が一八世紀の早い段階で在俗の若者によって担われたことをあげていた[42]。院主の幕末まで続いた入念な社殿での所作も、それと似たことがいえるかもしれない。

先達についても、寛政八年（一七九六）より祭礼の記述に登場すると考えられることを、既に二〇〇九年の旧稿で指摘していた[43]。一九世紀にはその先達の役割を、信州の本山派修験である大聖院がほぼ幕末に至るまで担っていた。既に『関山権現祭礼手文』を参照して見たように、先達の所作の一部が現在も仮山伏の上下の柱松への点火競争に際して、代官という役職に継承されている。したがって、祭礼に先達なる修験者が関与していたことは、文献以外で跡形もなく消え去ったことにはならない。

以上のように、近世の関山権現夏季祭礼における院主と先達に関する『宝蔵院日記』の記述には、この祭礼が神仏分離後にも大きく形を変えずに伝承された背景が垣間見えるのではないだろうか。

五　まとめ：小菅柱松との比較など

以上見てきた関山権現夏季祭礼における柱松行事について、前章で検討した小菅権現の柱松行事との比較を行いたい。以下、①点火前に行われる儀礼、②点火そのものの所作（柱松の意味づけを含む）、③柱松への点火に関わる神輿渡御―御旅所の有無、という三点について見ることで、前章・本章全体のまとめとしたく思う。なお、これは一種の過程分析からの比較であり、祭礼全体における修験の位置のような組織論については、柱松以外を論ずる第二部の所論も併せて本書全体の結論で再検討を行う。

第一に柱松への点火前の儀礼について。小菅では御旅所での神事が終わると、御旅所から講堂へ仲取、松子若衆と、彼らに手を携えられた松神子二人が講堂前に移動する。一行が講堂前に整列すると（第二章写真7）、松太鼓手（くねり山伏）が柱松の間を通って講堂に近づきながら、滑稽な仕草をする（第二章写真6）。松太鼓手は松石の上で持っている太鼓を叩くように見せて、はずすパフォーマンスを講堂に向かって何度も見せる。

対して現在の関山神社火祭りでは、仮山伏六人による棒使い二三演目が行われる。本章でも先に述べたように、柱松に関わる儀礼に先立って剣や長刀を使う試闘は、妙高以外にも戸隠、英彦山松会[44]（廃絶）、現在の等覚寺でも見られる（写真9）。なお、等覚寺では柱松への点火は行われず、盛一臈なる輪番で大幣を奉斎する役職が、柱松の頂上で祈願文を読んだ後、大幣を切る（写真10）。現在試行的に復活した戸隠の柱松については、本章に続く付論で概観する。

小菅の場合、量的に多いとはいえない柱松に関わる近世史料に、こうした剣や長刀による試闘が行われたことが確認できないので、もともと無かったと推定しておく。

写真 9　等覚寺松会・長刀舞（2008 年）

写真 10　等覚寺松会・幣切―祈願文を読む施主（2008 年）

第二に、柱松への点火に関わる所作と、それに伴う柱松そのものの意味づけについて。小菅の場合、松太鼓手が太鼓を叩くと、講堂前の松子若衆二人ずつ二組が、それぞれ松神子を抱え上げて上下の柱松に走り、柱松まで来ると先に柱松の上部に位置していた若衆が松神子を曳き上げる（第二章写真8）。点火は先に柱松上部に居た若衆の一人が行う。ただ、前章で近世の次第を推測させる数少ない史料で見たように、祭礼に当初から稚児である松神子が関わっていたかどうかは明らかでない。

対して関山神社火祭りの場合、先に上下の柱松に役抜・火見の仮山伏が位置しており（前掲、写真6）、太鼓橋上に代官を挟んで整列していた上下の火切の仮山伏（同、写真7）が、合図で各々の柱松に駆け、役抜・火見の仮山伏の間に駆け上がって点火を試みる。なお、近世史料で点火の詳細を記載したものが見られないことは既述の通りであるが、以上が明治以降に始まったやり方ではないと推定しておく。

つまり、小菅柱松では予め柱松上部に位置していた若衆が点火を試みるのに対し、関山神社の柱松では柱松に駆け上がる仮山伏が、点火をも行うという違いがある。なお、小菅の場合、若衆といってもやや年輩の三、四〇代くらいの人も含まれていたのに対し、関山神社の仮山伏は独身の若者に限るとされている。

このような点火の所作と点火担当者の違いに加え、両者の柱松の大きさや形状も全く異なっている。小菅の巨大な柱松に対して（第二章写真4）、妙高のそれは梯子の最上段が成人男性の肩ていどである（前掲、写真1）。また、祭礼の参列者からの意味づけも異なる。小菅柱松は倒された後、縁起物として参列者が奪い合うが、関山神社の柱松は倒された後で大勢の若者が上に乗って松引きとなる。その際、その一部が参列者に縁起物とは考えられていない。

第三に、以上見た点火に先立つ神輿渡御と御旅所の有無に関して。小菅柱松では、現行の次第で一五時からの柱松行列（護摩堂を出て御旅所へ）に先だって、一三時から神輿行列（里宮から御旅所へ）が行われていた。御旅所での神事は、後者の行列が御旅所に到達した後に行われ（第二章写真5）、御旅所の外に控えていた柱松行列の参加者が修祓などを受ける。この御旅所の位置で注目されるのは、二本の柱松を仰ぎ見る位置に常設されていることである（第二章図1）。

現在行われている修験道系と考えられる柱松の一つである等覚寺松会においても、祭礼は御旅所への神輿渡御に始まる。等覚寺の柱松は巨大な一本のみであるが、御旅所は前掲した写真9の背景に見えるもので、御旅所には神輿の他に大幣も飾られている。写真で向かって左手前に柱松が位置しているので、小菅神社の御旅所と似て柱松を仰ぎ見るロケーションである。

対して、関山神社、近世の関山権現では、神輿は一八日（関山権現の本地である観音菩薩の縁日）の祭礼に渡御され、柱松への点火が行われる一七日の祭礼には全く関わっていなかった。現在では仮山伏の棒使い演舞の際、棒使いが見えるようにと十六段の石段上まで神輿が曳き出されるが、これは近年始まったとのことである。

なお、このように関山神社の柱松に関する儀礼に神輿も御旅所も全く関わらず、関山神社境内に御旅所も存在しないが、社殿（旧権現社）と柱松の位置関係は、復活した戸隠柱松と類似性が見られると筆者は考えている。(45) この問題については、続く付論であらためて考察することにしたい。

注

（1）妙高市教育委員会（編）『関山神社の仏像』妙高市、二〇一〇年。

（2）小島正巳・時枝務「関山神社経塚の基礎的研究」、『妙高火山研究所年報』第一〇号、二〇〇二年。

（3）平野団三「石仏」、『頸南』新潟県教育委員会、一九六六年。注1前掲も参照。

（4）大場厚順「妙高山信仰と石造遺物・文化財」、五来重編『修験道の美術・芸能・文学（Ⅰ）』名著出版、一九八〇年。

（5）小柳義男「妙高山の山岳信仰」、『山岳信仰と考古学』同成社、二〇〇三年。なお、妙高山のとくに山頂付近での宗教活動が一四世紀に始まるという小柳の議論には疑念も感ずるが、次の論考でもそれを是認した形で、「妙高山信仰」の第二段階としてこの時期が位置づけられている。時枝務「妙高山信仰の諸段階」、『山岳修験』第四四号、二〇〇九年、四九—五二頁。

(6) 湯之上隆『日本中世の政治権力と仏教』思文閣出版、二〇〇一年。
(7) 『新潟県の地名』(平凡社、一九八六年)、『妙高村史』(同村、一九九四年)、などによる。
(8) 『訂正越後頸城郡誌稿』下巻、豊島書房、一九六九年。
(9) 次の小稿で筆者は、『義経記』『善光寺紀行』『廻国雑記』の描写に見られる、日本海沿岸を旅する修験者について考察した。由谷裕哉「室町時代における日本海沿岸の旅と修験霊山との関わり」、『宗教と社会』第二三号、二〇一七年。
(10) 矢田俊文「文書・日記が語る北陸」、『中・近世の北陸』桂書房、一九九七年。
(11) 『新潟県史』資料編三(中世一)、新潟県、一九八二年、『新潟県史』資料編四(中世二)、同県、一九八三年、参照。
(12) 『戸隠信仰の歴史』戸隠神社、一九九七年、六五頁参照。
(13) 鈴木昭英「関山権現の祭礼と妙高山参り」、『山岳修験』第四四号、二〇〇九年。
(14) 小柳義男「妙高山の山岳信仰」(注5前掲)、二四八―二五一頁。
(15) 時枝務「妙高山信仰の諸段階」(注5前掲)、五三―五五頁。
(16) 小島正巳『妙高高原赤倉温泉』赤倉温泉組合、二〇〇八年。
(17) 小島正巳「妙高山岳域における妙高山信仰遺跡」、『山岳修験』第四四号、二〇〇九年。
(18) 辻善之助『日本仏教史之研究』金港堂書籍、一九一九年。
(19) 『関山神社の仏像』(注1前掲)。
(20) 寺院本末帳研究会(編)『江戸幕府寺院本末帳集成』上巻、雄山閣出版、一九九九年、九〇九頁。
(21) 由谷裕哉『白山・立山の宗教文化』岩田書院、二〇〇八年。
(22) 妙高村史編さん委員会(編)『妙高村史』妙高村、一九九四年、四〇二頁。

(23)『関山神社火祭り調査報告書』仮山伏保存会・妙高市教育委員会、二〇〇六年。
(24)注23前掲報告書、一五―二四頁。
(25)妙高村文化財調査審議会(編)『村の文化財』妙高村教育委員会、一九七九年、二八二―二八六頁。「関山神社棒遣い免許相伝秘書」が写真入りで紹介され、相伝した師匠格の人は修験者ではなく、「宝蔵院所属の武道師範格の人物のように思われる」(二八二頁)などとある。
(26)原田和彦「失われた柴灯神事」、笹本正治(監修)『奥信濃飯山発　火祭り―火祭り文化考―』ほおずき書籍、二〇〇二年、参照。
(27)等覚寺の松会保存会(編)『等覚寺の松会』同会、一九七七年、苅田町教育委員会(編)『等覚寺の松会』苅田町・苅田町教育委員会、一九九三年。
(28)『村の文化財』(注25前掲)、二九〇―二九一頁。
(29)『頸南』新潟県教育委員会、一九六六年。
(30)「『宝蔵院日記』にみる越後関山「火祭」史料」、『史苑』第一二〇号、一九七七年。
(31)『妙高山雲上寺宝蔵院日記』全三巻(妙高市)がそれぞれ扱う時期と各巻の刊行年は、以下の通りである。第一巻(二〇〇八年刊)が正徳二年(一七一二)から寛政一〇年(一七九八)、第二巻(二〇〇九年刊)が寛政一一年(一七九九)から天保三年(一八三二)、第三巻(二〇一一年刊)が天保九年(一八三八)から慶応四年(一八六八)である。
(32)例えば天保五年(一八三四)六月一八日や翌六年六月一七日の記事で、院主のことを「旦那」「旦那様」と形容していることが、その傍証となるであろう。
(33)井上鋭夫『一向一揆の研究』吉川弘文館、一九六八年、三三一―三七頁参照。筆者は、井上とは別の史料に基づいてこの経緯について位置づけたことがあった。由谷裕哉「磯部六ヶ寺の伝承：北信・上越の浄土真宗寺院グループを巡って」、『北陸宗教文化』第二〇号、二〇〇八年。

(34) 『村の文化財』(注25前掲)、四九頁。なお、『妙高村史』(注22前掲)、八一三―八一四頁もほぼ同文。両方とも執筆者は平野団三。

(35) 由谷裕哉「一八世紀における宝蔵院祭礼に関わった宗教者について」、『山岳修験』第四四号、二〇〇九年、七九―八一頁。

(36) 由谷「磯部六ヶ寺の伝承」(注33前掲)、一一四―一一六頁。

(37) 由谷「一八世紀における宝蔵院祭礼に関わった宗教者について」(注35前掲)、九〇―九二頁。

(38) 『神葬祭出入始末一件』は、『上越市史別編三　寺社資料一』(上越市、二〇〇一年)に翻刻が掲載されている文書である。明和八年に関しては一〇月(六五三頁)、一一月一七日(六五五頁)、月日無記載(六五八頁)、一一月二九日(六五九頁)、一二月一七日(六六〇頁)の文書に、連署者もしくは宛名として「倉科土佐」が載っている。

(39) 前掲『上越市史別編三　寺社資料一』七一〇―七一一頁。

(40) 五来重(編)『修験道史料集[I]』名著出版、一九八三年、四九二―四九三頁。

(41) 『長野県町村誌　北信篇』(栗岩英二校訂)、長野県、一九三六年、五二五頁。

(42) 由谷裕哉「妙高山と関山権現」、『宝蔵院日記の風景』妙高市教育委員会、二〇一〇年、三八―四〇頁。

(43) 由谷「一八世紀における宝蔵院祭礼に関わった宗教者について」(注35前掲)。

(44) 村上龍生『英彦山修験道絵巻』かもがわ出版、一九九五年、三〇―三三頁。

(45) 由谷裕哉「修験道系柱松行事の行われる場」、『宗教研究』第八六―四号、二〇一三年。

付論　復活した戸隠神社の柱松神事

一　問題の所在

この付論では、二〇〇三年に試行的に復活した戸隠神社（長野市）の柱松神事を考察事例として取り上げ、そのうち祭場に注目することで、近世戸隠における柱松行事の再定位を目指すものである。独立した章としなかったのは、後述するように三年ごとに行われている当該神事の細部に揺れが見られること、また復活に際して小菅神社および関山神社の柱松を参考にしたとのことで、近世における戸隠柱松の再現とは思えない箇所が含まれているからである。

ともあれ、戸隠の柱松は、奥書に長禄二年（一四五八）の記銘がある『戸隠山顕光寺流記』[1]に、「夏末又云柱松、焼尽煩悩業苦並顕一夏行徳威験、是従中院初、従因至果心也」とあるので、中世に源流が遡ると考えられる。引用箇所は、中院（現戸隠中社）で夏末に柱松を行い、その後奥院（現戸隠奥社）方向への何らかの行事を始める意味ではないかと思われる。

近世にも継承され、戸隠一山で最も重要な祭礼と考えられていたらしい。近世期にこの柱松に関しては、成立年代不明の『三所大権現祭礼之次第』[2]、地誌で宝暦三年（一七五三）に佐久間郡の農民瀧下敬忠が著した『千曲之真砂』[3]、菅江真澄が天明四年（一七八四）に著述した『来目路の橋』[4]、嘉永二年（一八四九）の紀行的な地誌である『善光寺道名所図会』[5]などに、三本立てる柱松の形状やこの七月の祭礼に関する意味づけが記されている。

これらの記述を考慮すると、江戸時代末期に廃絶したとされる近世の戸隠三所権現の柱松も、本書でいう修験道系柱松の一例と考えられる。というのは、近世戸隠権現領内における修験の存在には不分明の部分が多いものの、(6)年代不明の山内文書の一つ「戸隠法流之事」に戸隠山伏の「三峯修行」の一として、「七月会、柱松　従因至果　秋峯」(7)と位置づけるものが存在するからである。この「七月会」については、その他の史料においても近世戸隠権現の重要な祭礼と位置づけられている。(8)

以上を踏まえて本論ではまず、第二節で戸隠柱松復興の経緯、および筆者が拝見した二〇一二年七月二八日および二〇一五年五月一〇日(9)の祭礼次第を、主に二〇一二年度の執行によって概観する。第三節では復興された次第に関して、複数の文献から遡及しうる近世戸隠の柱松と対照しての違和感を列挙する。最後に第四節で、そのような違和感を有しつつも、とくに柱松行事を巡る祭場の点で、復活した神事が近世戸隠における柱松行事に近づくための意義が大きかったことを導きたいと思う。さらに、近世戸隠と妙高の柱松行事の類似性についても考えてみたい。

二　戸隠柱松復興の経緯と復興された神事の次第

この柱松神事が復興したのは二〇〇三年とのことで、その年の戸隠神社式年大祭に併せたものだったとされる。それ以降、三年ごとに行われている。神社側の出版物などにこの時点で復活した背景について明確に語られてはいないが、近世まで一山の中心的な祭礼であったとされるこの神事を復活させることで、「参拝者をはじめ大勢の方々に戸隠の歴史の奥深さにふれていただき」たい（二〇一二年発行の案内チラシ『柱松神事』より）、という趣旨であろう。

筆者はこの復活初回の二年後、二〇〇五年夏に妙高市教育委員会の依頼で同市内の関山神社火祭りに関する調査報告書[10]を作る過程で戸隠中社にお邪魔した際、第一回（二〇〇三年）の写真を見せて頂き、それをデジタルカメラで撮影した。それには忍者ショー的な演目[11]も含まれていた。続く第二・三回も拝見できなかったが、第三回については戸隠神社発行の『戸隠神社柱松神事』（二〇〇九年第二刷）という小冊子に、二〇〇九年度の次第および写真が掲載されている。以下の議論では、この初回および第三回に関する写真を適宜参照することにしたい。

　続いて、筆者が拝見した第四回（二〇一二年）および第五回（二〇一五年）の次第について、主に二〇一二年のものに基づいて概観する。

　まず、三本の柱松は中社バス停そばの「広庭」に立てられていた（写真1）。二〇〇三年の復活第一回から二〇〇九年の第三回までは『善光寺道名所図会』を模したと考えられる背の低いものだったが、今回は真田宝物館蔵の『戸隠祭礼絵巻』[12]をも参考にしたのか、背の低さと形態は同じであるものの、上側にこんもりと緑の部分が付加されていた。このように復活に当たって複数の近世史料をミックスするという姿勢は、他の部分にも見られた。なお、二〇一五年の第五回も、三本の柱松の形状は同じであった。

　先にも言及した二〇一二年度の案内チラシに示されている祭礼の次第は、以下のような六つのプログラムからなっていたので、仮に番号を付けて列記したい。実際の執行と時間的にかなりずれがあったので、以下に丸括弧で実際の執行時間も付すことにする。（：）の後に、それぞれのプログラムの概略を示す。

①一三時（実際は一二時三〇頃から）　**入峰安全祈願祭・柱松特別祈禱祭**：中社拝殿内での神事のこと。『三所大権現祭礼之次第』[13]など近世の次第に出る「法華三昧法会」に相当すると意味づけられている。拝殿内での祭儀と並行して、バス停前の「広庭」に近い五斎神社拝殿で、太鼓や神楽（獅子舞）の奉納が合計一時間ほど行われていた。

②一四時三〇分（実際は一三時四〇分頃から）　**行列召し立て**：中社拝殿前に諸役が整列し、点呼があった後、古式ゆかしく中社バス停そばの「広庭」に行列が下りてくる。

③時間記載なし（実際は一四時一〇分頃）　**入峰儀式　修祓・錫杖・大祓詞奏上・注連切り**：個々の所作は、「修祓」以降の上記プログラム通り。注連切りを行う役は「大先達」と呼ばれており、それが終わった後、「松山伏」という役の若者三人が中社方向へ石段を駆け上がろうとする。その際、鳥居近くの参道両脇に控えている天狗面をかぶった二人が、妨害の所作をする。なお、「松山伏」は『三所大権現祭礼之次第』に柱松への点火に関わる役で、「小僧」が勤めると付記されている。

写真 1　中社バス停前広場に立てられた 3 本の柱松（2012 年）

写真 2　三剣の舞（2012 年）

写真 3　柱松への点火（2015 年）

④同上（実際は一四時四〇分頃）**験比べ：三剣の舞・禊ぎの舞**：チラシではこのような順序になっていたが、実際には「禊ぎの舞」と称される湯立が先で、三剣の舞（写真2）が後で舞われた。祭場は、鳥居の内側、広庭より石段三段ほど高い広場であった。なお、湯立は二〇一五年度には行われなかった。

⑤同上（実際は一五時過ぎ）**御焚き上げ**：三人の松山伏が中社から下りてきて、まず柱松の頂上に幣帛を付け、その後で各々の柱松の最下部に点火を試みる（写真3）。三本とも点火された後は、祈願者による「柱松特別祈願串」を火の中に投げ入れ、山伏装束の者たちが火の回りを巡りながら供養する。

⑥同上（実際は一五時三〇分頃）**直会舞（巫女舞）**：祭場は④と同じ。

以上であるが、第三回の二〇〇九年の次第を記録した冊子『戸隠神社柱松神事』（第二刷）では、当年度の③「入峰儀式」と④「験比べ」を一緒にして第三プログラムとし、第四を「火祭り」と呼称する、計五プログラムとなっていた。なお、この年度の「験比べ」は「三剣の舞」に加えて「身滌の舞」とされており、二〇一二年と同じ演目である「三剣の舞」の衣装も、かなり異なっていた。

この冊子、および筆者が神社および祭礼関係者から直接うかがった情報によれば、このように五ないし六段階として柱松神事が再構成されるに当たって、真田宝物館所蔵で年代不明の『戸隠祭礼絵巻』、山内文書でやはり年代不明の『三所大権現祭礼之次第』、天保一四年（一八四三）刊の『善光寺道名所図会』などを参考にしたとのことである。そこで、『戸隠祭礼絵巻』の全五景のうち、柱松に関連する三景（第三景から第五景）に対応する残り二史料の言説を表に要約してみた（表1）。この表に見られるように、とくに第五景に関しては、三者三様であろう。

ともあれ、上記六プログラムのうち、①が第三景、④の後半の三剣の舞が第四景、⑤が第五景に相当することにな

表1　『戸隠祭礼絵巻』第3景から第5景と、それに対応する2史料

戸隠祭礼絵巻	三所大権現祭礼之次第	善光寺道名所図会(1843)
第3景(権現社殿内での仏事；外陣の板の間、絵では左手前側に、長刀を構えた者が10人ほど)	大衆・社家・別当が出勤し、法華三昧会を催す。祭礼に供奉する宗教者を列挙。法華三昧、心経の後、“三洛刃ニテ三段アリ”と記。終わって堂を出る	三谷(宝光院・中院・奥院)の坊中が参集して読経する
第4景(大鳥居外側に2人、内側に4人が、長刀での試闘)	(とくに記載はなし)	火祭りの前に、長刀での試闘を行う。惟茂将軍の鬼神退治の古例によるという
第5景(点火される3本の柱松；観客の姿のみで、点火者は描かれていない)	幣帛持ちが遅速を争って、宝前の柱松に幣束を立てる。衆僧大先達以下の行列参列者を列挙。大先達が桟敷の前に松山伏3人を召し連れ、それから3人が遅速を争って柱松へ馳せ登り、火を付ける。点火後、供奉の人が柱松の回りを3回澆道	3人に幣を渡し、遅速を競って神前に走り、神前に弊を並べる。先達の唱え事が終わると、また先の3人に(幣を)渡し、直接柱松に近づいて投げ上げるのを(上にいる人が、か？)受け取る。その幣を柱松に立てて、火を打って焼く。その焼け方で吉凶を占う

るだろう。加えて、②の行列が中社から石段を下りてくる場面は『戸隠祭礼絵巻』に描かれていないものの、『三所大権現祭礼之次第』には「祭礼供奉次第」として行列に参加する諸役が列挙されており、復興に当たってそれを再現したものと考えられる。また同次第には、柱松への点火が終わった後、神楽殿にて巫女舞をするとあるので、⑥も祭場は異なるものの、その再現と考えられる。

しかしながら、③入峰儀式と④験比べ(とくに湯立て)は上記三史料には全く言及されていない。その点が復活した祭礼を拝見しての違和感と繋がるので、この問題については改めて次節で議論したいと思う。

三　復活した柱松神事に対する違和感

これについては、細かな所作に対する違和感と、祭礼構成に関わる根本的な違和感とがあった。順に見てゆきたい。

前者の所作について筆者が感じたのは主に三点あるが、うち二点は、復活に当たってスタッフが妙高および小菅神社(長野県飯山市)の柱松行事を見学した知見が復活に生かされていると主張

される(上記冊子など)ことが遠因と思われる。

第一に、先に③とした「入峰儀式」の最初に、「大先達」役によって広庭に立てられた三本の柱松の間に掛けられていた注連が切られること。これは初回の写真にも冊子の第三回写真にも記録されていたので、復活した戸隠柱松に際して一貫して行われてきた所作であろう。

この所作は、小菅神社柱松柴燈神事の行われる前夜、「献燈祭」という夜祭りで天狗による注連切りがあることに影響されていると思われる。「献燈祭」は、小菅の柱松が経済的な理由から三年に一度の執行になっても毎年行われているように、本来は柱松と無関係の祭事と考えられ、そこでの注連切りは修験道系柱松と不可分に結びついている儀礼的所作とは考えられない(第二章参照)。

第二に、前節でも③の説明の最後に少しだけ描写したが、三人の「松山伏」が中社方向の石段を駆け上がろうとする時(これで入峰を表す、と会場でも神社役員による説明がアナウンスされた)、石段手前の参道両側から天狗面をかぶった二人が面白おかしい仕草をして妨害しようとすること。ここの所作は、天狗役の二人とも慣れない感じでやっており、二〇一五年度はさほど目立たなくなっていたが、小菅の柴燈神事で柱松への点火直前、「くねり山伏」という天狗面をつけた役が滑稽な仕草をしながら点火の合図を行うのを真似たものと思われる。

以上二点は、『戸隠祭礼絵巻』や『三所大権現祭礼之次第』に記載されていない所作を、小菅柱松を参照して新たに創作した例と考えられるが、違和感の第三として、「松山伏」の柱松への点火に関わる所作をあげておきたい。写真3のように三人の「松山伏」が柱松の最下部に点火を試みており、これは初回から一貫してそうであった。

前掲表1のように点火に関する近世史料の記述はまちまちであるが、復活に当たって最も重視されたという『三所大権現祭礼之次第』には「夫ヨリ三人ニテ遅速ヲ争ヒ柱松馳登リ幣帛へ火ヲ打付」とあるので、これに忠実であろうとするなら、「松山伏」役が各々の柱松頂上に何らかの形で登り、火打ち石で頂上に刺された幣束に対して点火の遅速を競う必要があるだろう。これが不可能な理由は、前述のように柱松の形態を『善光寺道名所図会』および『戸隠祭礼図巻』に基づいて作製したため、「松山伏」が上に登るための強固な梯子ないし足場のようなもの(妙高および小菅にはある)を、付けていないためと思われる。

以上三点が所作に関わる違和感であったが、上述のように復活に当たって再構成された演目のうち、③および④の一部は近世史料に全く言及されていない。このことに起因する違和感として、さらに二つをあげることができよう。

第四に、③のように修験者の入峰を「松山伏」役三人の石段駆け上がりで象徴的に示すとしている点。この部分が『三所大権現祭礼之次第』など近世史料に出ていないことは前述の通りであるが、妙高・小菅や福岡県京都郡苅田町白山多賀神社の等覚寺松会でも、拝殿での神事の後にこのような儀礼的所作は行われていない。

おそらく、主催者側としては「松山伏」役の三人による柱松への点火を修験者が出峰しての験力の誇示、と意味づけたいために、入峰―出峰を儀礼的に表現したかったのであろう。とはいえ、先に第一・第二の違和感として指摘したように、③のパートに含まれる儀礼要素には奇妙なものが少なくない。そもそも、本論冒頭で見たように近世の戸隠権現領内に正規の修験者が存在したかどうか不明であり、戸隠で近世に四季入峰スタイルの峰入り修行が行われたかどうかすら明らかでないのである。

第五に、④で「松山伏」役が峰入り修行をしている想定の時間内に、「験比べ」が行われること。なぜ山伏の峰入り修行中に「験比べ」を行うのか。冊子『戸隠神社柱松神事』(第二刷)には、「修験者(松山伏)たちが入峰・霊山修行を終えて山を降りてくるまでの間、先輩修験者たちが修行の成果と霊験を競います」とこのパートを説明しているが、かなり苦しいと思われる。

同冊子では『戸隠祭礼絵巻』の第四景、鳥居の周辺での長刀による試闘の図に対しても、「験比べ　修験者たちが入峰修行の成果と霊験を競う」云々とキャプションがあるので、主催者側に柱松行事に伴う芸能的演舞に関する根本的な誤解があったのではないかと考えられる。というのは、妙高および等覚寺松会でも長刀や剣による試闘が行われるが（第三章写真4・5・9）、両事例とも験競べ（修験道研究史上は、この書き方が普通）という意味づけは全くなく、修験道系柱松に伴う芸能群の一つとして柱松に関わる儀礼の直前に執行されているからである。

ただ、このように「験比べ」という主催者側の意味づけには疑問が多々あるものの、①（拝殿内での神事）および②（中社から広庭への行列）の後、かなり時間が経ってからではあるが④（験比べ）の一つとして、『戸隠祭礼絵巻』の第四景に相当すると思われる「三剣の舞」を初回から一貫して行っていることは、近世の戸隠柱松に近づくために意義深いことであるとは思われる。

四　柱松行事に関わる祭場に関して注目すべき点

さて、筆者はかねてから、近世戸隠の柱松は次のような三段階からなると位置づけてきた[14]。

(1)僧によると推察される、権現社殿内での仏事（法華三昧・心経など）。
(2)院坊の弟子によるとされる、長刀による演舞もしくは試闘。
(3)衆徒（『三所大権現祭礼之次第』によれば「松山伏」）による、三つの柱松への点火競争。

上記のように、(1)が二〇一二および二〇一五年度の①、(2)が当該年度④における「三剣の舞」、(3)が⑤に相当することになる。

ただ、復興した①は神事となっていて法華三昧などの再現はかなわなかったし、④のうち「三剣の舞」も初回の二〇〇三年から一貫して行われているものの、戸隠神社太々神楽に伝えられている舞であるとのことで（上記冊子および上演時の神社役員によるアナウンス）、『戸隠祭礼絵巻』の第四景とは長刀様の武具を振り回すという程度の類似性しかない。そもそも、同図巻の第四景は前節で違和感の第五として検討したように、神社側が位置づけるような「験比べ」とは異なると考えられる。さらに、(3)に相当する二〇一二・一五年度⑤の点火にも所作のうえで問題が残ることを、前節で違和感の第三として指摘済みである。

それでは、この復興した柱松神事には、近世戸隠の柱松に接近するための重要な情報が存在しないのだろうか。それに対してはとりあえず、この三段階に対応する儀礼の行われた祭場が啓発的だったのではないか、と回答しておきたい。

すなわち、復活された祭礼において上記三段階の執行される場所は、それぞれ戸隠中社拝殿（①）―広庭から石段で三段ほど上の、鳥居から拝殿よりのスペース（④）―中社バス停そばの広庭（⑤）であり、標高の高い方から低い方へ、拝殿の中から遠方へ、という三祭場に相当する。これらの祭場が近世戸隠中院における柱松行事の実態を反映していると仮定すれば、こうした祭場の移動が妙高関山の柱松行事と全く一致することに注目したい。

というのは、戸隠の場合、妙高関山に見られた別当寺院から権現社殿までの行列が史料の上でも復興した祭礼にも見られないが、それ以外の次第は、神輿渡御がないことを含めて類似していることを筆者はかねてから指摘していた（注10前掲および14）。第三章で述べたように、近世における妙高山関山権現の祭礼はおよそ以下の四段階から構成されていたからである。

(a)別当宝蔵院から権現社への行列。

(b)権現社内での仏事(本地供など)と神事(神楽)。

(c)仮山伏の棒使い。

(d)仮山伏による二本の柱松への点火競争。

見られるように、(a)以外が近世戸隠の柱松行事とほぼ対応する。妙高における祭場は、(b)が権現社殿、現在の拝殿であり、(c)は拝殿正面の石段を下りた、「十六段下」と称される広場、(d)はさらに手前・麓側にある池を「太鼓橋」で渡った手前の左右に柱松を立ててある場所で、鳥居のすぐ近くである。ただし、復活した戸隠柱松のように大鳥居の外側ではなく、内側である。

以上、大鳥居との位置関係および柱松の本数には若干の違いがあるものの、標高の高い方から低い方へ、拝殿(もとの権現社)の中から遠方へ、とまとめるなら、戸隠・妙高の柱松行事における祭場の位置関係はほぼ一致する。

以上のように、復興した戸隠の柱松神事を今回拝見し、柱松行事に関わる祭場の位置関係に限定する限り、妙高関山の柱松行事ときわめて近似していることが明らかとなった。

もっとも、祭場が類似しているとはいえ、祭日は近世関山権現の柱松が六月一七日、戸隠中院のそれは七月八日(史料によっては七日、一〇日とも)[15]と、かなり隔たりがある。このような隔たりは、修験道系柱松行事を入出峰の験競べと意味づける五来重の説[16]を想起すれば、妙高・戸隠両山とも近世に峰入りが行われなかったか、あるいは柱松行事が元々それと無関係であったことに起因するのではないかと考えられる。第三章で見たように妙高山においては、少なくとも宝蔵院に関係する修験者が夏季に入峰していたとは考えがたい。関山権現の夏季祭礼が六月一八日に終わると、二三日から一般の登拝者向けの山開きだったからである。

これらの点は、近世における戸隠柱松だけに留まらず、これまで修験者の入出峰と関連づけて解釈されがちであった修験道系柱松一般を再考するうえでも、重要な検討課題となるのではないだろうか。[17]

そのことに加えて、第三章の末尾で小菅および等覚寺の柱松において、柱松に関わる儀礼群に先立って神輿渡御があり、柱松近くに設置された御旅所への神輿渡御が執行されることを確認しておいた。つまり、柱松は御旅所に一時的に置かれた神輿から、仰ぎ見られる位置にあることになる。[18]

それに対して、戸隠中院および妙高で三本ないし二本立てられる柱松は、権現社の正面に位置し、先述の考察のように権現社からかなり標高が下の位置に、離れた方向にある。ということは、小菅および等覚寺の柱松と正反対に、戸隠および妙高の柱松は権現社から見下ろされる地点に立てられることになる。

このような権現社ないし神輿と柱松との高低差に宗教的な意味があるのかどうか、筆者にはよく分からない。とはいえ、修験道系の柱松は、その前に必ず芸能的な所作が含まれることも併せて、権現（神輿に移された場合を含む）にお見せする神事芸能なのではないか、という仮説をここでは提示しておきたい。

注

（1）『戸隠山顕光寺流記』には複数の翻刻本がある。例えば、『新編信濃史料叢書』第四巻、信濃史料刊行会、一九七一年、『神道大系神社編　美濃・飛驒・信濃國』神道大系編纂会、一九八三年など。なお、同テキスト現存本の末尾には慶長一一年（一六〇六）書写の記があるので、全文にわたって一五世紀半ば頃までに著されたものかどうかには慎重であるべきだろう。

（2）『戸隠　総合学術調査報告書』（信濃毎日新聞社、一九七一年）の二八四―二八五頁に、「七月八日中院祭礼次第」の一部が翻刻されている。

（3）翻刻は、『新編信濃史料叢書』第九巻、一九七四年、に収録。

（4）柳田國男（校訂）『来目路の橋』（影印版）、真澄遊覧記刊行会、一九二九年。

（5）翻刻は、『新編信濃史料叢書』第二一巻、信濃史料刊行会、一九七八年、に収録。

（6）寛永十年（一六三三）に下された越後・信濃両国天台宗法度条々により、戸隠山顕光寺は東叡山寛永寺の直末となり、灌頂の重要性や破戒を断ずる旨の指示がされたため、五三坊（のち三六院）と称された山内衆徒は、少なくとも表向きには妻帯の修験ではありえなくなったことによる。一方で天明六年（一七八六）前後の成立とされる『信濃国天台宗寺院名前帳』所収の「水内郡戸隠山顕光寺」の内には、「修験二拾六軒」とあるので、権現領内に修験が全く存在しなかったかどうかは検討の余地が残る。というのも近年の研究で、戸隠三院の衆徒（清僧）には妻帯の山伏を弟子とする者がおり、そうした山伏は北信濃農村部の里修験だったとされるからである（井原今朝男「戸隠・飯綱の修験—戸隠修験は何処を目指したか—」、『戸隠信仰の諸相』戸隠神社、二〇一五年、一三二—一三五頁）。同論では、これらの「戸隠派」山伏は中世に戸隠で行われた春峯・秋峯などの修行を免除され、在俗の登拝者の参詣を案内する山先達であったと説明している。しかし、そうした里修験がもし本山派に所属していたとしたら、大峰修行が必須であったのではないかと思われ、今後の検討が必要であろう。

（7）戸隠村宮沢家文書五五五号。『戸隠　総合学術調査報告書』（注2前掲）の二七四頁より孫引き。「三峯修行」の残り二者は、それぞれ四月会（花会）および五月会（柴燈）とされている。なお、柱松に関する「従因至果」の意味づけは、本文で前述の『戸隠山顕光寺流記』にも出る。

（8）例えば、本文で前述の『千曲之真砂』や菅江真澄の『来目路の橋』には、七月における戸隠三所権現の祭礼について比較的詳しい描写があるが、「七月会」という形容や年中行事の中での位置づけはない。近年の次の文献に、「七月会」

が戸隠一山の「二季の祭礼」と呼ばれる重要な祭礼の一つであったという記述がある。『戸隠信仰の歴史』戸隠神社、一九九七年、九四頁。

(9) この年は、戸隠神社の式年大祭と併せて五月に行われた。

(10) 『関山神社火祭り調査報告書』妙高市教育委員会、二〇〇六年。

(11) 本文で後述する「験比べ」二演目の一つとして、「三剣の舞」と共に「戸隠忍法演舞」が行われた。

(12) 『戸隠祭礼絵巻』はおそらく刊本がないが、次の文献に掲載されている写真頁と解説が参考になる。原田和彦「失われた柴灯神事」、笹本正治（監修）『火祭り』ほおずき書籍、二〇〇二年、六八頁。

(13) 二〇〇三年の柱松神事復活に当たって、最も重視された史料と位置づけられている。神社役員でもある二澤久昭氏（国立長野高専名誉教授）の『資料による戸隠柱松の歴史』（私家版）によれば、寛永寺に差し上げた祭礼の次第で、所蔵されていた本坊の火災により原本が失われたが、筆写本が神社役員の越志家に所蔵されていたとのことである。なお、本文での同史料の引用は、この私家版に翻刻されたものに基づく。和歌森太郎「戸隠の修験道」（『戸隠』注2前掲所収）は「中院衆徒扣」の史料として参照しており、戸隠村宮沢家文書三〇九号とされている。

(14) 由谷裕哉「修験道系柱松における神仏関係：戸隠・妙高・小菅山の比較」、『神道宗教』第二〇一号、二〇〇六年。

(15) 『三所大権現祭礼之次第』および『善光寺道名所図会』には戸隠中院の祭礼は七月八日とあり、『千曲之真砂』は七月一〇日としている。菅江真澄が『来目路の橋』の旅で中院を訪れたのは七月二七日であったが、聞き取りから「文月七日の神事」であり、田の実の豊凶を占う祭りだと記している。

(16) 五来重『続仏教と民俗』角川書店、一九七九年、『修験道入門』角川書店、一九八〇年、『宗教歳時記』角川書店、一九八二年、『山の宗教―修験道入門』角川書店、一九九一年、など参照。例えば『宗教歳時記』には、旧暦六月一五日

は夏峰入りの出峰に当たるので、この祭日の柱松は夏峰入り出峰の験競べだという位置づけがある。五来重の柱松論については、先に第一章でも議論した。

(17) 五来重のような峰中修行による験力の獲得といった考えとは全く異なる視点から、柱松を含む彦山の松会を修験者の入峰と結びつけて捉える、次の論考は啓発的かもしれない。山口正博「『松会の成立』へ」、『宗教研究』第三六二号、二〇〇九年。

(18) したがって、権現社の神霊(権現)が柱松の近くに御旅しているこの両柱松に関する限り、神が高い柱を目印に降臨するという解釈は成り立たないのである。境内に御旅所のない関山神社の場合も、一七日(現在は第三土曜日)の最初に行われる社務所から拝殿への行列の最後に、拝殿脇で神迎えをしているので、拝殿から離れた地点に予め立てられている二本の柱松は、神霊の降臨とは無関係である。

第二部　近世修験の諸相

——里修験・修正延年・里山——

第一章　岩手県宮古市の里修験
―津軽石・長沢地区に焦点を当てて―

一　問題の所在

本章は、岩手県宮古市の津軽石《つがるいし》・長沢という二つの地区に近世に存在していた里修験を考究する。里修験の事例を扱うのは、本書全体でこの章のみである。なお、里山伏・定着修験・在地修験などではなく、里修験という用語を選択することの理由は、現在最も一般に流布している用語だからである。

本章の構成は、続く第二節で、宮古市というフィールド、および里修験の活動場所となった津軽石・長沢という事例を位置づける。第三節で、主に先行研究に依拠しつつ、里修験が成立するまでの前史を概観する。その際、先行研究で重視されてきた黒森山を巡る宗教環境、および津軽石・長沢において重要性の高いと考えられる曹洞宗と小祠に、それぞれ注目する。

第四節以降がいわば本論となり、第四節で津軽石の羽黒派慈眼院について、第五節で長沢の本山派泉明院について、それぞれを継承されたお宅に遺された文書により、分析を行う。

第六節で以上の考究を纏めたい。

二　フィールドと事例の位置づけ

本節では、本章のフィールドとなる岩手県宮古市、およびその中で事例となる里修験が立地し、かつて活動した場所ともなった、津軽石および長沢について概観する。なお、概観を行う前に、宮古市というフィールドが里修験の研究において独自性があるのか、考察に値するフィールドなのか、から議論を始めたい。

1　フィールドの独自性

フィールドとしての宮古の範囲は、後述する近代以降の市町村合併により少しずつ変わっているものの、ある先行研究によれば、そこにおける修験の数は「近世末の最盛期に四十四院を数える」[1]、とされる。この数が多いのか少ないのか、はたまた当地の修験の活動に独自性があるのか、は本章全体の結びにおいて考察することにしたい。そのことより、むしろ当フィールドの独自性は、他地域の里修験・修験道一般と比べて先行研究、とくに近年の研究がきわめて多いことをあげることができよう。

例えば、修験道プロパーの研究ではないが、当地の生業と深く関わる近世漁村に関して、岩本由輝の詳細な研究が一九七〇年代初頭になされた[2]。修験道に関しては南部藩全体を対象とした考察であるが、森毅による修験道組織、および近世初頭における羽黒・本山両派の角逐に関する重厚な研究[3]が一九八〇年代に出されており、また森によって、宮古市域ではないが近世には当地と関わっていた山田町豊間根の威徳院、その他、閉伊郡における里修験を継承するお宅に所蔵された史料の紹介[4]がなされた。

一九八〇年代後半から慶應義塾大学文学部宮家準研究室によって『宮古市史 民俗編』の調査が行われることになり、宮家準が当地の修験道組織、および現代の宗教とのつながりを明らかにした[5]。この調査以前から当地を調査していた神田より子は、里修験とも関わる神子および黒森神楽に関して多くの研究を発表しており[6]、鈴木正崇は津軽石の又兵衛祭りに関して長大な論文を著している[7]。市史民俗編の調査当時は慶應義塾の大学院生で、現在は宮古市史編纂室長である假屋雄一郎は、旧花輪村に含まれていた大字老木の中の牛伏の小祠と、それに関わっていた本山派修験・成就院との関わりを歴史民俗学的観点から分析した[8]。筆者も、本章でとりあげる津軽石と長沢の旧山伏家に関して、二点ほど小稿を発表したことがある[9]。このような宮古市史民俗編の編纂事業を踏まえて、一九九二年には山岳修験学会（現日本山岳修験学会）の大会が宮古市で開催された。

さらに、同市史民俗編を市史編纂室長として支えた岸昌一は、当地の修験および宗教全般に関わる三冊の史料集を、後に上梓している[10]。

以上のような慶應義塾大学宮家研究室の調査とは別に、菅豊が鮭と修験との関わりから又兵衛祭りに関する研究を行っている[11]。又兵衛祭りに関連してはそれ以前にも、岩本由輝が津軽石と鮭との関わりに関して一九七〇年代に単著を著していた[12]。神子が遊ばせるオシラ様に関しては、我々の民俗編調査直前に、当地に近接する山田町に関して佐島隆が詳細な報告と分析を行っていた[13]。

さらに、当地とも関わる隠し念仏に関する門屋光昭の著作[14]、三陸のフォークロア全般、および津波との関わりを考察した川島秀一の一連の研究[15]も、当地の宗教文化を考えるうえで参照すべきであろう。本章で後述するように、当地の郷土誌・郷土史的な先行研究も、比較的豊富である。

これらの先行研究に対して、本章がいわば屋上に屋根を重ねる意味がどこにあるのか、次に述べたい。その意義は、本章で事例とする津軽石の慈眼院および長沢の泉明院の文書に正面から取り組んだ研究が、これまでほぼ見られないところに求めることができる、と筆者は考えている。

これら慈眼院および泉明院文書は、筆者が『宮古市史 民俗編』の調査の一環として一九八八年に一部を写真撮影し、同市史民俗編の打ち合わせ機会に提示したものの、筆者以外のメンバーがそれを全く使用しなかったのである[16]。なお、慈眼院および泉明院文書は、『宮古市史 民俗編』の後に出された『宮古市史資料集 近世』九―一(一九九六年)において、筆者撮影以外の文書も翻刻されている[17]。しかし、この資料集に掲載された里修験に関わる文書を学術的に分析した論考は、いまだ現れていない。

つまり、本章で主に分析を加える里修験のデータは、上記のように汗牛充棟というにふさわしい宮古ないし閉伊郡の修験道に関する先行研究において、全く触れられなかったと見なすことができるのである。

2　宮古市および津軽石・長沢の概況

次に、宮古市および事例とする旧山伏家が立地する津軽石および長沢について概観することにしたい。

宮古の近世　現在の宮古市域は、近世には南部盛岡藩に含まれていた。盛岡藩は、寛文四年(一六六四)に南部藩から八戸藩が分離した残りに相当する。北は下北半島から南は現在の釜石市の北半分に至り、内陸部は奥羽山系を境とする広大な領地であり、一〇郡・三三通りから成っていた。

現在の宮古市域は、そのうち閉伊郡宮古通りとほぼ対応する。なお、本章で事例として扱う津軽石と長沢について、参考までに近世初頭の宮古通りにおける村高を、正保四年(一六四七)「奥州の内南部領高郷村帳」[18]によって示しておく(表1)。個々の村が宮古市域を形成してゆく経緯については、この後に明治以降について概観する際に述べるが、そこで参照するのが明治二二年（一八八九）の市町村制によって成立した行政村であるので、そこに名前のあがらない近世行政村（大字）についてだけ、見ておく。後掲する表2にも示すが、赤前は津軽石、八木沢と小山田《こやまだ》は磯鶏《そけい》、近内《ちかない》と田代は山口、松山・長沢・田鎖・老木《ろうき》は花輪が、それぞれ宮古市域に編入される前の行政村であった。

宮古市の地勢　現代の宮古市は、岩手県東部、陸中海岸の中央部に位置し、宮古湾を抱えるようにL字型に展開している（図1）。この地勢からも容易に推測されるように、同市域はかねてから宮古湾に臨む漁港と、その後背の街を核として発展してきた。とはいうものの、同市北の下閉伊郡岩泉町と田老町（田老町は二〇〇五年に宮古市に編入）、西の同郡新里村（二〇〇五年に編入）と川井村（二〇一〇年に編入）、南の同郡山田町と各々境界を接する後背地は、丘陵ないし山間地帯となっている。

なお、宮古が太平洋に面した港湾であることは、必然的に津波被害を蒙ってきた地でもあることを意味している。本書のテーマと関わりが薄いため簡略に触れるに留めたいが、近代以降に限定しても、明治二九年（一八九六）の明治三陸大地震による大津波は二万五〇〇〇人以上の被害者を出し、今も市内各地に石碑が残されている。さらに、一九三三年の昭和三陸地震に伴う津波、一九六〇年のチリ地震による津波の被害も蒙った[19]。

そして、二〇一一年三月一一日の東日本大震災でも、宮古市は甚大な被害を蒙った[20]。今回は、マスメディアの映像によって宮古市を襲う津波が街の諸々を押し流してゆく様を、全国の人々が鮮明に記憶しているであろう。

宮古市の行政範囲・人口など　近世の閉伊郡宮古村は、明治期に入って東閉伊郡に属することになり、明治二二年（一八八九）の町村制施行によって宮古町となった。その町

表1　正保4年（1647）の村高

	村高（石）
津軽石村	199.04
赤前村	99.44
八木沢村	69.31
重茂村	36.18
近内村	69.13
花輪村	83.86
小山田村	58.27
松山村	90.40
長沢村	97.66
千徳村	187.70
磯鶏村	188.93
田鎖村	221.02
宮古村	166.30
山口村	163.09
老木村	67.80
田代村	58.90

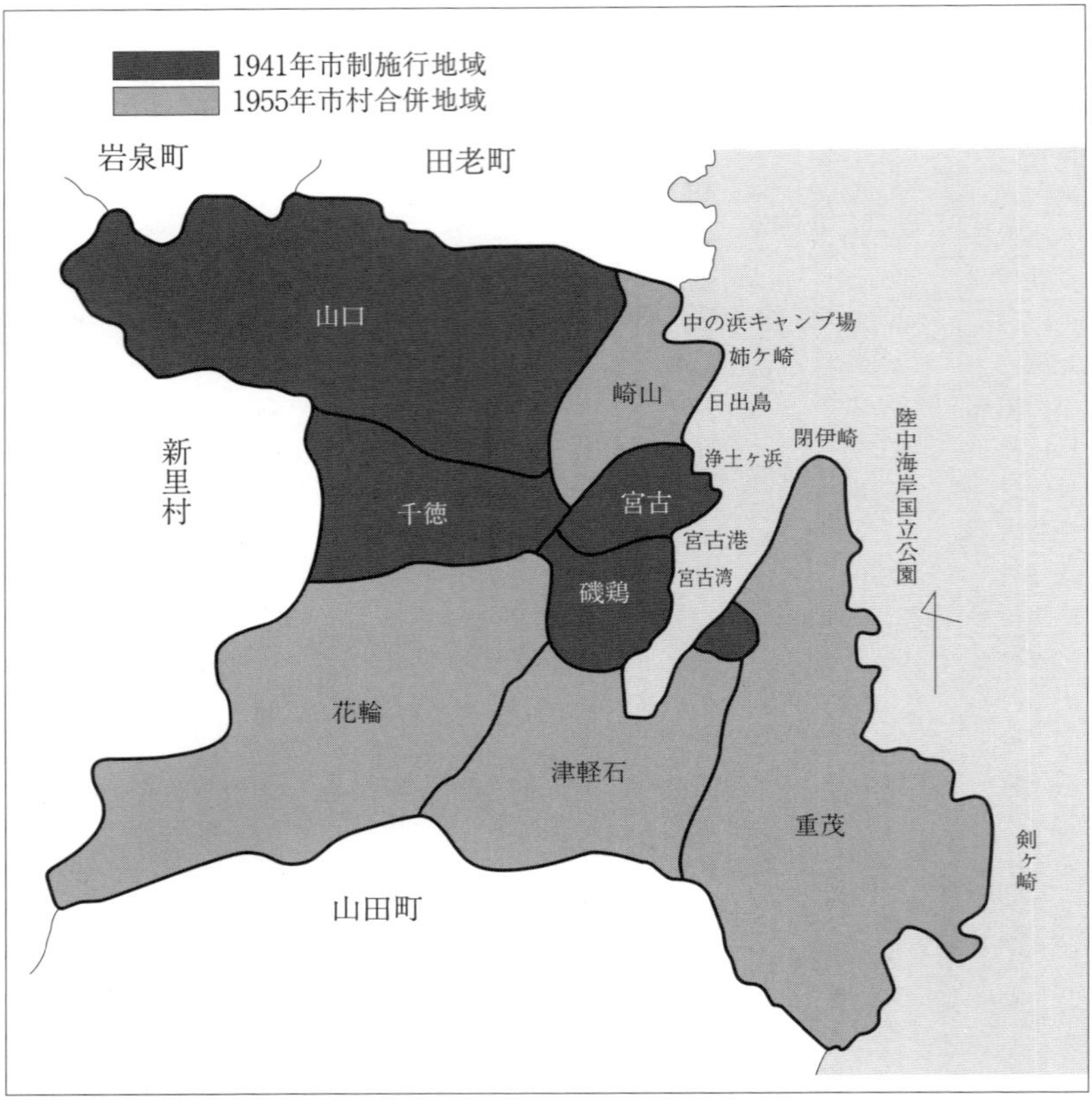

図1　宮古市域の変遷(『宮古市の統計』をもとに作図)

域は、大正一三年(一九二四)に鍬ケ崎町を合併して拡大した。

その宮古町に、周辺の山口・磯鶏・千徳の三村を合併して市制が施行されたのは、一九四一年のことであった。さらに、一九五五年には、周辺部の崎山・重茂・津軽石・花輪という四村を合併している。我々が宮古市史民俗編の調査を行った際の市域は、ここまでであった。

上述のように、二〇〇五年には下閉伊郡田老町と新里村、二〇一〇年には同郡川井村を編入しており、岩手県内一の面積を有する行政体となった(表2参照)。

人口動態については、近世を扱う本章と関わりが薄いとはいえ、地域研究として重要なので簡単に見てお

表 2　宮古市域の変遷(2005 年以降に編入した町村については、編入以前について省略)

<table>
<tr><th>江戸時代の村名</th><th>明治 22 年(1889)</th><th>大正 13(1924)</th><th>昭和 16(1941)</th><th>昭和 30(1955)</th><th>平成 17(2005)</th><th>平成 22(2010)</th></tr>
<tr><td>宮古</td><td rowspan="2">宮古町(明治 4 年より宮古村)</td><td rowspan="3">宮古町</td><td rowspan="14">宮古市</td><td rowspan="25">宮古市</td><td rowspan="27">宮古市</td><td rowspan="28">宮古市</td></tr>
<tr><td>黒田</td></tr>
<tr><td>浦鍬ケ崎</td><td>鍬ケ崎町</td></tr>
<tr><td>山口</td><td rowspan="3" colspan="2">山口村</td></tr>
<tr><td>近内</td></tr>
<tr><td>田代</td></tr>
<tr><td>千徳</td><td rowspan="3" colspan="2">千徳村</td></tr>
<tr><td>根市</td></tr>
<tr><td>花原市</td></tr>
<tr><td>磯鶏</td><td rowspan="5" colspan="2">磯鶏村</td></tr>
<tr><td>小山田</td></tr>
<tr><td>八木沢</td></tr>
<tr><td>高浜</td></tr>
<tr><td>金浜</td></tr>
<tr><td>崎山</td><td rowspan="2" colspan="3">崎山村</td></tr>
<tr><td>崎鍬ケ崎</td></tr>
<tr><td>津軽石</td><td rowspan="2" colspan="3">津軽石村</td></tr>
<tr><td>赤前</td></tr>
<tr><td>重茂</td><td rowspan="2" colspan="3">重茂村</td></tr>
<tr><td>音部</td></tr>
<tr><td>花輪</td><td rowspan="5" colspan="3">花輪村</td></tr>
<tr><td>長沢</td></tr>
<tr><td>田鎖</td></tr>
<tr><td>松山</td></tr>
<tr><td>老木(明治 12 年に根城・牛伏と合併)</td></tr>
<tr><td>(省略)</td><td colspan="4">田老町(明治 22 年 - 昭和 19 年は田老村)</td></tr>
<tr><td colspan="4">(省略)</td><td>新里村</td></tr>
<tr><td colspan="4">(省略)</td><td colspan="2">川井村</td></tr>
</table>

く。一九五五年における崎山など四村の合併以降、高度成長期とも重なって人口が徐々に増加し、合併時の五万三〇〇〇人台から一九八〇年に六万二〇〇〇人台となった。しかし、一九八〇年代年代後半以降は人口減少が止まらぬ傾向にあり、我々の調査時に当たる一九九〇年には五万九〇〇〇人台に減少していた。二〇〇五年と一〇年に周辺の三町村を編入したことは先に見たが、それでも二〇一五年の人口は五万六〇〇〇人台に留まっている。市全体としては、人口減少地帯と見なすことができよう。

もっとも、旧市街地に比較的近い崎山地区と津軽石地区は、オイルショック後、人口が回復傾向にある。これは、両地区がいわゆる混住化していることを背景にしていると考えられる。山村や農村が大半を占める花輪地区でも、旧市街地に近い地域(田鎖など)では工場ができるなど、一九九〇年前後の我々の調査時点で、既に外来の住民が多くなりつつあった。

また、一九四一年の市制施行時に市街地に含まれていた地区のうちでも、山口地区の南側の旧・近内村と千徳地区との境界付近には西ケ丘団地、旧山口村にも山口団地がそれぞれできてベッドタウン化しつつある。

以上のように、宮古市全体として一九八〇年代から人口減少が進んでいるとはいえ、市街地内部で人口動態が一様でないことはいうまでもない。本章で扱う事例地区に関しては、津軽石は人口増の傾向にあり(被災者の住宅を含む)、長沢は人口減の傾向にある。

津軽石の概況　津軽石は、市の南部で宮古湾の奥、津軽石川下流域である。南は山田町豊間根、西は山地を挟んで花輪・長沢に接している。明治二二年(一八八九)に成立した行政村である津軽石を構成していた二つの大字、津軽石・赤前のうちの前者に当たり、一九五五年から宮古市の大字となっている。東日本大震災で大きな被害を受けた地区の一つである。

半漁半農地域であるが、牡蠣養殖や、とくに津軽石川を産卵のため鮭が上るため、「南部鼻曲がり鮭」で有名である。

寺社としては、祓川に曹洞宗瑞雲寺があり、峨山詔碩《がさんしようせき》の弟子に当たる道叟道愛《どうそうどうあい》の弟子天産賀舜が開いたと伝える。同寺については、次節で述べたい。宗教法人格の神社は、荷竹に米山神社、藤畑に駒形神社、稲荷下に稲荷神社がある。本章で取り上げる事例の一、羽黒派慈眼院を継承するO家は、旧津軽石村に含まれていた赤前の八幡神社の神職をされているが、上記三社の神職も兼務している。(21)

なお、津軽石はもとより宮古市を（とくに観光面で）代表する祭礼であり、上記のように複数の先行研究のある又兵衛祭り（一一月三〇日）は、稲荷下の稲荷神社と関わっている。祭礼に先立って、当社に参拝がなされるからである。上記の旧慈眼院O・K氏も、我々の調査時には「シントウサマ」という呼称でこの祭礼の執行に関与していた。

また、次に概観する長沢もそうであるが、宮古市域の各地は宗教法人格ではない社堂が少なからず残っている。津軽石に関しては筆者が『宮古市史 民俗編』の際に直接調査しなかったので、同市史に従うと、上記の三社以外に、沼里の御武神社、払川の八幡宮、荷竹の神明宮など、一三の社堂が書き上げられている。(22)

長沢の概況　長沢は近世の行政村で、明治二二年（一八八九）の町村制によって、他の四つの近世行政村と統合され、花輪村となった（前掲、表2参照）。

長沢を含む五つの近世行政村とは、宮古湾に注ぐ閉伊川を西へ三キロほど上った南岸に、下流側から西に向かって展開する松山・田鎖・老木という三つの村落と、田鎖の辺りで閉伊川に注ぐ長沢川に沿って下流側から南西に向かって展開する花輪・長沢という二つの村落のことである。長沢は、花輪より上流側に位置している。なお、老木の枝村に根城《ねじよう》・牛伏があり、明治一二年（一八七九）に老木と合併したともいわれる。我々の調査時点である一九九〇年前後には、「三老木」という表現、また旧花輪村に関して根城・牛伏を加えて、「花輪七村」という言い方が聞かれた。

ともあれ、このうち長沢に関しては集落が広い地域に散らばっていることもあってか、明治初頭以来八つの組に分けられている。おおよそ、数の小さい方が長沢川の下流域となっており、上流側の長沢七・八組は山間に位置しているため、田畑の面積も狭く純山村的な性格が強い。本章ではほとんど参照しないが、宮古市史民俗編の調査において、我々の調査グループ(当時は、「山村班」と呼ばれていた)が長沢七・八組全四〇戸に対して質問紙による調査を、一九八九年に行っている。(23)

なお、長沢の八つの組に関しては、例えば長沢七組を南川目、八組を北川目、という呼び方がある。本章で事例とする旧本山派泉明院を継承するS家は長沢二組にあり、当地は折壁と呼ばれている。ちなみに『宮古市史 民俗編』では、一組が旧寺沢村、三組が大野村、四組が川戸村、五組が内の沢村、六組が岩渕村とほぼ対応する、などと紹介している。(24)

長沢の一組から七組までの寺社については、まず寺院は存在しない。寺檀関係に関する市史民俗編のための聞き取りでは、閉伊川の北岸、千徳の善勝寺の檀家がほとんどだといわれていた。そのため、次節で宮古市の曹洞宗について概観する際には、善勝寺にも津軽石の瑞雲寺と共に注目する。

神社は、宗教法人格としては、上記のS家が宮司を務める折壁の八幡神社のみである。これは、神社整理に際して長沢では、一大字一社の合祀が行われたためらしい。とはいえ、市史民俗編の際の複数インフォーマントからの聞き取りによれば、表3のような神社が存在するということであった。なお、『宮古市史 民俗編』上巻は、長沢一・二組に関して若干異なるデータを掲載しているが、本章と直接関わらないので、ここでは我々のグループが一九八九年頃に纏めたものをあげておく。

表3　長沢の小祠と別当・祭神・祭日(1989、90年頃)

組	神社名	別当氏名（旧山伏）	祭神	祭日・縁日	備考
1	白山神社	M.K *		旧 2/20	
2	稲荷神社	S.K *		旧 6/27	折壁
	八幡神社	S.Ke *		新 4/15	長沢で現在唯一の神社／寄付棟札3点他／境内社として稲荷神社有り
	愛宕神社	K.S			八幡宮の隣
	熊野神社	S.S		旧 6/15	2組と3組の境界付近
3	白髭神社	S.Ke *		1/21 ?	
4	判官様	T.Y	義経	新 4/15	義経流竄伝承／T家氏神
	髪長様	Oh.T *	石像二体	旧 3/3	髪長姫を当地出生の美姫とする他、漂着女神とする伝承あり
	織蘇大権現	K.Se	獅子頭	旧 3/13	文政七年銘の鉦あり
5	観音様	K.S	木像六体	新 1/17	
	農神長元地神宮	Sa.I *	元右衛門	新 6/9	元右衛門は一揆の指導者
6	薬師如来堂	Sa.S	仏像二体	新 5/8	天保元年銘の鉦あり
	加茂神社	Sa.I *		6月15日	
7	山の神	I.M		新 12/12	元の別当は、S.G.
	愛宕神社	I.Ma	馬に乗る神像	旧 6/24	
	オソウデ様	I.Y		旧 4/20	
	観音様	I.Y	千手・十一面	旧 3/21	木像4体あり／早池峰山まで駆けていたマタギが拝んでいた観音だという
	十三仏	O.K	（洞窟）	新 5/8 *	*旧 4/8 より変更
8	愛宕神社	A.T	木像	旧 3/24	A家はもとマタギの家と
	阿弥陀堂	A.T	阿弥陀如来	旧 4/15	
	山の神	A.R		旧 12/12	
	布引観音	S.W	観音像（陶製）	旧 6/15	

（*は1989年頃の聞き取りに基づく）

これらの神社と見なされている堂社のうち、我々の調査グループは川目の複数の神社に関して祭礼に参与調査しているので、氏子・氏神という認識が現地では存在すると考えられる。(25)長沢七組（南川目）の十三仏は奇岩・石仏に洞窟が加わったもので、近世に閉伊地方で山間の悪路を開拓した禅僧とされる牧庵鞭牛が修行した、あるいは鞭牛が開創したと伝えられている。(26)

なお、市史民俗編の調査時点である一九九〇年前後の川目には、民間念仏が残っていることを複数インフォーマントが語っていた。南北とも「十六念仏」と称されており、南川目は当時二六戸中一五戸が講員とされ、北川目は当時一四戸のうち講員となっている戸数は明らかにできなかったが、やはり少なからぬ数のお宅が講員であった模様である。

この「十六念仏」は表向きは、檀家となっている曹洞宗善勝寺の御詠歌講という形をとっているらしく、それとは別に「祈禱念仏」と称される伝統的な念仏も行われていた、とするインフォーマントもいた。これは、念仏を称えながら歩くものという人がいる一方で、それを隠し念仏だ、とする別のインフォーマントもあった。しかし、本章と密接に関わる情報ではないと思えるので、これ以上は触れないことにする。

三　里修験成立までの前史

近世の盛岡藩宮古通りに里修験が活動するようになるまでの前史、つまり宮古市域に関する中世までの宗教社会史は、市の北側、標高三〇〇メートル余りの黒森山から説き起こすのが常套化している。ただ、黒森山は本章の事例が位置する津軽石および長沢からはやや離れ、影響関係も不明であるので、ごく簡単に旧来説を参照するに留めたい。

1　黒森一山の天台宗基層説と羽黒修験

黒森一山の宗教環境に関する旧来説　宮古の中世における宗教文化の中心に黒森山を想定するのは、当地の郷土誌史の先達的な位置にある『下閉伊郡誌』（同郡、一九二一年）以来、有力な説である。通説では、黒森山を巡る宗教環境は天台宗を基層としており、それが当地への羽黒修験のいわば呼び水となった、と立論されるのが常套的である。

この黒森山に関わる天台宗基層説は、推定に際していくつかの根拠を持っている。一つは、黒森山の南西麓、閉伊川左岸の花原市《けばらいち》（旧千徳村に含まれる）に現在位置する曹洞宗華厳院が、元々は天台宗とされること。宮古に関わる郷土誌の一つである『長根寺物語』は、閉伊の地に来住した閉伊頼基が建久二年（一一九一）、天台宗華厳院を根城（旧花輪村に含まれる）に建立し、同寺は文永八年（一二七一）に花原市に移転したとしている。[27]

もう一つは、黒森山南麓の山口に、遅くとも一四世紀頃までに伝天台宗の安泰寺が存在していたとされること。一四世紀というのは、現在は失われている安泰寺の鐘銘の拓本が残されているとのことで、それが北朝年号の貞治四年（一三六五）の記銘となっていることによる。[28]この拓本を活字化して紹介している『古城物語』によれば、安泰寺と「黒森とのかゝわり」は「両者が密接な関係」であるとし、「安泰寺は霊山黒森の別当寺だった」と推定している。[29]さらに、近世の一時期、山口村の黒森に存在していた真言宗赤龍寺が、その後裔であったと考えているらしい。

先に参照した『長根寺物語』によれば、この山口に近世に存在していた真言宗赤龍寺は、黒森社司の川原田氏、小五郎によって当地に元和三年（一六一七）、建立されたとしている。[30]同寺は明和二年（一七六五）に無住となり、やがて黒森山が神社化してゆくのと対応して廃れていったらしい。

この赤龍寺の他に近世には、黒森山麓の南西側の登拝口である千徳に真言宗長根寺があった。長根寺は千徳に現存している。同寺の起源は明和(一七六四―七二)の由緒書きに載る世代によれば、天文七年(一五三八)に阿闍梨朝胤の名が最初にあることが分かる程度で[31]、さらに中世に遡る寺史があるかどうかは不明とした方が良いように思われる。もっとも、『長根寺物語』の冒頭に載せられた同寺責任役員の司東真雄の文章では、長根寺は一一世紀頃に開創されたという推定が掲載されている[32]。

ともあれ、千徳の長根寺にまつわる郷土誌的な通説では、同寺のかつての本尊阿弥陀如来像を慈覚大師円仁作とする伝説があること、また現在は跡のみだが同寺境内に阿弥陀堂の存在が知られていることから、天台浄土教的な宗教環境を継承した可能性を指摘する見方がある。ちなみに同寺に現存する阿弥陀如来像は、応永(一三九四―一四二八)の銘があるとされる[33]。したがって、長根寺の(かなり憶測に基づく)来歴も、黒森一山の天台宗基層説の一端をなしていることになる。

なお、『長根寺物語』は阿闍梨朝胤の頃(一六世紀半ばか)の外護者に関して、長根寺が桜庭氏から寺領の寄付や寺の改修を受けたとしている[34]。

近世の黒森山に関しては、上述した山口の赤龍寺、千徳の長根寺の他に、その宿坊的な形で、千徳の羽黒坊・中ノ坊・柿本坊など多数の院坊が存在していた、と『長根寺物語』は述べている[35]。とくに「羽黒坊」の名から、これら院坊が史実として存在したとすれば、羽黒修験であったと推察される。

羽黒修験の来往　その羽黒修験については、田村忠博が『古城物語』で紹介した中世に作られたと推測される文書「大久保昔書遺翰」において、以下のように松山に来往した漂白の土豪白根氏が、やがて羽黒修験になるまでが語られている。

南北朝期の観応二年(一三五一)、漂白の土豪であったらしい白根氏が南朝方について功を得て当地を訪れ、「北処御館正家」から松山など三郷を賜ったとされる。[36]三郷の領主となった白根氏は次第に増長し、やがて閉伊氏と争うことになり、貞治三年（一三六四）に閉伊氏の配下に敗れて北方久慈浦の大久保郷に遁走した。

大久保郷に潜んでいた白根左京介忠伯は日々読誦の日を送っていたが、やがて主である北処御館の仲介で松山に戻ることができたので、ここに応安六年（一三七三）、持仏堂を再建して本尊である観音菩薩を新山権現と称して祀った。その後、忠伯は諱名を改めて大久保氏を称したが、守護仏である不動明王の加護により二度の合戦に勝利した。しかし、応永二年（一三九五）に主の北殿が敗れた頃から大久保氏は退潮し始め、応仁元年（一四六七）、六代目となる大久保内蔵佐光致が北殿の門外で自刃したことにより、閉伊の土豪としての大久保氏は終焉を迎えた。

その嫡男であり「大久保昔書遺翰」の作者である大久保出雲佐忠侶は、当初は父の遺訓により北に逃れていたものの、古郷の「祖神祖仏」を断ち切ることができず、再び松山郷に戻って優婆塞に転じ、東光坊と称する羽黒修験となり、新山権現を祭祀することになったという。

さらに、この東光坊は近世に至って花厳院を代々襲名するようになり、享保一八年（一七三三）に羽黒山で峰中修行をしたとされる花厳院までの系譜が残っているという。[37]

以上、中世に遡る可能性がある羽黒修験家の一種の由緒書[38]を概観したが、当地における羽黒修験の開祖に当たる土豪が、新山権現を奉斎したという伝承が含まれることが重要であろう。森毅は、熊野権現を勧請する際に新（今）熊野など明確に熊野の名を称えるのと対照的に、羽黒権現を勧請する際に新羽黒といわず、新（深）山権現と称したのだとしている。さらに、近世盛岡藩の全修験持堂社を見ても、羽黒社が一二社に留まるのに対し、新山権現社が三九社と三倍以上見られると指摘している。[39]

なお、この計数の典拠となっていた『御領分社堂』によれば、新山権現が必ずしも黒森山周辺に点在している訳で

はなく、閉伊川の対岸でかなり黒森から離れた花輪にも見られる。(40)

次に、本章の事例が位置する津軽石と長沢の寺檀関係を規定する曹洞宗、および近世における里修験の活動とも関わったと推察される小祠について、主として『宮古市史 民俗編』における議論に基づいて概観したい。曹洞宗については、筆者の執筆であった。

2　曹洞宗と小祠

曹洞宗の展開　先にも黒森山の天台宗基層説に関連して見たように、一二世紀末頃に閉伊氏の菩提寺として根城(旧花輪村に含まれる)に建立されたと伝えられている華厳院は、延徳元年(一四八九)、田久佐利氏(田鎖氏とも記され、閉伊氏と同族説、別系列の一族説がある)の屋敷跡であるとされる現在地の花原市に移転し、曹洞宗に改宗されたらしい。

本章の事例と関係する曹洞宗寺院は、津軽石の瑞雲寺、および長沢のほぼ全住民の檀那寺といわれる千徳の善勝寺である。両寺とも天産賀舜という禅僧を開山とし、本寺を陸中永徳寺としている。また、開創年はいずれも華厳院の曹洞宗改宗より古く、善勝寺が応永二年(一三九五)、瑞雲寺が応永六年と伝えている。

両寺とも中世に遡る縁起の類は無い模様だが、善勝寺の方は、千徳地方の中世領主であった土岐氏(千徳氏)の菩提所として建立されたらしい。本堂手前側に「桜庭家累代精霊」の石碑があるように、中世末頃から桜庭氏の外護を受けた。瑞雲寺については、明治以降に成立した伝承である可能性もあるが、開山の天産賀舜が早池峰山頂で座禅中の霊夢の指示で、津軽石に草庵を構えた際、苦しむ龍女を成仏させた、という寺伝「南部北閉伊郡津軽石浄池龍谷山護国瑞雲寺世代由緒」が残っている。この寺伝の書写年代は、大正一一年(一九二二)だとのことである。同寺の有力な外護者は、当地の一戸氏であったらしい。

両寺の開山とされる天産賀舜は、曹洞宗の「太祖」と称される瑩山紹瑾《けいざんじょうきん》の弟子に当たる峨山韶碩の「二十五哲」の一人である道叟道愛の弟子に当たる。つまり、天産は峨山の孫弟子、ということになる。師に当たる道叟道愛は東北に洞門を拡げた傑僧と称えられており、丹沢郡永徳寺の開山となったので[41]、善勝寺・瑞雲寺両寺の本寺が永徳寺とされるのである。このように師匠が初代住持となった寺が弟子の開いた寺の本寺とされるのは、曹洞宗の本末関係が嗣法の相承に基づくからである。

こうした嗣法の相承による本末関係は、洞門教団としては近世にも持続しており、『曹洞宗延享度本末牒』でも両寺の本寺を永徳寺としている[42]。もっとも、近世の洞門が少し複雑なのは、本山が越前永平寺と能登総持寺という二寺であるものの、東海僧録とされた遠江可睡斎、および関三刹《かんさんさつ》と称される下総総寧寺、武蔵龍穏寺、下野大中寺という三寺が僧録となったことである。僧録とは、（この場合、本山を代行して）僧侶の人事を統括する役職を意味する。陸中永徳寺が含まれる「道叟派」がこれら四寺のうち龍穏寺の「配下」に入っていたため、『曹洞宗延享度本末牒』において善勝寺・瑞雲寺は、龍穏寺の「配下」として掲載されている。

他方、幕藩体制としては洞門の嗣法相承にお構いなく、盛岡藩では報恩寺を録所とした。報恩寺は、貞治年間（一三六二―六八）、通山良徹の開山、本寺は越後香積寺であるという[43]。

したがって、善勝寺・瑞雲寺は嗣法においては永徳寺（関三刹の龍穏寺配下）の末寺であったが、幕藩体制の側から見ると報恩寺の末寺と認識されていたらしく、報恩寺側に両寺の記録が残っている。その『報恩寺末寺諸留』によれば、善勝寺は享保一一年（一七二六）に入院した随円から、瑞雲寺は享保二〇年（一七三五）に入院した法州から、それぞれの現住までの情報が掲載されている[44]。

もっとも、上記のような教団組織や住持の継承に関わるデータからは、瑞雲寺が津軽石において、また善勝寺が檀家のあった長沢に対して、どのような宗教活動をとくに近世に行っていたのかは、不明のままである。少なくとも中世末までは、善勝寺が桜庭氏、瑞雲寺は一戸氏を主な葬祭檀家としていたことは確実であるので、近世においても両寺がそれらを継承する武家に対する葬祭や年忌供養を主な宗教活動としていたのであろう。

つまり、ここまで両地における曹洞宗の展開について見てきた結論として、あくまで当地の武家以外の住民（農民など）の宗教生活にとって、両寺は必ずしも大きな割合を占めていなかったと推察することが許されるのではないだろうか。とくに、我々が長沢川の上流域に当たる南北川目で聞いた限りでは、敗戦後モータリゼーションが盛んになるまで檀那寺である善勝寺との関係はそれほど密接ではなく、遺骸も村に埋めていた、とのことであった。ここから、寺檀関係を規定していた曹洞宗以外の宗教勢力、例えば里修験、また別の形では民間念仏が住民の信仰を獲得する余地があった、ということになるであろう。

津軽石および長沢における小祠　宮古市域に相当する地域の近世における小祠の分布を知るには、宝暦一〇年（一七六〇）頃に成立したと考えられている『御領分社堂』が、しばしば参照される。同史料は、盛岡藩全体の「社堂」を対象に、修験持ち、社人持ち、寺院持ち、俗別当持ち、の四分類により管理者別に逐一書き上げたものである。里修験に関しては、若干の当山派修験の他に、本山派一八九人、羽黒派一〇二人が書き上げられている。なお、宮古通りでは本山派四、羽黒派一三となっており、この他に寺院持ちや俗別当持ちの社堂が計五〇余り書き上げられている。

宮古通りに関しては羽黒派が優越しているものの、盛岡藩全体としては本山派がむしろ上回っているのは、近年の森毅による羽黒・本山両派の角逐に関する研究が、その背景を明らかにしている。というのも、先に見たように中世に関しては、一四世紀に松山郷に移り住むようになった漂白の土豪白根氏が、後に羽黒修験となって新山権現を祀ったのを濫觴とし、その後も盛岡藩領内では羽黒派修験が優勢であったと考えられている。黒森山を含む宮古通りで羽

表4　津軽石・長沢の小祠と管理者

地区名	『御領分社堂』の小祠名(管理者)	『修験面附』の小祠名(管理者)
津軽石	八幡宮(慈眼坊・羽黒)	八幡宮(慈眼院・羽黒)
	新山社(法林坊・羽黒)	
	天狗堂(林光坊・羽黒)	
	諏訪明神社(善住院・本山)	諏訪大明神(善住院・本山)
	正観音堂(同上)	
	白山大権現(瑞雲寺・曹洞)	
	稲荷大明神(長十郎・俗別当)	
長沢	稲荷宮(慈徳院・羽黒)	稲荷大明神(慈徳院・羽黒)
	海女社(今蔵坊・羽黒)	髪長海女大明神(今蔵院・羽黒)
		記載なし(泉明院・本山)

黒派が近世も有力であったのは、あるいはこの名残なのかもしれない。

ところが、南部藩草創期に藩主信直が本山派自光坊(のちの盛岡藩物録)と関わりが強かったこと、元和六年(一六二〇)における羽黒山在庁真田式部の自刃事件、宮古通りの本山派安楽院が南部家にとりいって権勢を奮ったこと(元禄五年(一六九二)に所払いに処せられた)、等々の理由から次第に本山派が優勢になり、羽黒派はその下位に甘んずることになったらしい。(45)

もっとも、後述のように『御領分社堂』には長沢に関する情報が稀少であるため、同じような堂社に関わる情報として、弘化・嘉永年間(一八四四—五四)の成立と考えられるという、『釜石市史　資料編』第三巻に載る「南部藩時代神職面附一冊」を、森毅が『修験面附』と仮称して纏めた表(46)に載る情報を、併せて表示してみた(表4)。

津軽石では、『御領分社堂』には、羽黒派修験持ちとして八幡宮・新山社・天狗堂、本山派修験持ちとして諏訪明神社・正観音堂、瑞雲寺持ちとして白山大権現、俗別当持ちとして稲荷大明神があげられている。なお、新山社と天狗堂は、「津軽石」の八幡宮の次に「同村」とあるのでここに入れたが、別の翻刻では「門村」とされている。(47)また、本山派善住院が管理する諏訪明神社には天和二年(一六八二)の再興棟札、正観音堂にはその前年の再興棟札があるとのことである。

これらのうち、本章で事例の一つとする慈眼院は、八幡宮と対応する「慈眼坊」に当たると考えられる。その他の小祠と現行の社堂との対応は、俗別当が祭祀する稲荷大明神が、宗教法人格である稲荷下の稲荷神社と対応すると考えられる以外では、『宮古市史　民俗編』上巻には岡田に諏訪明神、久保田に聖観音を祀る観音堂があるとしている(48)。

ともあれ、『御領分社堂』に津軽石における小祠の祭祀担当者として名の上げられている里修験は、羽黒派の慈眼坊・法林坊・林光坊、本山派の善住院という四院坊であることになる。ところが、一九世紀前半の『修験面附』では、表4のように羽黒派慈眼院が祭祀する八幡宮と本山派善住院の諏訪大明神のみが掲載されており、しかも善住院に関しては、『御領分社堂』における正観音堂が記載されなくなっている。

一方、長沢に関する『御領分社堂』の情報は、見られる通り稀少である。おそらく、稲荷宮は前掲の表3に出る長沢二組の稲荷神社、海女社は長沢四組の髪長様と対応すると思われる。表3のように、四組の髪長様の俗別当Ｏｈ家は、一九八八年に市史民俗編の調査で訪問した際に旧山伏家であったとのことだったので(修験関係の情報は、ほぼ皆無であったが)、同家が羽黒派の今蔵坊を前身とするのであろう。しかし、長沢二組の稲荷神社は現在、本山派泉明院を継承するＳ家が別当となっているので、泉明院の名が現れたものの堂社名が記されていない『修験面附』以後の時代(幕末か)に、本山派泉明院が羽黒派慈徳院を排斥して、稲荷宮の祭祀を司ることになったと推察される。後述するように、泉明院は明治初期の復飾に際して提出した複数の文書に、稲荷神社別当もしくは神主と自己規定している。

とはいえ、その本山派泉明院を継承するＳ家が現在祭祀する宗教法人格の八幡神社は、『御領分社堂』『修験面附』いずれにも記されていない。もっとも、泉明院に関しては、後述のように一八世紀前半の補任状がＳ家に残されているので、一八世紀後半に成立したらしい『御領分社堂』のデータ(泉明院を掲載していない)は、不充分である可能性が高い。

四　津軽石の羽黒派慈眼院

羽黒派慈眼院を受け継ぐ津軽石のO家所蔵の文書に関しては、我々の調査グループは袈裟の授与に関する文書一点と、祈禱の次第を綴った帳面一冊分を写真撮影したに留まった。[49] 後者は『宮古市史 資料集 近世』九―一に翻刻されていないものの、同市史には前者を含む全二〇点の慈眼院文書が収録されている。もっとも、最後の二点は明治初期の復飾関係の内容であるので、近世史料は全一八点ということになる。そのほぼ全てが、慈眼院の継承に関わる文書である。

なお、以下に『宮古市史 資料集 近世』九―一所収の文書を参照する場合、注記すると煩雑になるので、本文に丸括弧で「市史」と付記して頁数を示す。

1　慈眼院の継承に関わる文書

そこでまず、同院の継承に関わる文書の情報を、表5に纏めた。一番目と四番目に神子の補任に関する文書が二点含まれており、それぞれ享保一一年(一七二六)に補任された寄木、延享二年(一七四五)に補任された千日である。神子の補任状の書式については、長沢の泉明院文書のうちの神子補任状を後に紹介するので、ここでは省略する。

この二点以外は、表5の宛先に見られるように、慈眼院そのものの継承に関わる史料であると考えられる。これらのうち、享保一六年(一七三一)の袈裟授与に関わる文書を筆者が写真撮影していたので、その紹介から始めたい(市史六〇五頁)。なお、『宮古市史 資料集 近世』九―一と改行の仕方(こちらは、できるだけ元の文書の通りに改行)や表記

表 5　津軽石慈眼院の継承関係情報

文書タイトル	年号	西暦	発給者	宛先	市史No
神子号之事	享保 11	1726	羽黒山寂光寺御師 真田在庁久武	寄木	1
紫紋白結袈裟之事	享保 16	1731	羽黒山寂光寺…法印礼(?)賢	慈眼院	2
補任院号之事	享保 16	1731	羽黒山寂光寺御師 真田在庁久武	慈眼院宥円	3
補任神子号之事	延享 2	1745	羽黒山寂光寺…真田在庁永秋	千日	4
紫紋白結袈裟之事	宝暦 10	1760	羽黒山寂光寺…法印忍道	慈眼院専宥	5
法螺緒白袴免許事	宝暦 10	1760	羽黒山寂光寺御師 真田在庁永秋	慈眼院	6
紫紋白結袈裟之事	文政 7	1824	羽黒山寂光寺…法印智導	慈眼院専宥	8
院号之事	文政 7	1824	羽黒山寂光寺御師 真田在庁永隆	慈眼院	9
白房之事	文政 7	1824	羽黒山寂光寺御師 (一部破損)庁永隆	慈眼院	10
一僧祇之事	文政 7	1824	羽黒山寂光寺御師 真田在庁永隆	慈眼院	11
螺緒白袴之事	文政 7	1824	羽黒山寂光寺御師 真田在庁永隆	慈眼院	12
螺緒白袴之事	天保 15	1844	羽黒山寂光寺御師 真田在庁永良	慈眼院専宥	13
黒衣直綴免許状	天保 15	1844	羽黒山寂光寺御師 真田在庁永良	(無記載か？、 破損多し)	14
紫紋白結袈裟之事	天保 15	1844	羽黒山寂光寺…法印深證	慈眼院	15
紫紋白結袈裟之事	慶応元	1865	羽黒山別当執行…僧正官田	慈眼院泉優	16
黒衣直綴之事	慶応元	1865	羽黒山寂光寺御師 真田在庁永起	福寿院泉優	17
白袴法螺緒等之事	慶応元	1865	羽黒山寂光寺御師 真田在庁永起	福寿院泉優	18

が若干異なる場合があることを、お断りしておきたい。

　紫紋白結袈裟之事
　授与　奥州南部領閉伊郡
　　　祓川村　　慈眼院
右依　輪王寺一品大王
御気色令免許之訖
仍執達如件
　享保十六年辛亥八月朔日
羽黒山寂光寺当峯
大先達正穏院堅者法印禮賢[50]

この紫紋白結袈裟とは、本山・羽黒両派の確執の所産でもあった。すなわち、延宝年中（一六七三―八一）の時点で幕府は聖護院の要求により、羽黒派が金襴地結袈裟を着用することを禁じ、東叡山の判断にまかせることになった。それを受けて東叡山は、羽黒派を紫紋白結袈裟の着用に決定した、とされる[51]。

上の旧慈眼寺蔵の許状の文面は、ごく一般的なものと思われる。発給先が寂光寺でありながら真田在丁とされていないのも、この種の許状としては普通であると考えられる[52]。

このように、享保一六年（一七三一）に紫紋白結袈裟を寂光寺より与えられた慈眼院は、表5のように、同年に真田在庁に与えられた補任状により、宥円という名だったことが分かる。

宥円のおそらく次代と考えられるのが、宝暦一〇年（一七六〇）に袈裟と法螺緒白袴の許状に名の出る慈眼院専宥であるが、この者の補任状は残されていない。文政七年（一八二四）に慈眼院の院号を授与され（院号の補任とは記されていない）、他に衣体などの許状を受けた者、天保一五年（一八四四）にやはり衣体などの許状を受けた者も、それぞれ専宥という同じ宛名であるが、別人であろう。

幕末近い慶応元年（一八六五）にやはり衣体などの許状を受けた者の宛名は、泉優となっており、場合によって福寿院という院号が付いている。もっとも、その院号補任状は欠落している。

後述するように、長沢の泉明院文書には仮名証文および霞関係の文書が含まれるため、山伏相互の関係が分かる場合があるのに対し、この慈眼院文書は衣体の許状が主体で、院号に関わる文書が二点（享保一六年〔一七三一〕と文政七年〔一八二四〕）のみなので、世代の継承が分かりにくくなっている。

そのような制約の下で、上記の史料から分かる範囲での慈眼院継承は、以下のようではなかっただろうか。

慈眼院宥円（初代か、享保一六年〔一七三一〕、院号補任）
慈眼院専宥（宝歴一〇年〔一七六〇〕、袈裟・法螺緒など授与される）
慈眼院専宥（文政七年〔一八二四〕、院号を授与されるなど）

慈眼院専宥（天保一五年〔一八四四〕、螺緒白袴など授与される）

慈眼院（福寿院）泉優（慶応元年〔一八六五〕、袈裟・黒衣など授与される）

見られるように、二番目と三番目との年代が空きすぎているので、おそらくこの間を伝える何らかの文書が失われてしまったのだと考えられる。

2　慈眼院の宗教活動

『宮古市史　資料集　近世』九―一に所載の慈眼院文書で、残る一つ（番号7）は、寛政五年（一七九三）に八幡山の社木を当村の百姓が切り落とした件に関する問い合わせに、「八幡別当」として答えたもので、慈眼院の宗教活動を必ずしも表すものではないと思われる。

そこで、同市史に翻刻されていない、筆者が撮影した儀礼の次第書を参照しておく。この冊子は、虫喰いなどもあって保存状態が良くないし、個々の修法自体とくに他と変わった点もないと思われるので、仮綴じになっているものに収録されている次第のタイトルのうち、読み取り可能だった部分のみ、とりあえず列挙しておきたい(53)。

符守大事

十字之大事（末尾に、「本山修験大天山観音寺十一世　権大僧都□□永真　示之」とある）

調伏

痛処加持法

狐附ヲ離ス法

血留之法

虫歯之頬留法
夜蹄留大事
五法之印
ムソフソの印（末尾に、「于時安政七申年〔一八六〇〕正月廿二日　授之　寿徳坊主」とある）
戸タテノ法
ツケハナシノ法
護身法
朝夕勤行（末尾に、「以上　大天山観音寺　法師永真　示之　天明元年□〔一七八一〕五月吉日　授與　寿徳」とある）
加行礼拝
九字大事
護身法大事（末尾に、「授與　千明坊　宝暦七□□年〔一七五七〕千徳村長根山　法印慶観　示之」とある）
九字大事（末尾に、「安永十辛丑年〔一七八一〕吉辰　受與　寿徳」とある）

以上のように、年号のあるものは最古が一七五七年で、一七八一年が二点、幕末の安政期のものが一点見られた。このように、およそ後の頁が古くなっているものの順序が必ずしも整序されておらず、雑多に綴じられた形で実際の祈禱などの際に使用されたものと思われる。安政期のものの保存状態が良いのに対し、古いもの（一八世紀頃のもの）は虫喰いや変色が著しい。

しかし、上から分かることもいくつかある。まず、虫歯・夜なき・血どめ・痛みなど、地域社会の医療的なニーズに里修験が対応していたと考えられること。ちなみに、これらの次第を書いた紙の保存状態は安政期のものとほぼ同じであることから、幕末期に書かれたものであろう。

もう一つは、年代の記載から注目される点として、先に見た継承関係で遺されている文書に関して、宝暦一〇年(一七六〇)に袈裟・法螺緒など授与された慈眼院専宥と、文政七年(一八二四)に院号などを授与された慈眼院専宥との間が空きすぎていることを指摘していたが、上記のうち安永一〇年(天明元年〔一七八一〕)がその間に当たることである。「寿徳」に関して授与・受与双方の記載があるので、慈眼院に当該修法を与えた者かどうかいささか分かりづらいが、この一七八一年という年にこれらの修法が慈眼院にもたらされたことだけは確実であろう。

また、本山派修験とされる大天山観音寺(詳細不明)が二度記されているのは、慈眼院が羽黒派であったことを考え併せると、興味深いものがある。さらに、宝暦七年(一七五七)に関わる書き込みでは、千徳長根山の法印慶観が当該修法を千明坊に授与した旨が見られる。

五　長沢の本山派泉明院

本山派泉明院を受け継ぐ長沢二組のS家文書は、世代の継承に関する文書がほとんどであった慈眼院と異なり、多様な内容が含まれている。とはいえ、ここでも継承関係から眺めることにしたい。

1　泉明院の継承に関わる文書

泉明院の継承に関わる文書の情報は、表6に纏めた。

まず、神子の補任に関する文書が二点あったので、そちらから見よう。

表6　長沢泉明院の補任関係、霞証文、仮名など(網掛けが補任状)

文書タイトル	年号	西暦	発給者	宛先	市史No
院号御免之事	寛保2	1742	土佐守ほか法印2名	泉明院	6
補任神子号之事	宝暦14	1764	真田在庁永秋	万日	9
預置申下霞証文之事	安永9	1780	三閉伊年行事　寿松院	泉明院後住 明泉坊	10
神子号之事	寛政2	1790	真田在庁永忠	伊勢神	12
院号御免之事	寛政2	1790	法眼2名	宝寿院祐快	11
かり名	享和元	1801	三閉伊年行事　寿松院	定泉坊	13
預置申下霞証文之事	享和元	1801	三閉伊年行事　寿松院	明泉坊後住 定泉坊	14
かり名	文化4	1807	三閉伊年行事　寿松院	峯水坊	15
預置申下霞証文之事	文化4	1807	三閉伊年行事　寿松院	定泉坊後住 峯水坊	16
院号御免之事	文化6	1809	法橋1名	泉妙院峯水	17
仮名	天保14	1843	三閉伊年行事　寿松院	明学坊	20
院号御免之事	天保14	1843	法眼ら2名	泉明院2代 明学院照孝	22
院号御免之事	天保14	1843	法眼ら2名	泉明院貴林	23
僧都御免之事	天保14	1843	法眼ら2名	寿徳坊貴林	24
仮名	弘化4	1847	寿松院	明泉坊	31
永代相譲申証文	嘉永7	1854	寿松院	泉明院御房	33

神子の補任　二者とも「羽黒山寂光寺御師　真田在丁」からの補任であるように、羽黒派であった。

その二者のうち、筆者の撮影した年代の早い方を紹介したい(市史五六七頁)。包紙には、「神子号免許状　万日」とある。

補任神子号之事

　授与　奥州南部閉伊郡長沢村　万日

右任先例之法位令

免許之訖者神慮無

怠懈可抽丹誠者也仍而

執達如件

　宝暦十四年申六月十一日

羽黒山寂光寺御師

　真田在庁永秋　(印)

同年は一七六四年である。もう一人補任状の確認できた神子の名は、「伊勢神」とされており、補任は寛政二年(一七九〇)五月であった。この二人の神子を含む計六人の名が記載された位牌が、S家に残されていた。その位牌の銘によると、万日の方が文化二年（一八〇五）に七九歳で卒とされ、伊勢の方は安政五年（一八五八）に亡くなっている。万日の方は、死去した時の年齢から、上の補任の年にはおよそ三八歳だったことが分かる。(54)いずれにせよ、本山派修験であった泉明院に、この二人を含む羽黒派の神子が関わっていたことは、興味深いものがある。

泉明院関連の補任状　S家文書のうち筆者が撮影した分には、院号や僧都の補任状が計六点あった。この数は、『宮古市史　資料集　近世』九―一に掲載されている泉明院関連の補任状と一致している。そのうち、最も年代の古い寛保二年（一七四二）のものをまず紹介したい（市史五六五頁）。

　院号御免之事

被聞召訖不可有子細旨

御気色之所也仍

執啓如件

　　　　　　　　　　土佐守源宗種（花押）

寛保二年七月廿八日

　　　　　　　　　　法印誉旬（花押）

　　　　　　　　　　法印源甫（花押）

　奥州南部郡閉伊寿松院同行

　　　　　　　　　　泉明院

このことから、一八世紀前半の段階で、既に泉明院という院号の里修験が存在したことが確実だと分かる。つまり、先述の『御領分社堂』の情報が不正確だった、ということになる。

これ（および、後述する霞証文の年号）に続く年代として、森毅の紹介する寛政元年（一七八九）・二年の『修験人別改帳』に、長沢村の本山派修験として泉明院仙寿の記載がある。[55]その年齢は、二九歳とされている。

さて、S家文書中のその後の「院号御免事」に関しては、宛先が長沢の宝寿院祐快となっているものなど、異なる宛先のものがある。宝寿院宛の文書として寛政二年（一七九〇）の記があるもので、それも次に示しておきたい（市史五六八頁）。

院号御免之事
被聞召訖不可有子細旨
検校宮依御気色
三山奉行若王子御坊所被
仰出也仍執達如件
法眼秀伯（花押）
寛政二年四月廿九日　法眼快長（花押）
奥州南部閉伊寿松院同行
閉伊宮古長沢村
宝寿院　祐快

S家文書中の我々が撮影したもののうち、院号などの補任関係は全六点（表6の網掛け）であったが、年代的にはその二番目であるこの寛政二年（一七九〇）付けのものから後のものは、全てこれと同様「三山奉行若王子」の奉書の様式となっている。先に示したように、寛保二年（一七四二）のものは様式が異なっていた。

森毅が紹介している宮古市の近隣豊間根村（現下閉伊郡山田町）の旧威徳院H家文書中の補任状では、元禄一四年（一七〇一）から天保一四年（一八四三）までの全二五通（桃地結袈裟の免状も含む）が、全て若王子奉書の様式である。森の説明によれば、「これ（引用者注：補任状が若王子奉書の形式となっていること）は単にこの地方が院家若王子の霞下にあった、という理由に依るものでは無いことを示していた。京都にあって有力先達であった若王子は室町時代以来、熊野三山奉行として、本山派全体に対する補任を管掌する立場にあったことが知られ、近世期の安定した組織機構の段階には、ここに見るような画一的な書式が多くなった」という。[56]

それでは、なぜS家文書中の補任状で今のところ最も古い、寛保二年（一七四二）付けのものに若王子への言及がないのだろうか。威徳院文書中の補任状で最古のものである元禄一四年（一七〇一）付けのものに、「三山奉行若王子御房被仰出也」の一文があることと比較すると、森の先に引用した説明が妥当だとすれば納得がゆかない。後考を待ちたい。

なお、この宝寿院祐快は、先述のようにほぼ同じ年に二九歳の泉明院の院主として名が出ていた仙寿と、同一人物ではないかと思われる。

さて、寛政二年（一七九〇）の後の「院号御免事」の宛先は、文化六年（一八〇九）のものが「奥州南部閉伊郡長沢村泉妙院峯水」となっており、天保一四年（一八四三）に至って、長沢村の寿徳坊貴林に僧都が、同村の泉明院貴林と泉明院二代とされる明学院照孝に院号が、それぞれ免じられている（なお、表6では院号などを認めた法眼や法橋の名は全て省略）。

その天保一四年（一八四三）付け三点の史料のうち、第一と第二のもので宛先とされている寿徳坊貴林と泉明院貴林とは、多分同一人物を指すものであろう。つまり、泉明院が山伏家の名である院号、寿徳坊が山伏（僧都）としての名、貴林が僧名であろう。先に参照した豊間根の威徳院文書には、同年同月に院号と僧都両方の補任を受けたケースが、三つほど見られる(57)。

仮名証文　補任状の他に、全て三閉伊年行事の寿松院の発行した仮名証文が、享和元年(一八〇一)・文化四年(一八〇七)・天保一四年(一八四三)・弘化四年(一八四七)の計四通見られる(表6参照)。そのうち、筆者が唯一撮影していた、天保一四年の明学坊に関するものを紹介しておく(市史五七六頁)。

仮名

宮古通長沢村泉明院忰明学事

明学坊

右者此度拙僧弟子得導

本山修験導為相立候所

相違無之もの也

三閉伊年行事

天保十四年卯六月七日　寿松院

印(花押)

明学坊

この仮名証文から、明学坊が泉明院の「忰」であったことが分かる。つまり、同じ年の「院号御免之事」の宛先となっていた「泉明院二代　明学院照孝」(後掲表7参照)は、泉明院貴林の息子であったと推察される。

なお、それ以外の仮名証文について、『宮古市史　資料集　近世』九—一により簡単に見ておく。まず、享和元年(一八〇一）の仮名証文は、後述する霞証文に「明泉坊後住」として出る定泉坊が、明泉坊の「名跡」である旨の記載があるもの。文化四年（一八〇七）のものは、その定泉坊の「養子」が峯水坊であるとしている。この峯水坊は、文化六年に院号を補任された泉妙院峯水（表6参照）のことであろう。弘化四年（一八四七）のものは、泉明院の嫡孫である明賢が、明泉坊である旨の記載がある。

霞関係の証文　次に、S家文書のうち、補任そのものとは異なるが、霞の継承に関わる文書を一点紹介したい（市史五六九頁）。なお、ここでは紙幅の都合上詳しく検討できないが、[58]以下の文書のように、当時は霞が（聖護院あるいは若王子のような院家からではなく）地方の年行事から同行に与えられていた。

預置中下霞証文之事
一宮古御代官所之内花輪村
長沢村右弐ケ村前々より預置
申候所此度継目代替ニ付
相改霞証文遺候本山霞
法式可相務者也

三閉伊年行事
享和元年酉五月十日　寿松院（印）
長沢村明泉坊後住
定泉坊

同年は一八〇一年である。筆者が撮影したS家文書中でこの霞証文に関しては、文化四年（一八〇七）付けの「預置申下霞証文之事」がある。そこでは、ほぼ同文の後、宛先が「宮古長沢村定泉坊後住　峯水坊」となっている。この霞証文の宛先となっている峯水坊は、先に概観した文化六年(一八〇九)付け「院号御免事」の宛先、「泉妙院峯水」と同一人物と思われる。

ということは、泉明院の霞を享和元年(一八〇一)まで明泉坊の替りに年行事である寿松院が預かり、同年から文化四年(一八〇七)頃まで定泉坊が後任住職となったので霞を与え、文化四年からは峯水坊に代替りし、彼はその二年後に泉妙院の院号を受けた、などのことが分かる。

なお、嘉永七年(一八五四)の「永代相譲申証文」(市史五八二頁)では、「預置候祈旦家長沢村・花輪村」を残らず「治世連綿中取上ケ不申」、「霞役銭・継目金共ニ永代相免候」という、永代に霞を泉明院に譲る旨が寿松院より「泉明院御房」に伝えられている。

泉明院の継承に関する小括　以上、院号と僧都の補任状計六点、仮名証文四点、霞関係文書四点、および森毅の紹介による『修験人別改帳』に基づくという制約があるものの、とりあえずここから分かる泉明院の世代に関わる情報を、表7に纏めてみた。

もっとも、これらの史料だけによる限り、安永九年(一七八〇)の「泉明院後住」とされる明泉坊、『修験人別改帳』に出る泉明院仙寿、寛政二年(一七九〇)に院号を補任された宝寿院祐快という三者の関係は不明であるが、享和元年(一八〇一)の霞証文にも明泉坊の名が出るので、この四者は同一人物ではないかと推定しておく。

また、天保一四年(一八四三)の泉明院(寿徳坊)貴林の件も若干分かりづらいが、子息の明学院照孝が同年に別の院号を補任されている、ということであろう。さらに、弘化四年(一八四七)の仮名証文によれば、前者(貴林)の孫が明泉坊明賢であることが分かる。以上から、初代と考えられる寛保二年(一七四二)に院号を補任された泉明院から、次

表7　泉明院の世代に関わる情報（まとめ）

年号	西暦	山伏名	備考
寛保2	1742	泉明院（初代か）	院号補任
安永9	1780	明泉坊	この年の霞証文に、「泉明院後住」として霞を預けられる
寛政元または翌年	1789 or 90	泉明院仙寿	『修験人別改帳』に29歳と出る
寛政2	1790	宝寿院祐快	院号補任（←なお、これより後、補任状は若王子奉書形式に）
享和元	1801	明泉坊	この年まで（?）、泉明院の霞を支配（?）　安永9年の明泉坊と同一か？
享和元年	1801	定泉坊	この年、泉明院の霞を明泉坊の跡目として得る（?）。また、同年の仮名証文によれば、明泉坊の養子としてこの名を得る
文化4	1807	泉妙院峯水（峯水坊）	この年、定泉坊の代替で泉明院の霞の跡目に（?）。同年の仮名証文によれば、定泉坊の養子としてこの名を得る。俗名は常右衛門
文化6	1809	同上	泉明院の院号補任
天保14	1843	泉明院貴林	院号補任、僧都補任。息子は明学院（または明学坊）照孝で、やはりこの年に院号補任
天保14	1843	明学院（または明学坊）照孝	院号補任。泉明院（寿徳坊）貴林の息子
弘化4	1847	明泉坊	泉明院の嫡孫、明賢のことか？

のような世代であったのではないだろうか。

泉明院（初代か、寛保二年〔一七四二〕、院号補任）

明泉坊（寛政二年〔一七九〇〕、宝寿院祐快として院号補任）

定泉坊（明泉坊の養子、享和元年〔一八〇一〕、泉明院の霞の跡目）

泉明院峯水（定泉坊の養子で霞を引き継ぐ、文化六年〔一八〇九〕、院号補任）

泉明院貴林（天保一四年〔一八四三〕、院号補任）

明学院照孝（天保一四年〔一八四三〕、院号補任）

明泉坊明賢（弘化四年〔一八四七〕、泉明院の嫡孫とされる）

以上のうち、三番目の定泉坊と最後の明泉坊明賢の二者については、補任状がS家には残されていないため、正規に補任されなかったのか、あるいは補任状が失われたのかは判断できない。

なお、一九八八年におけるS・K氏からの聞き取りによれば、彼は復飾した先祖を「ソウゴ」と呼んでおり、明治初頭の復飾に関わる複数文書（市史五九九―六〇二頁）に出る「長吾」のことであろうと思われる。そのソウゴ（長吾）は、音が近接するところから、上記の明学院照孝のことではないかと推察される。また、その子息（S・K氏の曽祖父）は「キン（ケン）ノスケ」という名で寺子屋をやっており、また真石《しんこく》流の柔をやり、丈夫で九三歳まで生きたという。これも、「ケン」の音が共通する点から、明泉坊明賢である可能性が考えられる。なお、S・K氏の父は伊勢の教導職をやっていたが、酒屋の杜氏をやっていた祖父（キンノスケの息子）の養子として、S家に入った人物だという。

2　本山・羽黒の確執に関する文書

次に、泉明院文書の中で本山・羽黒の確執に関する史料を一点、参照したい。寛延三年（一七五〇）の文書である。『森御殿ニ而御役人を以　御公儀江御答書帳』という仮とじの綴りの中に収められていた一纏まりに含まれるもので、『宮古市史　資料集　近世』九―一では、この纏まりを併せて文書1としている（市史五五四―五六〇頁）。もっとも、以下に取り上げる箇所は、若干漢字などに異なる部分もあるが、『川井村郷土誌』下巻（一九六二年）に掲載された「年行事より前々支配請罷有候品ケ条左之通」[59]と、ほぼ同文であり、その意味について森毅が、本山派による羽黒派支配という観点から詳細に位置づけている。[60]

『川井村郷土誌』には、同村門馬《かどま》にある早池峯山開慶寺の別当妙泉院（通称門馬別当）所蔵の文書を集めた箇所に収録されている。門馬別当に関しては、明治二年（一八六九）付けの復飾に関わる泉明院文書に、「先祖常学院中絶ニ付、寛延三年上田通・門馬村妙泉院内弟子ニ泉明院ト申者有之」云々とある（市史五九五頁）。また、一九八八年に我々の調査グループがS家にうかがった際にも、当時の当主であったS・K氏が門馬と泉明院との関係を語られていたので、泉明院と門馬別当との間に特別な関係があって、この文書が泉明院に伝えられたと推定しておきたい。

なお、以下の引用では、『川井村郷土誌』によって読めない箇所を補ったりはせず、読点を付し、原文通りの改行はしていない。

年行事より前々支配請罷有候品ケ条左之通

一、御公儀御触並御国法諸願不依何儀ニ、年行事江申出下知得申候、尤仲間出入等有之候而茂、訴出御差図を得申事、

一、檀那場之諸祈禱霞法式之通ニ相勤罷有候事、

一、入峯並他領出諸山仏詣仕候節、御境日出判年行江申出、御判申請候、尤出達日限帰国之始末共ニ御訴申上候事、

一、例年切支丹宗門御改之儀被仰出候節、組頭限急度相改印形仕差上候事、

一、仲間病死御訴並旦那場所持之儀者、継目坊跡之事年行事江訴出被申付之通相験仕候、尤檀那場村付之証年行事より相出旦那場預置居候儀、霞同前ニ御座候事、尤其者一世之祝儀与存、音物鳥目等も前々より致来候事、

一、御公儀より被　仰渡候諸御用之書通、不依何儀ニ御支配中村続を以、本山羽黒両派共ニ順達仕候義、前々致来候事、

一、年頭端午之両礼、鳥目を以宗門改之節相届候事、

一、俗家より山伏神子養子或者弟子新規相成候節、俗性宗旨親元等之義、吟味向々之役人より送り切手を取組頭組合[61]慥成証文年行事江指出、御下知を以宗門御改慥ニ茂書上仕候事、前々通ニ御座候事、

一、三閉伊羽黒山伏江諸御用有之年行事より申付等御座候節、其向々之山伏森岡江被為承被申渡候事、是亦先格ニ

御座候事、
一、本山羽黒両派ニ不限従　御公儀御疋回之者有之、御国法之御改事被仰渡候内、出入懸り合之見守り候事、何義共致加談筋致儀前々より致来候、尤年行事より御下知次第相相替候事、
一、霞並檀那場より、伊勢参宮より熊野宮最花儀、御定目之通取立年行事江差出申候、其外他領諸山仏詣書判勿論、湯殿羽黒参詣之旦那年行事江参止宿仕、御境目書判申請候、尤一日二夜逗留仕、其落物四百文宛閉伊郡郷風敷候有来候事、
一、諸祈禱並湯殿羽黒月山引送春仰達等之義、施主之□[62]帰依両派差障不申候事、
一、拙僧共仲間、年行事江対不法之仕方有之節、本人並組合被召申出遂吟味処、外ニ難成筋御座候節、旦那場御取上、其組合内江御預ケ被成候事、
一、御公儀並年行事用事共ニ不依、何義ニ諸事急度相替罷有候事、右ケ条書之通羽黒仲間、拙僧共御定目之通前々より御支配請罷有候、尤此度惣領役頭襟以之義法義を以、御立被成候由、従　東叡山被仰出羽黒御鏡代被仰渡之掟書、大勝寺申渡候も不依何義ニ御国法之義、如前々え年行事下知可相守由奉畏御請申上候、依之右ケ条書之通、以来年行事被仰付之義、羽黒山伏共違背仕候ハヽ、急度可被仰付候、右之趣御役所江も被仰上可被下候、為後證頭襟頭共印形如此御座候、以上

寛延三庚午年十一月

閉伊大組[63]村妙蓮院(印)
同　宗在[64]村善勝[65]院(印)
同　八丹後[66]村文殊院(印)
同　岩泉村弥勒院(印)

三閉伊年行事
　寿松院御房

前書之通、拙僧霞場住居之羽黒山伏年行事より支配請候品致、ケ条書以来騒乱無之旨請書指出候間、御訴申上候宜被仰上被下、尤奉願候以上、

閉伊年行事
寿松院(印)

午十一月
修験領物録(67)
自光坊御房

この文書は、本山派寿松院の霞下にあってその支配を請けている羽黒派の四頭襟頭から、一四箇条に亙って旧来通り年行事の支配を受ける条文を書き上げた内容となっている。すなわち、入峰、他山参詣、伊勢や熊野参詣などに際して、本山派年行事に判を受けたり上納したりすること、檀那場の跡目に関しては年行事の承諾を得ること、俗人から山伏や神子になる時は、一度商人に送り切手を取ったうえで、組頭の証文を出して年行事の下知を待ったのちに宗門改めに書き上げること、年頭と端午の礼の分を宗門改めの際に届けること、等々。

もっとも、檀那場における諸祈禱などに関しては、「霞法式」にまかすという二番目の条文などに、わずかに羽黒派側の主張が残されているとも考えられる。

なお、文書タイトルの「年行事より」は、形式上文書の大半を書いていることになっている羽黒派の頭襟頭から見て、そこ(本山派年行事)より支配を請けて、の意である。すなわち、発給者は年行事寿松院だが、羽黒派の四修験か

らを想定している条文の引用が大半で、それを寿松院よりさらに上の位階の惣録自光坊に宛てた文書、ということである。

長沢の泉明院にこの文書が伝えられているのは、先に推察したように門馬妙泉院との特別の関係によるのだと思われるが、あえてこれを筆写して残しておいたことは何らかの必要があったとも考えられ、きわめて興味深い。

3　泉明院の宗教活動に関わるもの

泉明院文書の中で宗教活動に関わるものは、慈眼院文書と同様少ない。その中で、間接的な関わりでしかないが、海岸線の防衛のために諸国寺院の梵鐘から大砲を造りたい旨の寺社奉行からの指示を、寿松院が書き写して回覧した、幕末頃と思われる文書がある（市史五八二―五八五頁、安政二年（一八五五）かと添え書きが付されている）。内容そのものには興味深いところもあるのだが、一度紹介したことがある。[68]

門跡峰入りに関わる指示文書　そこで、ここでは泉明院の宗教活動を知る最も典型的な史料として、天保一〇年（一八三九）に予定されていた聖護院門跡雄仁の大峰入峰に際して、参勤するようにとの聖護院からの指示文書を、その前年に寿松院が書き写して回覧した文書（市史五七三―五七六頁）を見ておきたい。

もっとも、この文書も一度紹介したことがあるうえに長いので、[69]タイトルの後、聖護院からの指示の写し（あるいは要約）の箇所を省略して、寿松院からの指示箇所のみ紹介したい。

（表紙）「天保九年
京都御本寺聖護院宮様
従御殿被　　仰出書

戊九月　　　　　宮古通江」

（前略）

前書之通京都御本寺従御殿被　仰出候間当病人之外、急度上京御通御供可被成候、

一、御祝儀物金壱歩献上、外ニ霞場御預リ之者、別段金壱歩神子共同断、無霞之者御祝儀物壱歩之外弐朱急度可被差出候、右別段上納金之次第者、志和年行事自光坊、雫石年行事円蔵院、花巻年行事一明院、閉伊年行事寿松院、岩手年行事西福院、一戸年行事吉祥院、浄□寺年行事三光院、三戸年行事威徳院、五戸年行事多門院、遠野年行事大徳院、右役頭中より使僧相立外、諸入用ニ御座候、若万一及違背ニ霞有之者、しめて金弐歩、神子弐歩、無霞之者壱歩弐朱、不納之輩有之候ハヽ急度厳重ニ御取扱ニ相成可申候旨、修験導惣《ママ》録自光坊より茂御達ニ候事、

一、来三月中ニ急度上納可被成候、及遅滞候而者、神子共ニ霞場ニ相抱リ、其上厳重御吟味相成可申候、無霞之者共ニ其御振合ニ而、御本寺従　御殿御吟味ニ相成可申候、前御達申候通、三月中ニ不納之輩有之候ハヽ森岡江呼出吟味相済候所ニ而、此方印形付ニ而、御本寺御殿江御沙汰之通申上候間、左様ニ而如何様之御吟味ニ相成可申哉難斗候、此方斗ニ不限、同役中右之通候間、左様ニ不相成様御出情被成、三月中ニ上納金可被成候、御沙汰書之通神子之義者参勤御用無之、上納金一通ニ御座候、前厳重ニ御達申通、若哉上納金延引之神子者共ニ前御達申候通ニ候事、

一、御本寺御殿御公儀様御両所様より被仰出候間、御達申候諸同行神子郡村名霞、神子霞共ニ被入御念急度御書上ケ可被成旨、尤急度御用之趣ニ而被　仰出候間、無遅滞急々御調被成可被差出候、神子之者は及違背ニ候而者、其軒主ニ而御迷或ニ相成可申候間、不納無之様軒主ニ而御取斗可被成候、此度役僧呼出急度御達可申候所、少したり共□□致呼出ニ御達申候等、平ニ相心得候而者、重キ無調法可相□此段、厳重ニ御達申候、以上、

閉伊年行事
寿松院役所(印)

戌九月
役僧乙部村
宝明院御房
仮役僧
成学院
惣同行中
惣神子中

前略とした部分は、聖護院からの指示そのままか、寿松院が適宜要約したかは分からないが、おおよそ以下の内容である。すなわち、次の年の七月に御門跡の入峰があり、それが門跡一世一代のことであるから、病人の場合を除き年行事から同行までの全員が参勤すべし、先の文化の門跡入峯では不参が見られたので不参のないよう、より厳重にすべし、御祝儀については先の(文化の入峰時の、という意味であろう)規定に従え、神子の参勤は不要である、違背があった時は悉く書付を出させて吟味する、等々の点が繰り返されている。

それに続く引用した部分では、藩内における年行事の名の列挙や上の内容の繰り返しに加え、御祝儀の上納の件が述べられている。これは、先の割愛した箇所において、規定にならえという表現で具体的な額が省略されていたためであろうが、年行事という地方の現場では、門跡入峰に際しての「参勤」より「上納」の皆済の方が重大関心事であったことを示すという意味で、きわめて興味深い。

その上納について曰く、同行は全て一歩、霞場を預かる者はさらに壱歩で計二歩、神子も同様に二歩、霞のない者は一歩二朱を納めよ、とされている。また、神子の参勤不要は前書の「沙汰」通りとするが、「上納金一通ニ御座候」と金だけ出せと強調しているのも興味深い。さらに、不参や御祝儀遅滞の場合、院跡の相続にも関わる、と従わざるをえないような指示内容となっている。

その他の宗教関係史料　以上見てきた門跡峰入りに関わる寿松院からの指示文書の他に、宗教活動に関わる文書として、既に『宮古市史　民俗編』下巻で神田より子が詳しく紹介しているが(同書七六―八五頁)、神楽の廻村に関わる記録をここでも参照しておく(市史五八五―五九四頁)。これは、標題に「新山　元治元年十一月一七日　稲荷　三社祈祭牒　織僧」とある文書で、神楽を廻した地名が掲載されているのは、大谷地村・折壁・横須賀・大野・根井沢・寺沢・長沢村・南川目・北川目、の九箇所である。元治元年は一八六四年、開始が別当宅などその年の一一月一三日、地名の載る最初の大谷地(花輪の地名)が標題のように一一月一七日、最後の北川目は一二月一日と記されている。

なお、標題に「稲荷　三社祈祭牒」の語があることも注目される。先に仮称『修験面附』(表4)の泉明院に関する記載について見たように、同史料の成立下限と考えられる一九世紀半ばまで泉明院は何らかの堂社の祭祀とは関わっていなかったらしい。それが、その一〇年余り後のこの史料では、稲荷および(あるいは、それを含む)三社の「祈祭」に関わっていたことが主張されているのである。稲荷を含む三社とすれば、いずれもS家が別当を務めている表3の愛宕・熊野を含む三社であろうか。

この他、S家の蔵にあった仮綴じ文書について触れておきたい。『宮古市史　資料集　近世』九―一には翻刻されていないものであるが、筆者も全てを写真撮影してはいない。

これは、「神等収御稜威夜守日守幸給」「神等御稜威諸願成就守幸給」という二つの短冊様の張り紙が添付された仮綴じ文書で、「湯立て神事」の次第や閉伊地方の神名を列挙した部分が含まれるものである。この文書の宛先には、我々が一九八八年に訪問した当時S家当主であった（今は代替わりしている）S・K氏の名があったので、同氏が近年まで、いくつかの神社の別当として宗教活動を行っていた際に使用するためのものではなかったかと考えられる。

S・K氏については、宮家準が「俗別当」という位置づけでその宗教活動を詳細に分析している。[70] 我々の調査グループも、川目（長沢7・8組）で一九八九年に悉皆調査を行った際、同氏が札を配ったり幣を切ったりの活動をされていた、という聞き取りをしていた。

もっとも、泉明院が復飾時に盛岡県に当てて記した「口上覚」には、「稲荷大明神別当職ヲ以相続罷在候処」云々とあるので（市史五九五頁）、近世には必ずしもそうでなかったにせよ、幕末までの旧修験が明治初頭に置かれた立場として、神社および小祠の別当職としての宗教活動が主体であったと弁明せざるを得なかったと考えられる。すなわち、神社別当職だと自己規定する出発点が明治初頭にあった、ということであろう。

六　結び

先に、宮古地方の里修験は特殊なのか否か、と疑問を提出していた。その答えを求めて、羽黒派の津軽石慈眼院、本山派の長沢泉明院について、振り返って再考したい。

慈眼院文書に関しては、先に見たように世代の継承に関わるものが大半であり、かつ院号に関わる文書は二点のみであった。世代に関しても、一部欠落している時代があった。

ちなみに、近隣の赤前に立地していた本山派真祥院を継承するY家には、黒森山からの権現（獅子頭）廻村に際しての確執に関わる文書が、複数残されている（市史五〇二—五〇三頁）。[71] 近隣の慈眼院は、黒森山の権現廻村にどう対処したのだろうか。

量的にも多い泉明院文書については、いくつかの興味深い情報があった。一つ目は、世代の継承に関して、調査時点まで継承された世代が、少なくとも慈眼院よりは詳細に復元できたことであろう。

二つ目は、門馬妙泉院ゆかりの、本山派が羽黒派を支配しようとする一四箇条が、書写されて残されていたことである。長沢の地では元は羽黒派が優越していたと推察されるので（表4）、羽黒派の里修験に対する対抗意識から、本山派泉明院がこれを残そうとしたのかもしれない。

もう一点は、聖護院門跡雄仁の天保一〇年（一八三九）の大峰入峰に関わる指示文書が残されていることであろう。実際に泉明院ら閉伊の里修験が門跡入峰に供奉した記録は残されていないが、長沢を含む閉伊郡宮古通りの本山派里修験が、他の機会も含めて大峰で修行を行っていたことをうかがわせる情報であろう。なお、天保一〇年の門跡入峰に関しては、本書序論でも触れたことであるが、埼玉県日高市高麗神社の前身大徳院がこれに供奉した日記が知られている。[72]

もとより、慈眼院・泉明院とも院号を補任されたのは、何らかの山中修行を果たしたことによっていたのであり、上記の指示文書は、宮古通りの里修験が単なる里の祈禱師であったのではなく、彼らの宗教活動を正統化するものとして大峰などでの山林修行があったことを想起させる。なお、慈眼院・泉明院とも、日常的な祈禱などの次第書は残されていた。旧来の里修験研究では、こうした次第書が過度に注目されてきたのかもしれないが、我々の調査ではいずれも完全な形で写真撮影しておらず、また『宮古市史　資料集　近世』九―一にも翻刻されなかったことから、本章では詳しく触れなかった。

以上、慈眼院と泉明院という、筆者のグループが里修験を継承しているお宅を訪ねて文書の写真を撮影させていただいた事例に関して、後になって翻刻された文書も加味して考察してきた。あるいは、両事例を含む宮古の里修験の有する特異性は、こうした旧里修験家に残された文書の物量の多さではないか、とも考えられる。『宮古市史　資料集近世』九―一で翻刻され、これまで一度も考察されなかった文書は、他にもまだ数多いのである。これらを利用した江湖の研究が益々期待されることを、本章の結びとしたい。

注

（1）宮家準「宮古における里修験の変容」、『山岳修験』第一二号、一九九三年、一三頁。典拠は『篤焉家訓』とされているが、同論におけるこの数は、論文全体から判断すると、一九九〇年前後の宮古市域に山田町豊間根を加えた範囲を、おおよそ近世の宮古通りと捉えたのだと思われる。なお、同論文は、宮家準『修験道組織の研究』（春秋社、一九九九年）の第七章第三節（九四八―九八〇頁）にほぼ同文で再録されている。

（2）岩本由輝『近世漁村共同体の変遷過程―商品経済の進展と村落共同体―』塙書房、一九七〇年。

（3）森毅「南部藩における修験の活動」、月光善弘（編）『東北霊山と修験道』名著出版、一九八七年、同『修験道霞職の史的研究』名著出版、一九八九年。

（4）森毅「奥州地方の修験道史料」、『日本宗教史研究年報』第六号、一九八五年、同「三陸沿岸修験資料と解説」、『山岳修験』第一二号、一九九三年。

（5）宮家準「宮古における里修験の変容」、注1前掲。

（6）神田より子「陸中宮古の巫女舞と託宣」、『民俗芸能研究』第二号、一九八五年、同「巫女の生活誌―陸中沿岸地方の近世史料から―」、『民俗宗教』第一集、一九八七年、同「巫女の災因論（序説）―陸中沿岸地方の事例から―」、『東北民俗』第二二輯、一九八八年、同『神子の家の女たち』東京堂出版、一九九二年、同「修験『威徳院過去帳』に見る神子の動向」、『山岳修験』第一二号、一九九三年、同『神子と修験の宗教民俗学的研究』岩田書院、二〇〇一年、その他。

（7）鈴木正崇「祭祀伝承の正統性—岩手県宮古市の事例から—」、『法学研究　法律・政治・社会』第七七巻一号、二〇〇四年。

（8）假屋雄一郎「神社・小祠信仰と修験道—岩手県宮古市牛伏の場合—」、『民俗宗教』第五集、東京堂出版、一九九五年。

（9）由谷裕哉「一山伏家から見た近世本山派修験」、『北陸宗教文化』第一三号、二〇〇一年、同「地域社会における里山伏の宗教活動」、『小松短期大学論集』第一六号、二〇〇四年。

（10）岸昌一（編）『御領分社堂』岩田書院、二〇〇一年、同『報恩寺末寺諸留』岩田書院、二〇〇三年、同『寺社記録』岩田書院、二〇〇六年。

（11）菅豊『修験がつくる民俗史—鮭をめぐる儀礼と信仰—』吉川弘文館、二〇〇〇年。

（12）岩本由輝『南部鼻曲り鮭』日本経済評論社、一九七九年。

（13）佐島隆「陸中沿岸地域におけるオシラサマ信仰—岩手県下閉伊郡山田町の事例研究」、『日本文化研究所研究報告』別巻二四、一九八七年。

（14）門屋光昭『隠し念仏』東京堂出版、一九八九年。

（15）川島秀一『ザシキワラシの見えるとき　東北の神霊と語り』三弥井書店、一九九七年、同『憑霊の民俗』三弥井書店、二〇〇三年、同『津波のまちに生きて』冨山房インターナショナル、二〇一二年。

（16）我々とは別の機会に旧・泉明院S家を調査した神田より子が、『神子の家の女たち』（注6前掲）などで当家に所蔵された神子補任状について述べている。

(17) 筆者の既発表稿(注9)は、この資料編の存在を知らずに、自らが『宮古市史 民俗編』調査の過程で撮影した文書データを使用して議論したものである。
(18) 盛岡市中央公民館所蔵文書とされる。田村忠博『古城物語』(私家版、一九八三年)の三四頁より孫引き。
(19) 大矢根淳「津波の民俗」、『宮古市史 民俗編』下巻、宮古市、一九九四年、参照。
(20) 『東日本大震災の記録—岩手県宮古市—2011. 3. 11～2013. 3. 10』。宮古市の公式サイトの次のURLより、pdfファイルをダウンロードできる。http://www.city.miyako.iwate.jp/kikikanri/shinsai_kiroku.html(二〇一七年一〇月最終確認)。
(21) 以下、本章で旧修験家やその当主、小祠の別当家を現す場合、全てイニシャルとしたい。同じイニシャルで別人の場合、二番目に言及する人物につき、頭文字の次まで小文字で付記する。二〇世紀末の『宮古市史』の民俗編および資料編では全て実名が使われているが、現今の個人情報に配慮しての対応である。
(22) 『宮古市史 民俗編』上巻、宮古市、一九九四年、五八九頁。
(23) 例えば、次を参照。由谷裕哉「民俗調査と地域」、『CASニューズレター』(慶應義塾大学地域研究センター)第一〇〇号、二〇〇〇年。
(24) 『宮古市史 民俗編』上巻(注22前掲)、五八頁。
(25) 千葉正士は、神社合祀によって一村の総鎮守が作られた場合などに、元の小社に対する信仰およびその氏子区域内の共同体的な結合が強い場合を、「二重氏子」と形容している。千葉正士『祭りの法社会学』弘文堂、一九七〇年。
(26) 伊藤麟市『牧庵鞭牛の生涯』(私家版)、一九五四年、参照。
(27) 新山賢蔵・沢内勇三(編)『長根寺物語』(私家版)、一九六八年、九頁。森毅「黒森山の歴史と中世的権現—三陸沿岸地域の権現社を探って—」、『山岳修験』第一二号、六六頁、七九頁。森論文では、天台宗起源説の典拠を安永から寛政年中（一七七二―一八〇一）の『邦内郷村志』（『南部叢書』第五冊、東洋書院、一九八二年覆刻）としつつも、真言宗説も否定できないとしている。

(28) 田村忠博『古城物語』（注18前掲）、七六頁。

(29) 上記『古城物語』七八頁。なお、『長根寺物語』（注27前掲）の五七頁にも拓本による鐘銘が掲載されている。

(30) 『長根寺物語』（注27前掲）、一六頁、六一頁。

(31) 上記『長根寺物語』、一一頁。

(32) 上記書五頁。なお、同書九頁では、長根寺蔵の仏書の巻末記事に出る正平三年（一三四八）に、既に長根寺が存在していたと推定している。いずれも、根拠が不確かな推定ではないかと思われる。

(33) 上記書三一―三二頁。

(34) 上記書一五頁。

(35) 上記書六〇頁。森毅が、これらと対応すると考えられる近世の黒森山に関わる修験を推定している。森注27前掲論文、七五頁。

(36) 『古城物語』（注18前掲）、八八―九六頁。同書では「北処御館正家」を、北畠顕家と推定している。

(37) 森毅『修験道霞職の史的研究』（注3前掲）、八二―九九頁。同所に、「大久保昔書遺翰」の翻刻も含まれている。

(38) おそらく網野善彦の職能集団に関する偽文書研究を出自とすると考えられる、近年の近世由緒書研究によれば、近世に記された由緒書を一種の偽文書であると見なすのが一般的であろう。井上攻『由緒書と近世の村社会』大河書房、二〇〇三年、参照。もっとも、森毅は「大久保昔書遺翰」を中世起源の文書と解釈している。

(39) 森毅「黒森山の歴史と中世的権現」（注27前掲）、六九―七四頁。

(40)『御領分社堂』は、合計二三八四社を修験持社堂、寺院社人持社堂、俗別当持社堂に三分類して、書き上げたもの。盛岡市中央公民館所蔵。記録年は宝暦一〇年(一七六〇)とされる。翻刻本は、注10の岸昌一によるものなど。本文で言及した花輪の新山権現は、岸翻刻史料の五頁に、別当慈顕院、本地正観音などとある。

(41)『日本洞上連燈録』(『曹洞宗全書　史伝』上、曹洞宗全書刊行会、一九二九年)、七一―七二頁。

(42)『曹洞宗延享度本末牒』名著普及会、二〇〇二年(オンデマンド版)、三二六頁。

(43)筆者は、『宮古市史 民俗編』下巻の六六一頁で、横関了胤『江戸時代洞門政要』(東洋書院、一九三八年)五一二頁に基づき、陸中国は録所・報恩寺を含み大中寺の配下、としていた。横関の著作五一三頁には、瑞雲寺・善勝寺とも「大中寺配下」と明記されている。ところが、『曹洞宗延享度本末牒』二七五頁によれば、報恩寺は関三刹のうち総寧寺の「配下」とされている。盛岡藩の録所・報恩寺が関三刹の大中寺・総寧寺いずれの配下であったかは、本章の議論と直接関わらないものの、この点について注記しておきたい。

(44)『報恩寺末寺諸留』(注10前掲)、七八―八〇頁。

(45)森『修験道霞職の史的研究』(注3前掲)、二二二―二三四頁(自光坊に関して)、一七四―一九七頁(安楽院を巡る公事に関して)、参照。

(46)森毅『南部藩の修験・山伏―南部藩領霞支配・堂社の分布―』郷土誌叢刊行会、一九七五年、二九―五七頁。

(47)「同村」は、岸昌一(編)『御領分社堂』(注10前掲)、四七頁による。「向村」は、森毅『南部藩の修験・山伏』(上掲)、二六頁の番号六一二および六一三による。なお、「同村」という書き方は長沢の場合にも見られ(後者、二五頁の番号六〇〇に対して六〇一)、「門村」は津軽石の数件後に記載されているので(二六頁の番号六一六)、筆者は原本に当たっていないものの、ここは「同村」で正しいのではないかと推察している。

(48)『宮古市史　民俗編』上巻(注22前掲)、五八九頁。

(49)文書の解読については、一九八九年当時中央大学大学院に在籍されていた小山幸伸氏にご協力いただいた。

(50)『宮古市史　資料編　近世』九―一では、「軆」の字としている。

(51)森毅『修験道霞職の史的研究』(注3前掲)、一七〇頁参照。

(52)森毅「三陸沿岸修験資料と解説」(注4前掲)の八三―一〇八頁に、豊間根の旧・本山派威徳院文書などが翻刻され、解説されている。そのうち史料番号の1から36は旧岩泉村の羽黒派弥勒院文書が紹介されているが、番号5から以降は補任と免状関係で、弥勒院に「紫紋白結袈裟」を授与する旨の許状は、そのうち番号10(明和五年〔一七六八〕)、番号16(寛政元年〔一七八九〕)、番号22(天保四年〔一八三三〕)、番号28(文久元年〔一八六一〕)、の四点である。この四点とも、発給先は真田在丁ではない。

(53)なお、宮家準によれば、同家には本文で以下にあげる次第書きの他に、次のタイトルを含む『口決集』が所蔵されているという。春祈禱、病人祈禱、教化加持、疱瘡安全祈願、星祭、湯立法式、開山行者仏前祈禱、引導作法、糞土加持。宮家準「宮古における里修験の変容」(注1前掲)、二一七頁。

(54)神田より子「修験『威徳院過去帳』に見る神子の動向」(注6前掲)、四一―四二頁参照。

(55)森毅『修験道霞職の史的研究』(注3前掲)、三五〇頁(修験人別改帳の説明)、四三七頁(明泉坊仙寿の記載)。

(56)森毅「三陸沿岸修験資料と解説」(注4前掲)、一〇五―一〇六頁。

(57)森毅上記稿の九六―九七頁のうち、史料番号四〇と四一が宝暦一二年、四六と四七が寛政一一年、五〇と五一が天保一四年に、各々同時に院号と僧都を補任されており、例えば四〇の院号が威徳院貞栄宛、四一の僧都が正覚坊宛、のように、宛先は各々別の名になっている。

(58) 霞の付与が地方在住の年行事によって行われる場合があったことについては、森毅「南部藩における修験の活動」(注3前掲)、七三頁参照。
(59) 『川井村郷土誌』下巻、同村、一九六二年、七九—八〇頁。
(60) 森毅『修験道霞職の史的研究』(注3前掲)、二一三—二一七頁。
(61) 『宮古市史　資料集　近世』九—一の翻刻(五五九頁)では、「性」。
(62) 上記資料集の上記頁では「任」。
(63) 『川井村郷土誌』所収分では「大槌村」。上記資料集五六〇頁でも同。
(64) 『川井村郷土誌』所収分では「宮古村」。上記資料集同上頁でも同
(65) 『川井村郷土誌』所収分では「善龍院」。上記資料集同上頁でも同。
(66) 『川井村郷土誌』所収分では「八木沢村」。上記資料集同上頁でも同。
(67) 『川井村郷土誌』所収分では「修験道」。上記資料集同上頁でも同。
(68) 由谷裕哉「地域社会における里山伏の宗教活動」(注9前掲)。
(69) 由谷裕哉「一山伏家から見た近世本山派修験」(注9前掲)。
(70) 宮家準「宮古における里修験の変容」(注1前掲)。
(71) 森毅「奥州地方の修験道史料」(注4前掲)、九七頁、にも宝暦一二年(一七六二)の文書が掲載されている。
(72) 「御入峯供奉日記」、横田稔(編)『武蔵国入間郡森戸村　本山派修験　大徳院日記』高麗神社社務所、二〇一〇年、六五—八三頁。

第二章　六日祭修正延年と近世修験

一　問題の所在

本章では、岐阜県郡上市の長滝白山神社で毎年一月六日に執り行われる長滝六日祭、旧称修正延年を対象事例とし、本書の課題である近世修験の問題へと考察を進めたい。

本祭礼を近世修験との関わりのうえで考察する意味は、以下の通りである。この延年は古来の延年の演目を含んでいると考えられるため、一九六〇年代の本田安次に始まり、これまで複数の芸能研究者によって注目されてきた。研究史については後に簡単に触れることにするが、それら先行する研究者たちは本祭礼を、古代中世における延年を知る手がかりだと期待していたと思われる。

しかし、この延年が現在執行されている長滝白山神社が明治初頭以降に蒙った変化によって、近世以前の祭礼次第がきわめて見えにくくなっていることに留意する必要がある。

第一に、神仏分離に関わる問題である。長滝白山神社に関わる神仏分離については詳しい報告があるが(1)、ごく簡略に見ると、近世には白山権現社の拝殿に向かって手前左側に垂直に大講堂が立地していた天台宗東叡山末の長瀧寺(ちょうりゅうじ・ながたきでら、なお引用元で「滝」の字が使われる場合以外、「瀧」の字を使用する)、およびその境内周辺にあった塔頭的な三寺院(阿名院・経聞坊・宝幢坊)が明治以降も天台寺院として残るという、やや例外的な展開をとった。

しかしながら、寺方は現在は六日祭と呼ばれている修正延年への関与を止めてしまったため、同祭礼が長滝白山神社の祭礼として継承されることになったのである。つまり、現在の祭礼執行者は白山神社宮司(若宮氏)をはじめとする神職および同社氏子となっており、寺僧集団を中心として行われていたと推察される近世までの修正延年とは異なってきている。

第二に、長滝白山神社および長瀧寺が蒙った明治三二年(一八九九)の大火により、境内の多くが焼失してしまった。再建された拝殿は、本殿を正面として舞台があるという六日祭の執行に便宜があるような形態になっており、現在の執行形態からどれだけ近世以前の形態に遡ることができるのか、疑問が少なくない。なお、長瀧寺も大火前の大講堂の位置(拝殿手前、向かって左)に、縮小された規模で再建されている。

一方で、長瀧寺・経聞坊・宝幢坊および若宮宮司家にかなりの近世文書が遺されており、『白鳥町史　史料編』(一九七三年)[2]にその一部が翻刻されている。その中には、延年の詳細な次第である慶安元年(一六四八)銘の「修正延年並祭礼次第」はじめ、六日祭延年に関わる近世史料も少なくない。したがって、この祭礼を古代中世寺院における延年に遡及する素材としてではなく、近世の長瀧一山における延年を継承するものと捉えるとするなら、その近世的な形態を探究するに好都合な条件が整っていることになる。

さらに、現行の祭礼は神仏分離によって神社祭礼となっており、神職と氏子のみが関与していることは上述の通りであるが、近世の執行も上記の「修正延年幷祭礼次第」に付されている複数の説明図のうちに上座に「神前」と明記されるものがあるし、「大歳より三ヶ夜、一山拝殿ニ後夜ニ会合して、中にて九条の錫杖ニ法華懺法」(上記史料編四六〇頁）云々というように、正月六日の延年の準備で大晦日より三日間、毎夜拝殿にて九条錫杖経および法華懺法を行うとある。六日の祭場は明記されないものの、これらから近世にも白山権現社の拝殿で延年が行われたと推察される。ということは、本書第一部で考察した妙高や小菅山の柱松と同じように、長滝延年は近世にも権現社の祭礼という形で行われていた可能性があることになる。

第一部で見たように、妙高の関山権現および小菅権現の祭礼における柱松行事は、たしかに修験が関与していたものの、その働きは必ずしも祭礼全体の中で主導的とはいえず、僧侶（院主など）や社家、その他、世俗の者たちと相まって祭礼が構成されていた。山内組織においても、関山権現では一八世紀の早い段階で祭礼の「仮山伏」役が在俗の若者に担われることになった一方で、一八世紀末に祭礼に「先達」という役割が登場し、それを信州の修験者が幕末まで担ってきた。小菅権現については近世の祭礼次第が妙高ほど明らかでないものの、一八世紀の後半から一九世紀にかけて山内で修験道復古の方向性と里宮社家の勢力増大との両方が顕在化し、両者の相剋が祭礼の変化に影響を及ぼしていたと考えられるのである。

長滝六日祭は、かつて寺院で行われた芸能の集成を意味すると考えられる延年なる名称をとっているため、関山・小菅両柱松のような近世権現社の祭礼とは異なるように思えるものの、屋外室内の違いはあれ、上述のように少なくとも近世においては権現社の祭礼であった可能性がある。したがって、第一部で検討した二つの柱松の場合と同様に、権現社祭礼への近世修験の関与という同様の問題を設定しうるのではないか、と筆者は考えるのである。

このことを踏まえて以下、第二節で六日祭の祭場となるかつての長瀧一山について、それが立地する白山美濃側における宗教面での位置づけを明らかにする。第三節では六日祭の現行の祭礼次第を概観すると共に、研究史についても簡単に見る。第四節で問題の「修正延年并祭礼次第」他の祭礼次第との比較、および近世の長瀧一山における修験の位置を追跡し、近世修験と修正延年との関わりを探究したいと思う。

二　白山美濃側における長瀧寺の位置

本章で事例として取り上げる長瀧寺は、今も中宮の名を冠されることがあるように、白山美濃側の「中宮」と位置づけられてきた。越前・加賀・美濃という白山の三方の登拝口にはそれぞれ複数の宗教施設が点在して形成されており、それを加賀側の中世まで中心的な宗教施設だった白山寺・白山宮（現在の白山比咩神社〔石川県白山市〕に継承）に伝えられてきた正統的な縁起である『白山記』[3]に載る呼称である、「馬場」と呼ぶことが通説化していた。したがって長瀧寺は、通説では美濃馬場の中宮と考えられてきたのである。

もっとも、筆者は馬場という表現の妥当性に疑問を感じるので[4]、ここではその表現を使用しない。筆者が馬場という用語に疑問を感じるのは、加賀側の場合は確かに『源平盛衰記』に宗教施設の総称が「八院三社」「三寺四社」などと呼称されるように、山麓部の宗教施設に一種の統一性があった[5]。しかし、越前側では中心となる平泉寺が巨大な宗教集落を形成していた[6]一方で、それとは関係の薄い豊原寺のような宗教勢力も別に存在していた[7]。美濃側においても、後述するように筆者は、「馬場」という一体性を有する宗教勢力の統合があったわけではないと考えている。

その妥当性はこれから検討することにして、そうした通称「美濃馬場」の宗教組織に関しては一九七〇年代後半に小林一蓁が、洲原神社（美濃市）、長瀧寺（郡上市）、石徹白（同）の白山中居神社を同馬場の三つの中心と捉える見方を提唱して以来[8]、それが通説化したのではないかと考えられる。小林の所論は、加賀白山寺の宗教的主張である『白山記』に出る「美乃下山長瀧寺七社」云々を、彼の云う「美濃馬場」に探そうとする、やや無理のある前提から出発していた。そのため、通常は前《さき》宮と称される洲原権現を「白山美濃馬場下山七社」の岩本に充当し(掲載書一一二頁)、通常は中宮と呼ばれる長瀧寺を「本宮四社」の「白山」、すなわち本宮であるとし(一一六頁)、石徹白を中宮に比定している(一一三頁)。このように、美濃側の宗教施設を無理に「下山七社」へと充当している論であるが、洲原神社・長瀧寺・石徹白いずれに関しても近世史料を渉猟した詳細な議論がされており、発表以来四〇年ほど経過する現在でも参照する価値がある好論であろう。

　ともあれ、上記の内とくに石徹白は、近世に東海関東からの白山登拝者のための御師の村となったこともあり[9]、長瀧寺を経て石徹白に至る登拝道がいわゆる禅定道と称されるようになったことは周知であろう。しかし、これはあくまで近世において東海や関東からの世俗的な登拝者が増大したこととの関わりであると考えられ、中世以前の石徹白は、長瀧寺とかなり異なる宗教環境にあったのではないかと筆者は考えている。

　その根拠の一つに虚空蔵信仰の問題がある。石徹白の中在所には国指定重要文化財である虚空蔵菩薩座像があり、一二世紀後半の作と考えられている[10]。このような石徹白への虚空蔵信仰の伝播については、『白山記』に載る加宝社虚空蔵からの影響、あるいは白山の南西方向に位置し中世には虚空蔵信仰のセンターであったと考えられる高賀《こうが》山《さん》(標高一二二四メートル、岐阜県郡上市と関市にまたがる)からの影響が、かねてから指摘されてきた[11]。もっとも、これらの先行研究では、『白山記』において聖地や宗教施設を山頂から下りる向きに列挙している記述中、「次宝社、名加宝、虚空蔵菩薩垂迹也」が「一宇小白山大山御躰御坐」の後に出てくること、このテキストのずっと後の箇所で「小白山ノ御宝殿」に「別山」の傍記があることを結びつけて、「加宝」なる「宝社」は別山イコール小白山の宝殿のことだと解釈してしまっていた。しかし、先の「一宇小白山」云々の「御躰」が座すとされるのは加賀禅定道の檜新宮の解説においてであり、「次」以下はその檜新宮より下った所にある施設なので、「加宝」は現在の白山市(旧尾口村)尾添の加宝宮を意味するであろう。したがって、白山三峰の別山周辺に虚空蔵の垂迹神を祀る「宝社」があったことにならない。

それはともかく、石徹白の虚空蔵菩薩像と比べて、長瀧寺には虚空蔵信仰の顕著な影響は見られない。吉田幸平は同寺に虚空蔵菩薩の懸仏が存在しており、別山平から高賀山にかけて彼の云う「美濃馬場」一帯が虚空蔵信仰圏であったかのように主張しているが[12]、各種の報告書によっても長瀧寺の虚空蔵菩薩懸仏は確認できなかった。泰澄伝承で聖観音を本地とする別山が虚空蔵信仰とも関係するように解釈することも、上述のように『白山記』の誤読に基づくのであろう。これらから、石徹白に平安時代末において確認できる虚空蔵信仰の影響が、長瀧寺には及んでいなかったと推定できる。

第二点として、長滝と石徹白に奉斎されている神祇の違いがある。現在の長滝白山神社の本殿は、向かって左から越南智・白山大御前・別山という白山三所権現の祠となっており、明治三二年（一八九九）の大火で境内全体が焼失する前には両脇に大将軍と若宮の祠が控えていた。神仏分離時の報告によれば、中央の社には十一面観音の立像が祀られ、祭神は彦火々出見尊であり、泰澄大師が養老六年（七二二）に伊弉諾伊弉冉尊を合祀したとされる。西の社（向かって左）が阿弥陀如来を本地とする大己貴尊、東の社（向かって右）が聖観音を本地とする天忍穂耳尊、だとされる[13]。対して、石徹白の上在所に祀られている白山中居神社本殿は一つの祠のみで、伊邪那岐大神を祀り、吉備武彦命が景行天皇一二年開創、後に泰澄が養老年中に社殿修復し、社域を拡張したと伝える。なお、江戸時代の「白山中居大権現」は「正殿」の祭神を菊理媛命としていたらしい[14]。いずれにしても、長瀧寺の白山三所権現とは異なる由緒ということになる。

以上のように長瀧寺と石徹白は、虚空蔵信仰の有無、祭神および由緒において異なっており、両者を「美濃馬場」

として一体感を有するグループと見なさない方が良いと筆者は考える。しかも、近年こうした考えを追認する新たな研究が現れたのである。

というのも地元の上村俊邦が、仮称「長滝十宿」という修験者専用の行者道と一般の登拝者向けの道とが別に存在し、「禅定道」は後者の一般登拝者向けの道を指すという見方を提唱したからである。[15] 上村によれば後者の禅定道が長瀧寺から石徹白の白山中居神社を経て尾根道を辿るルートであったのに対し、前者の行者道は長瀧寺を出て直ちに越前美濃境の稜線へ登るルートで、大日ヶ岳（一七〇九メートル）の山頂を経由していたのだという。したがって、石徹白を通らないものであったことを上村は指摘した。

上村は岐阜県図書館所蔵の『白山神社並に長瀧寺記録写』に「白山鳩居十宿」として出る地を「鳩居峰」の行場と想定し、宿跡の徹底的な遺物調査を行った。それに基づいて一般登拝者の「禅定道」とは別に、通称として「長滝十宿」なる修験の道を次のように提示した。

一之宿―二之宿―三之宿―多和宿―国境ノ宿―泉ノ宿―大日宿―中州宿―カウハセ―神鳩

つまり、「大日宿」は「長滝十宿」の七番目の宿ということになり、上記の「十宿」には石徹白は含まれない。また、長瀧寺は真言宗であったという伝承が存在しないにも拘わらず、かつては大日如来を本尊としており、現在の長滝白山神社の周辺からは大日ヶ岳を臨むことができる。

以上のように上村俊邦による「行者道」(彼の用語)の探究により、長瀧寺を経て石徹白に至る登拝ルートは、あくまで近世における東海関東からの世俗の登拝者向けであり、それ以前には長滝・石徹白相互に密接な宗教的な交流のなかった可能性もあることが導かれた。なお、洲原権現(現在の洲原神社)は近世に神社化したため、近世修験を対象にする本章では考慮しないことにする。

以上から、長瀧寺はいわゆる「美濃馬場」の中宮だから重要であったのではなく、近世まで白山三所権現を祭祀し、少なくとも近世には泰澄講の執行[16]をはじめ泰澄に関わる多くの宗教文化を有しており、大日ヶ岳の麓に立地することから大日ヶ岳や白山で修行する修験者の拠点として独自性を有する一大宗教センターであった、と位置づけておきたい。その近世における組織については、この後の第四節で検討する。

三　六日祭の現行次第と研究史など

本節では長瀧一山の延年であった六日祭の現行次第を概略したうえで、後半で研究史について付記する。

［現行次第］

まず、現行次第について見る。細かな所作や詞書については『白鳥町史 通史編』下巻[17]に一九七四年度の執行に基づく詳細な記録があり（同書六四〇―六五三頁）、動画公開サイト YouTube に Gujo 銘で全ての演目が公開されてもいる。したがって、詳細はそれらを参照していただくことにして、以下には演目名に続いて演者をまず記し、所作などについて簡略に記載するに留める。

○神事（午後一時開始）：宮司含む神職四名が舞台の一段上に左右に二人ずつ、氏子衆が舞台の手前側低い位置に着座する。明治の神仏分離以降に加わった部分に当たる。この後が本来の六日祭となり、宮司は拝殿正面の中央に観客の方を向いて着座したままとなる。

○酌取り（午後二時開始）：舞台向かって左に笛四人が着座、右に白袴姿の上酌二人、白衣の上に黒の羽織をはおった下酌（少年）二人、上酌下酌四人とも帯刀である。近世に山伏が関わった可能性のある演目なので、後述する。

○当弁：狩衣を着て額に各々のかざしを着けた梅と竹の当弁、各一人（若い男性）。囃子方として先の演目で酌を受けた四人が笛を担当し、奥に太鼓一人が加わる。この五人は舞台向かって左に着座している。当弁役は「へいざん」とも呼ばれる当弁竿を体の前に掲げ、梅・竹の順に舞台向かって右の袖から登場し、神前を拝して申し立てをする。申し立ての詞書は、『白鳥町史　通史編』下巻の六四六頁を参照されたい。

○露払：しゃぐまの付いた鬼面をかぶり、陣羽織姿で扇を持ち、帯刀の鬼役一人が登場し、先ほどの当弁役二人は左右に対面して床几に腰掛ける。囃子方は前の通り。近世に山伏が関わった可能性のある演目だが、鬼役の所作は足踏みと扇を動かすことが主体で、舞いながら舞台を回る。短い演目である。

○乱拍子：稚児二人が登場し、他に当弁役および囃子方は前の演目と同じ。稚児は烏帽子をかぶって菊花と扇を持ち、舞台を右回りする。これも近世に山伏が関わった可能性のある演目と考えられ、稚児の足および扇を使った手の所作に細かな決め事がある（詳細は上記書六四七頁）。舞台を回る途中、神前に来ると二人とも一礼する。後半は左回りとなる。手や足の所作については、YouTube の公式動画像を参照されたい。これも短い演目。

○田歌：当弁二人、囃子方五人は同じ。袴姿のふし役一人が登場し、拝殿正面の中央に観客向きに位置する。ふし役の歌（上記書六四八頁）に併せて、当弁二人が対面して当弁竿を振り、足を横に蹴り上げる。全ての演目の中で最も盛り上がる箇所である。

○花笠ねり歌〜当弁ねり歌：ふし役が退場するも、それ以外の演者はこれまでと同じ。笛方が歌う部分が「花笠ねり歌」で、近世には「花笠」役が登場し、当弁役が彼らに向かって歌う演目だったらしい。次に当弁役が歌うのが「当弁ねり歌」とされる。両演目での当弁役二人の独特の所作については、上記書六四九頁および YouTube を参照。これらの所作に加えて、当弁役二人は舞台を回る。これが終わると当弁役は退場する。

○しろすり：鍬を持ち、襷襦袢姿の演者二人。田遊びの演目で、最初年輩の一人が登場し、「ポチ」と呼ばれる息子役らしき同じ装束の若者を呼び、二人揃ったところで鍬を打つ所作をする。
○大衆舞：烏帽子をかぶり紋付袴姿の演者が一人、扇を持って登場し、神前に向かって頭を傾けたり扇を開いたり、足拍子をしたりする。かなり短い演目で、これが最終演目となる。終了は午後三時前後となる。
なお、拝殿舞台上の上記演目の他に、拝殿手前側の天井に五つの造花が吊されており、肩を組んだ人々を梯子代わりに血気盛んな若者が造花を取ろうとする、花奪い(はなばい)が行われている。オンラインには、六日祭とは拝殿天井に吊された花を観客が奪い合う花奪いのことだという解説も見受けられるほどで、観客の多くは拝殿奥の舞台で行われる延年芸能ではなく、花奪いに夢中になっている。

さて、現行次第のうち「酌取り」の部分が複雑なので、少しだけ見ておく。

［**酌取り**］

この演目最初の所作は、上酌二人が箒を持ってそれぞれ舞台を右回りと左回りするものである。

二番目の所作が、笛役四人の前に置かれた膳を上酌が直すものとなっている。

続いて上酌下酌による笛方への「見せ酌」となる。上酌および下酌によるこの酌に独特の体勢に、「しりつ」がある。つま先を立ててその上に尻を乗せることをいうらしい。その際、両手を腰に当て、しゃがむ前に腰を左右に何回かまわす。

「しりつ」を含んだ所作で下酌が上酌に盃を渡し、上酌が笛の者の前に移動し、「しりつ」したまま盃を渡す。上酌が舞台向かって右に戻り、下酌から長柄の銚子を渡され、笛の前に再び移動して盃に酌をする。その際、上酌は銚子を体の前に大きく掲げ(写真1)、酌をした後で銚子を体の前で回す。この酌は、再度繰り返される。

その後、下酌により舞台向かって右側で白木の膳が上酌に渡される（写真2）。それを上酌が笛に渡す（写真3）。さらにもう一度盃事が繰り返されると、撤収が始まる。

今までの演目で全く使われなかった菓子台の上に、雲・三蓋松・銀月・あんどんなどの飾り付けと、菓子、白山三所をかたどって盛り上げられた白米が並べられていた（写真4）。あんどん他の飾り付けは撤収され、菓子が観客に向かって投げられる。以上が、現在の演目「酌取り」の概略である。

〔研究史〕

続いて、六日祭延年が芸能研究者にどう扱われてきたか概観したい。重要と思われる本田安次[18]・新井恒易[19]・五来重[20]

写真１　酌取り；上酌が笛への盃に際して「しりつ」する（2013年、以下同）

写真２　酌取り；下酌が上酌に白木の膳を渡す

写真３　酌取り；上酌が膳を笛に渡す

写真４　菓子台

の所論を見るが、いずれも所作や詞書については先に参照した『白鳥町史 通史編』下巻の方が詳しいので、ここでは各々による解釈に焦点を絞りたい。

本田安次の所論は、一九五五年の執行の報告に併せて慶安元年（一六四八）銘の『修正延年並祭礼次第』を活字化し、一部解説をしたものである。上記史料につき、天明五年（一七八五）の後書があることを明記していることも注目される。かつ、一九五五年の執行次第と上記史料とを対照させた内容となっている。

さらに、本田自身によるものではないらしいが、花笠・菓子飾・露払・乱拍子・田哥・大衆舞・花笠うばい・花笠のとうべん・しろすり、という計九点の見事な写真が付されている。なお、現在「酌取り」と称されている演目は、「菓子讃め」と記されている。

後の新井恒易・五来重の論考では、現在の演目名に露払が加えられたのは本田のサジェスチョンによると云う趣旨の記載が見られるが、本田論考の「露払」の箇所には「記録には見えてゐないが、或いは乱拍子の一個が独立したのかも知れない」（掲載書七二四頁）とあるのみで、露払いと乱拍子とを分割した演目にせよという記述は一切見られない。

新井恒易の論は一九七〇年の執行に基づくらしく、やはり写真が複数掲載されている（花笠・乱拍子の童子・露払・とうべん・田打ち）。本田と同じく『修正延年並祭礼次第』を参照しながら、当時の次第を解説してゆくスタイルになっている。ただし、「たうへん」の漢字に「答弁」を当てて、「延年の芸能における僧の答弁」であったと推測したり（掲載書四六一頁）、「禰宜衆というのは寺家から出るものであったらしい」（同書四五三頁）なる根拠不明の言明も見られる。また、上記祭礼次第に一二月に越前から「大和五郎太夫」が来て寺家衆に稽古をつけたが、天文の頃から懈怠云々という記述を重視し、六日祭が越前の猿楽能の影響を強く受けていた、という彼自身の推測をことさら強調している。これは、戦前の延年研究に遡る猿楽起源説(能勢朝次ら)[21]を踏まえているのかもしれない。

五来重論文は、本田や新井の著作のように何年の執行に基づいたものかは明記されないが、菓子台・当弁役とその当弁竿・花笠の写真が掲載されている。この論考については筆者がかつて検討を加えたことがある[22]。ここでは五来の立論が「その祖型と意味を考察したい」(掲載書二一一頁)という彼の言明に代表されるように、きわめて本質主義的なものであること、それに加えて「延年」という語について、①僧侶が寺院法会の後宴に行う芸能のセット(六日祭は、おそらくそれに相当する)、②修験道の十界修行の一としての延年、③白山加賀側に残る荘厳講なる講組織の関連文書に「過失」として出る、「白拍子」「伽陀舞」などの芸能、という三者を意図的に同一のものとして扱おうとしていることを、再度指摘しておきたい。とくに③について筆者は、白山加賀側の荘厳講は修験と無関係であろうという推定を、旧著『白山・立山の宗教文化』で述べたことがある[23]。

ともあれ、そこから導かれる議論として五来は、『修正延年祭礼鑑』(五来が翻刻した慶安元年祭礼次第の異本)が「修験道と延年の関係をしめしている」、「白山修験集団の延年芸能の記録である」(共に掲載書二一〇頁)としている。この辺りの根拠について、五来は具体的に次のように述べている。

五来はこれまでの延年研究は、貴族によって鑑賞享受され、プロフェッショナルな完成芸能に焦点を合わせた文献による芸能史だったと非難し、民衆に伝承された仏教的な芸能、とくにその母胎となった修験道芸能に注意が向かなかった、と酷評する(同二〇九頁)。五来は自らがこれまで、「民俗芸能といわれる宗教芸能の残存の多くが、神楽、田楽をとわず、舞楽、散楽などまで、遊僧、稚児、呪師のような修験的身分にあることを主張し」ており、それが慶安元年の『修正延年祭礼鑑』に端的に示されていると主張する（二一〇頁）。しかしながら、五来の所論では六日祭延年を「白山修験の延年の残留」（二〇九頁）と位置づけるものの、現在の演目のどの部分を修験者が担ったのか、必ずしも明らかにされていない。

というのも五来が個々の演目に関して「白山修験」との関わりをいう議論が、かなり直観的な表現となっているからである。例えば乱拍子に関しては上述のように本田安次によって露払と乱拍子とに分けられ、「猩々」を露払、菊の稚児を乱拍子としたのだと非難したうえで、乱拍子の内容が『修正延年祭礼鏡』に書かれていないのは「足拍子すなわち反閇に重点があるから」だとする。さらに、現在の演目名で露払が猩々《しょうじょう》と呼称されることもあるのは、「神仏分離のころの「猩々」が現在のこっているのだとおもう」（二三二頁）とするものの、充分な論証がされていない。この引用箇所では、彼の云う『修正延年祭礼鑑』に出ない「猩々」という鬼役に関わる表現が「神仏分離のころ」だという主張がキーだと思われるが、神仏分離の頃の猩々について全く説明されないのである。

乱拍子の他にも、五来は「たうへん」について、能勢朝次・本田安次・林屋辰三郎らの延年論で答弁の語を当てるなどしていることを痛烈に批判しているが、当弁の語を当てるべきとする根拠は、荘厳講の世話役が頭坊もしくは当坊と呼ばれた可能性があり、彼らが講の費用を勧進によって弁済したところから来る、といった趣旨の立論をしている（二二五頁）。さらに、羽黒修験で位上と先途の松聖が結願の延年を主宰し、その費用を「松の勧進」によって弁済することを引き合いに出して、先の当坊による弁済という語源説を正当化している（二二五―二二六頁）。

かなり苦しい語源論に思えるが、そもそもこの立論の内、とくに当弁役が修験であったという推定は、『修正延年並祭礼次第』にその出自が「たうへんも先若輩より中老までの役也、先若輩ノ内ニなけれハ中老へ上る也、若輩の内ハ不致也」（『白鳥町史　史料編』四六〇頁）云々とあるので、修験が担当した役ではないと解釈すべきであろう。後述するように、この次第書で「若輩」と「山伏」は山内で異なる集団に帰属していると考えられるからである。さらに、「先若輩」および「中老」は「若輩」が﨟次を積んで昇格する階層だと考えられる。

これらの他にも、五来は他の演目や個々の演者の装束などを修験と関連づけようとしている。しかるに、彼のいう「祖型と意味」の探究、「白山修験の延年の残留」なる表現に端的に見られるように、彼が近世の長瀧寺一山において執行された修正延年の個々の演者が修験であったかどうかを素朴実在論として問うていないところに、筆者は大きな疑問を感じるのである。つまり、近世のある時点でその役割が修験以外の宗教者に担われていたとしても、それは「残留」であり「祖型」は修験だったのだ、と彼が主張しているのだとすれば、それは余りにも論証を放棄した議論ではないだろうか。

こうした五来の議論の代案を求めるには、『修正延年並祭礼次第』を読み直してゆく必要があるだろう。

四　近世の長瀧寺における修正延年

前節での現在の執行次第および研究史に関する議論を踏まえ、本節では近世の長瀧寺における修正延年の実態、とくにそれへの修験(山伏)の関与に迫りたい。

［修正延年並祭礼次第］

まず、慶安元年(一六四八)の『修正延年並祭礼次第』と現行次第との関係に注目したい。

冒頭に近い箇所に六日祭での役割と山内の役職との対応を記している部分があり、前者として、たうへん・ふし役・しろすり・乱拍子・田踊・酌取などの役職があげられている(『白鳥町史　史料編』四六〇頁)。現行の演目名「酌取り」は、おそらくこの最後の役職名から来ているであろう。

次第としては、おそらく上記の役職「酌取」が関わる部分、つまり現在の酌取りに相当する演目名は記されず、たうへん・乱拍子・田歌・花笠・花笠ねり歌・たうへんねり歌・しろすり・田踊・倶舎・大衆舞・かいこ・勤行が続いて解説されている。これらのうち、花笠・田踊・倶舎・かいこの四演目、および勤行が、現行次第では欠落したことになる。上述のように「花笠」は、拝殿の天井から吊された五つの造花を観客が奪う「花奪い」に変化したとされている。

以上のうち、『修正延年並祭礼次第』に山伏の関わったことが明記されているのは、最初の演目名が記されない部分（現在の酌取り）、乱拍子、および勤行の三演目である。その他、「たうへん」でも後で登場する竹に関して、「山伏方の酌取たる定使竹に付也」（上記書四六七頁）と当弁役の補助をしたらしき記載がある。現在は失われた花笠について も若輩衆から役者が出ると記された後、「末山伏二人若輩衆或ハ衆徒・山伏の弟子、其外座を可縣仁座の望なくても坊主の分ハ何役をも致也」（同書四六八頁）と、演者ではなかったらしいが「末山伏」が言及されている。これら補助的だったと推察される二演目以外の三演目中、最初の演目がやや複雑であるので乱拍子から先に概観したい。

乱拍子に関しては、「若輩衆・末山伏二人・衆徒山伏の弟子共に舞也」、「惣別末山伏二人ハ何役をも致也」などと、多人数が関わったらしき記載がある（同書四六八頁）。現在の露払は鬼役が一人、乱拍子は稚児が二人出るのみなので、現在とは異なる趣の演目だったのではないだろうか。

勤行は寺方が祭礼に関わらなくなったために失われてしまったが、六日の延年が終わった後の勤行のこととされる。かつて「山籠」が導師を行っていたが、今はそれがいないため「末山伏」が行うとされている（同書四七二頁）。その次に記される「九条ノ錫杖・懺法・尊勝陀羅尼」各一巻というのがその内容ではないかと思われ、それらを「末山伏」が担当したということだろうか。

現在の酌取りに相当する部分は、分量が多く複雑である(同書四六四—四六七頁)。現在、この演目の二番目の所作である上酌が笛役四人の前に置かれた膳を直すのは、「承仕」二人によって行われ、この承仕について「承仕の上酌の者弐人」「上酌の承仕」などとあるので、承仕役を現在と同じく「上酌」と呼んでいたと考えられる。

この承仕役について「床より立、盃を請取其所にをなり居て能比に立老僧の御前に盃をすゆる」とあるので、彼らが老僧から順に酒を盛ったらしい。酒の次に、上酌が「肴の芹煮」を「加への者」より請けとり、老僧から次第に「両座へ引なり」とある。この辺は酌をする相手が笛役四人と一山の上部という違いはあれ、現在の次第と類似しているであろう。

上酌については、「上酌にハひたいかミ有者はならす」とあり、先に参照した五来重論文では「ひたひかみ有者」とは稚児または喝食を意味し、一人前の山伏でなければならないとの意味だとしている(二一二頁)。額の髪が有るとは確かに稚児を意味するかもしれないが、稚児ではないことイコール山伏、にはならないと筆者は考える。

というのも、この上酌の注記に続いて「偖《さて》山伏の酌也」として山伏の酌についての記述になるからである。「山伏の酌、右のことく上酌の定使盃を左に持、銚子を右に持て出」、「末山伏弐人立て請取」、「立さまに床へ一礼して立銚子を請取、立上りて左の膝を敷、右を立なをり居て、能比に盃を左に持、銚子を右に持立上り、老僧衆より次第ニ酒を盛」云々とある。かなり分かりづらいが、承仕役の上酌に引き続き、山伏も老僧らに酌をしたのではないだろうか。その後も、「弐人の山伏如右して立銚子を請取る」、「酌の山伏左に盃斗持、台をはずして右に銚子を持」云々とあるので、山伏が老僧以外の一山上位者にも酌をしたのは、間違いなさそうである。現在の次第で少年が担当する「下酌」の語は見られないが、山伏に盃や銚子を渡す者として「末山伏」が言及されている。

この山伏による酌の描写の中に、酌を請ける側を意味すると思われるが、「若輩」に言及する箇所がある。実は『修正延年並祭礼次第』には「座敷之次第」ほか複数の図が添えられており、そのうち無題の図二枚(上記史料編四六一―四六二頁)に院主・学頭・老僧・長吏・夏一の名称が記されているため、長瀧一山の上部の役職名を示す記載としてこれまでも注目されてきた。しかし筆者が注目したいのは、その下側に右から「先若輩衆西向キ」「中老衆東向キ」「山伏衆西向」「禰宜衆東向」と記されていることである。この祭礼次第の別箇所に挿入されている図にも、「座敷次第」として若輩六人が北、山伏六人が南に着座することが示されている(同四七九頁)。

上記のように五来論文は承仕役の「上酌」を「一人前の山伏」と断定していたが、これらの図のように、「山伏衆」とは別に「若輩衆」が一山に存在していたのである。「若輩上酌の人」と書かれる場合があるので、山伏より前に老僧らに酌をした上酌は「若輩衆」から出ており、「山伏衆」とは別だと筆者は考えるのである。

ともあれ、老僧の中から「ほつとを云人」が出るらしく、「若輩上酌の人弐人」が老僧の前で頭を地に付けて一礼をし、「則菓種を御讃有れと頼心也」と記されている。頼まれた老僧は菓子台の北から烏帽子のある所に跪き、頭巾を脱いで袈裟を頭にかぶり、その上に烏帽子をかぶって左に数珠、右に「ひろ」を持ち、「菓子」をいうとされる。その例文も記されているが(同書四六六頁)、菓子を讃める内容かと思われる。

この菓子讃がおわると、「ほつと」役は烏帽子を脱いで下に置き、頭巾をかぶって「ゑもん」を引き繕って元の場所に戻るとされる。以上のように、この菓子讃の儀礼に山伏は関わっていない模様である。老僧に依頼をする二人の「上酌」が若輩衆から出ているからである。

以上、五来重の解釈を批判的に参照しながら、『修正延年並祭礼次第』において山伏の関与がどのように描かれているかに注目して概観してきた。「山伏」「山伏衆」と書かれている人々の実態(本末関係など)はこの時点では分からないが、少なくとも一山では老僧あるいはそれより上部の可能性がある院主・学頭に比較して低位にあること、「ひたいかミ有者はならす」というように得度した若い僧を意味する可能性のある若輩衆とは、異なる集団と認識されていたこと、修正延年の中で一山高位の僧への酌や乱拍子の舞などを担当していたこと、などを明らかにできたのではないだろうか。

さて、『白鳥町史　史料編』には、『修正延年並祭礼次第』の前後（一七世紀前半以降）から、この延年に言及する史料および長瀧寺の組織をうかがえる記述を有する史料がかなり収録されている。筆者の気がついた限りを各々表1として延年関係、表2として組織関係に纏め、以下に時系列的に概観してゆきたい。なお、表2に、天明六年（一七八六）前後の成立と考えられている『天台宗末寺帳』の記載も加えておいた。

［一七世紀］

『修正延年並祭礼次第』を若干遡る寛永二一年（一六四四）の『荘厳講中執事帳』に、「寺中老僧若輩座中不残出仕、坊数三十六人也」とある（表2）。これは、この年に「遠藤但馬守殿御武運長久御繁盛」のために「御祈念ノ一切経虫払」を仰せつけられた人数であり、「坊数」と記されているものの、その祈禱を仰せ付けられた山内衆徒の人数ではないかと思われる。

一七世紀後半の『年代記録』（経聞坊文書）数点には、菓子に関する記述が多い（表1）。この頃は、六日祭のこの部分（本田安次や新井恒易が云う「菓子讃め」）が主体だったのか、あるいは経聞坊がそれを担当していたのだろうか。そのうち、寛文一三年（一六七三）の記述に、「神事菓種」とあることが注目される。ここは、神事のための「菓種」という意味であろうが、修正延年は先に推定した通り白山権現の拝殿で執行される神事だったことをも意味するであろう。

『白鳥町史　史料編』の掲載箇所は不明だが、本章第三節で参照した新井恒易の所論には、万治三年（一六六〇）の

表1　修正延年の経年変化

年号	西暦	その年の修正延年について	史料編頁数
寛文8	1668	年代記録(経聞坊文書)。御見使儒者・御目付・代官3人が来る云々。	79頁
寛文13	1673	同上。神事菓種、作者は慶有。今日の菓子の趣、まことに貴き面白きかな云々。	82頁
延宝2	1674	同上。菓種は中ノ坊・池ノ坊。今日の菓子の趣、まことに貴き面白きかな云々。	83頁
延宝3	1675	同上。菓種は中之坊・池之坊で、いずれも自作。	83頁
延宝4	1676	同上。菓種は中之坊・経聞坊慶有で、慶有については別に記載した云々。	83頁
延宝5	1677	同上。菓種は中之坊・経聞坊慶有で、経聞坊日帳に記したので略。	83頁
元禄17	1704	荘厳講執事帳(長滝寺文書)。大雪のため村々への道が開かず、見物が1人も来ず。	322頁
明和5	1768	修正延年祭礼届書(宝幢坊文書)。未明に若輩残らず出仕。鐘、出仕(神主・山伏・禰宜・院主・学頭・中老・先若輩・当若輩)。長柄銚子。御制札。菓子讃。当弁。田打。若輩役(クシャ、カイコ)。読経祈願、云々。	1001-1002頁
天明2	1782	荘厳講執事帳(長滝寺文書)。六日祭のかし讃もこれなく、出仕人は神主・等覚坊・治部卿・禰宜4人にて、参詣人も少なく前代未聞云々。	349頁
〃	〃	若宮家文書。延年祭礼に一山出勤し、御祈禱した。	520頁
寛政13	1801	寛政享和留日記(宝幢坊文書)。天気は吉、例年通りの祭礼。参詣500人余り、出仕の面々として大日坊など4坊、若宮氏、民部卿、俗人の名が上げられる。	408頁
享和2	1802	同上。六日御神事は例年通り。当年は雪もなく、近来4、5年にもなく参詣人3000人余。	408頁
享和3	1803	同上。出仕面々は、宝幢坊・大日坊・蔵泉坊・若宮筑後・等覚坊・民部卿・大本坊・禰宜久右衛門・経聞坊差合。参詣人は800人。	409頁
安政6	1859	安政六留記(経聞坊文書)。参詣人1300人(別箇所で2000人とも)。菓子讃・当弁・田打・大師舞の演者を記。	153頁
文久2	1862	文久留記(経聞坊文書)。参詣人1000人程。花直段至って高値、次に下花と乱拍子花の価格が書かれ、「前代未聞の事なり」とコメントあり。	158頁

『高帳』を参照して、「一院二三坊、神家一」としている(新井著書四五〇頁)。

さらに、寛文七年(一六六七)の宝幢坊文書によれば、かつては本坊二一坊だったがにわかに衰微し、この段階で一一、三箇寺であったとされている(表2)。しかし、その二年後の寛文九年検地帳(若宮家文書)には、院坊数が二六見られ(表2)、寛文七年の情報とは矛盾する。なおこの検地帳は、〇〇院・△△坊が計二六の他、神主執行、社家風

表2　組織の経年変化

年号	西暦	組織に関する情報	史料編頁数
寛永 21	1644	荘厳講執事帳(長滝寺文書)。遠藤但馬守殿の武運長久御繁昌の祈念の一切経・虫払いを仰せられ付け、老僧若輩座中残らず出仕、「坊数三十六人也」とある。	268 頁
寛文 7	1667	阿名院菩提寺の事(宝幢坊文書)。元和頃までは繁盛し、本坊 21 坊、5、6 寺あった。しかし、にわかに衰微し、只今は 12、3 箇寺。阿名院にも住持を置くことができず、真言法印牢人の体を 2 人頼み置く云々。	444 頁(ただし、大正 8 年書写分らしい)
寛文 9	1669	御内検地拝領高帳(若宮家文書)。院坊数は阿名院(13 石余)以下計 26、神主執行(12 石)が 1、“太夫”号など社家らしき家が 3、ほか在俗と思われる家が 18。計 104 石余。	482-483 頁
享保 11	1726	出典不詳(経聞坊享保留置同 11 条か?)。惣坊中 16 軒、うち 11 箇寺衆徒、1 軒神主、4 軒山伏、惣人数 58 人(僧 16 人、山伏 5 人、男 14 人、女 23 人)。門前家来 32 軒、惣人数 132 人、都合 180 人。	通史編上巻 563 頁
享保 15	1730	荘厳講執事帳(長滝寺文書)。聖護院使僧実成院と多宝院が八幡より来訪して宿泊。郡上郡が聖護院宮の御下である洛東円成寺の霞下である云々を告げた。当方は元は無本寺であったが、寛文 5 年より東叡山の末寺となり、鳩居峰行者もあるが一山共に(東叡山の?)末寺であると対応した。すると、修験兼帯の場合は聖護院様にお届け有るようにとの指示により、「不残本山派ニ願候」云々。	337-338 頁
享保 17	1732	長滝向島本田斗代違見取帳(経聞坊文書)。阿名院以下、11 の院坊名を書き上げ。	128 頁
寛延 3	1750	寛延三年日記(若宮家文書)。惣坊中 14 軒、うち 10 ヶ寺衆徒、2 軒山伏、1 軒神主(残り 1 軒については、記述なし)。この内 5 箇寺無住。	514 頁
宝暦 9	1759	宗門改証文(宝幢坊文書)。経聞坊以下、計 11 坊が列挙されている。	999-1000 頁
安永 3	1774	長滝寺人数報告書写(宝幢坊文書)。惣坊中 14 軒、うち 10 軒衆徒、1 軒山伏、1 軒神主(残り 2 軒については、記述なし)。この内 4 軒無住。	1002 頁
(天明 6 頃)	1786	東叡山末寺院、社僧 13、末寺 1。	(『天台宗末寺帳』より)
天保 7	1836	荘厳講執事帳(長滝寺文書)。院主・学頭・中老 3 名・先若輩 2 名・若輩 6 名・禰宜 2 名の名を列挙。	358 頁
安政 3	1856	同上。院主・中老・先若輩・当若輩 5 名・禰宜 2 名の名を列挙。	359 頁
元治 2	1865	同上。院主・学頭・中老・先若輩・当年若輩 3 名・執行 2 名・禰宜 2 名の名を列挙。	360 頁
慶応 2	1866	同上。院主・学頭・中老・先若輩 2 名・若輩 4 名・神主・禰宜 2 名の名を列挙。	361 頁
明治 1	1868	長滝寺真鏡続編(宝幢坊文書)。満山衆徒として 8 院坊、無住寺坊として 5 坊を書き上げ。他に“五老僧”の説明に、院主・学頭・大勧進・小勧進・惣在庁をあげる。	453 頁

の名（◇◇太夫、など）および俗名なので、山伏家が独立に書き上げられていたのか、衆徒家と同宿だったのかは不明である。

ともあれ、一七世紀後半に関しては、一山の院坊数が二〇台だったという説と一〇台だったという説の両方が存在していたことになる。また、この段階では山伏が特記されていないことも注目される。

［一八世紀］

『白鳥町史　史料編』には掲載されていないと考えられるが、『白鳥町史　通史編』上巻に享保一一年（一七二六）、長瀧寺が金森藩奉行所に書き上げた届である経聞坊文書が紹介されている（同書五六三頁）。惣坊中一六件のうち、衆徒が一一箇寺、神主が一軒、山伏が四軒、惣人数五八人、うち僧一六人、山伏五人、男一四人、女二三人などとある（表2）。

また、享保一五年（一七三〇）の『荘厳講執事帳』に、聖護院からの御使僧が宿泊した際、当寺は往古より無本寺であったが寛文五年（一六六五）の無本寺禁制により東叡山の御末寺となり、「鳩居峰行者」（修験のことであろう）が有るものの一山全てが（東叡山の）御末寺であると回答した。しかし、聖護院に届けるよう要請されたので、坊中残らず相談のうえ「不残本山派ニ願候」と記されている（表2）。

これ以降に長瀧寺山内の修験が本山派に帰属したとすれば、山内の修験は大峰修行をする必要が生じ、そうした修行を果たすことにより補任状を受理することになる（本書前章参照）。『白鳥町史　史料編』を見る限り、そのような補任状は残されていない模様であるので、これは聖護院からの使僧にこの時点でそう対応した記録、と捉えておきたい。

寛延三年（一七五〇）の若宮家文書によれば、衆徒数が一〇箇寺、山伏が二軒とある（表2）。

明和五年（一七六八）の『修正延年祭礼届書』（宝幢坊文書）に出仕者として「山伏」が載り（表1）、安永三年（一七七四）の宝幢坊文書に「一軒山伏」と載る（表2）。後者はかなり本格的な人口調査であり、惣坊中一四軒、うち一〇軒が衆徒、一軒が山伏、一軒が神主、これらのうち四軒が無住、などとある。後の箇所で人数が記されている箇所でも「山伏壱人」とあるので、山伏家は「無住」でなかったと考えられる。

そして、山伏が山内組織の一メンバーとして言及されるのは、どうやらこの辺りまでであるらしい。

天明二年（一七八二）の『荘厳講執事帳』（長滝寺文書）に菓子讃めが行われず、参詣者も「前代未聞」に少なかったとある。この時の「出仕者」として列挙される表記の四人に、山伏は含まれないと考えられる（表1）。

このことは、天明六年（一七八六）頃の成立と考えられる『天台宗末寺帳』における、社僧一三という記載内容とも対応する（表2）。同末寺帳掲載の東叡山末寺院では、山内に修験山伏が存在する場合は一般にその旨明記されているので、記載されないのはそれが存在しないことを意味するであろう。

［一九世紀］

一九世紀分の『荘厳講執事帳』における組織の記述に、現在まで筆者が確認した限りで山伏は見られない。もっとも、長滝の場合も荘厳講がおそらく修験と関係なかったことによるのかもしれない（表2）。

この頃になると、五〇〇人から三〇〇〇人余までの参詣者がいたとの描写から、六日祭はかなり観光化していたらしい。ただし、どの部分が参詣客に人気を呼んでいたかは不明である（表1）。とはいえ、かつて山伏（修験）が関わっていたと考えられる「菓子讃め」以外の部分であったと推察可能ではないだろうか。

明治初年には、「満山衆徒」として山伏は見られない（表2）。

以上のように、おそらく一七八〇年前後を境として、長瀧一山には山伏家がいなくなったのではあるまいか。また、六日祭の中心、とくに観客の関心が、かつての菓子を巡る儀礼からそれ以外へと変化していったと考えられる。

そうした六日祭の意味づけ変容の一例として、神仏分離後になるが一九三七年に石徹白に入った宮本常一が石徹白で聞き取った話として、六日祭は馬鳴菩薩の供花会で、蚕をまつる祭りだと記している。さらに、天井から吊す造花を人々が争って奪うのは、養蚕の時の蚕の棚につけておくと良いから、などと書いていることを付記しておく。[24]

五　小括ならびに今後の課題

以上、現行の六日祭の次第を参考に、近世における長瀧一山の修正延年に接近を試みてきたが、史料がきわめて多いうえ『修正延年幷祭礼次第』に相当分かりづらい部分があり、問題提起的な所論に留まったきらいがある。以下では今後の課題も兼ねて、①延年の主体となった若輩と山伏との関わり、②近世を通しての長瀧一山の組織弱体化とそれとも関係する山伏の減少、という二つについて簡単に纏めておく。

第一に若輩について。現在の次第で舞の主役は梅と竹の当弁であるが、『修正延年幷祭礼次第』では「たうへん」を「先若輩より中老までの役」とし、若輩からは選ばない旨の記述がある（『白鳥町史 史料編』四六〇頁）。「先若輩」とは、若輩が臈次を重ねてなる地位であると思われ、その階層に含まれる宗教者から「たうへん」役が選出された。つまり、延年の主役は山伏衆から選出されなかったということである。

それだけでなく、この祭礼の準備に関しても、「惣若輩」がまず院主学頭に参って「菓種を御覧有て被下候へ」と頼んだ後、ふし役・たうへん・しろすり・乱拍子・田踊・酌取などの諸役を依頼して回る描写がある（同上頁）。

先に第四節で、こうした「若輩」が一山内で「山伏」と異なるグループに属すると推定していたが、若輩は衆徒の僧を意味し、山伏を五年してなれるとする先行研究もある。[25]その根拠は『修正延年幷祭礼次第』の五月五日の条（『白

鳥町史 史料編』四八〇頁）とされるが、筆者にはその箇所が山伏から若輩へと昇格する儀式そのものを意味するか判断できないので、当該箇所を引用しておく。

扨自其講堂山伏座敷に連り、酒盛過候て老僧方より山伏方へ若輩御渡候へと使立也、其時惣山伏衆若輩に入衆をつれて衆徒座ニおとり入也、則うしろ堂の方よりまハる也、其時院主・学頭をはしめ迎に立出、おとりつれて着座、其時鈴懸をぬき白きちよほくを着る也。

確かに最後の部分を見る限り、鈴懸を脱ぎ白の「ちよほく」を着ることで、山伏から衆徒の若輩に昇格する、ということなのかもしれない。なお、山伏を五年する必要がある云々は、この引用箇所の周辺に見られない。

ともあれ、近世の長瀧一山における山伏と若輩との関わりには不分明な部分が少なくない。とくに享保一五年（一七三〇）の『荘厳講執事帳』に記されている「不残本山派ニ願候」が本当に実行されたとすれば、それ以降は聖護院末の山伏となったはずなので、それを何年か勤め上げた後、寛永寺末の衆徒に昇格するのは難しくなったのではないだろうか。

このように、近世の長瀧一山における若輩・山伏の関係は、今後の課題として残ると思われる。本章でとりあえず導けたことは、慶安元年（一六四八）の『修正延年幷祭礼次第』による限り祭礼の主体は若輩であり、山伏はいくつかの演目で補助的な役割を担ったに留まる、という点であろう。

第二に、先に表1と表2で概観したように、近世を通じて一山の組織が弱体化し、山伏の数も減少していることについて、である。

前節で見た最も年代の早い、寛永二一年（一六四四）の『荘厳講執事帳』における「坊数三十六人也」は、衆徒の坊数なのか人数なのか不分明だが、その後では寛文九年（一六六九）の検地帳に二六の院坊名が見られる。それに対して、明治元年(一八六八)には満山衆徒が八院坊、無住寺坊が五坊と、無住を入れても半減してしまっている(以上、表2)。

この背景には、近世長瀧寺の経済基盤を奪った二大事件として先行研究が指摘してきた、[26]二諦坊事件(一六三六—五四頃)と別山論争(一七四二—四四)があったと考えられる。詳細は先行研究に譲るが、前者は長瀧寺と当山派惣袈裟頭であった浜松二諦坊との争論、後者は白山別山室に関わる権限を巡る平泉寺と石徹白・尾添などとの争論であり、平泉寺に訴えられた側に、長瀧寺の阿名院および持前坊が含まれていた。上述の院坊数減少は主に後者の時期に相当するが、長瀧寺側はこの別山争論に敗れたことにより、阿名院・持前坊が別山室にて白山牛王札を配布することが禁じられた。

前節末尾で確認したように、こうした流れの影響と推察される山内院坊の減少に伴って、山伏の数も減っている。享保一一年(一七二六)の経聞坊享保留置には惣坊中が二六軒、うち衆徒が一一軒、山伏が四軒などとあるのに対し、安永三年(一七七四)の宝幢坊文書では惣坊中一四軒、うち山伏が一軒と減少しており、これ以降山伏の記載は見られなくなる。

一軒であっても山伏は複数名いたのかもしれないが、そもそもこれだけの数で国峰修行(白山山中での修行)、ないしは享保一五年(一七三〇)の本山派に修験は全て帰属という記録が正しければ、大峰修行が可能だったのだろうか。

前者については山本義孝が「美濃馬場」の「鳩居峯」「神鳩入峯」の考察という観点から、寛永年間に長瀧寺一山の組織は実態を失い、それに伴って白山禅頂への三季入峰は行われなくなった、としている。もっとも山本は、座主職であった阿名院が修験兼帯として聖護院に属するものの、前身の花蔵院が当山派であったために鳩居峰の主体である鳩居行者は当山派に属しており、それが享保一五年(一七三〇)に聖護院の使僧に詮議を請けた結果、山伏衆は本山派一色になったとしている。[27]筆者は同年の『荘厳講執事帳』における、寛文五年(一六六五)に「東叡山御末寺ニ定り中候、尤鳩居行者も有之候得共、一山共ニ御末寺之由申候得ハ」云々による限り、当時の「鳩居行者」が当山派に属していたようには思えない[28]。しかし、この聖護院の使僧に対しての長瀧山内の反応も含めて、山本論文の指摘について、今後もう少し考えてみたい。

ともあれ、近世を通じて長瀧寺一山の山伏数は減り続けた。表2にあげたデータに限定すれば、安永三年（一七七四）より後の記録に山伏の名は見えなくなる。ここで重要なのは、にも拘わらず長瀧寺一山の修正延年が、六日祭という白山長滝神社の祭礼として遺ったということであろう。

これは、近世の修正延年において山伏の役割が主導的なものではなかったことを背景の一とするのではないか、という仮説を本章の最後に提示しておきたい。

注

（1）市村真盛「長滝寺神仏分離事件」、辻善之助ほか（編）『新編明治維新神仏分離史料』第五巻（復刻版）、名著出版、一九八三年。

（2）『白鳥町史　史料編』同町、一九七三年。

（3）『白山記』の翻刻は、『白山比咩神社文献集』石川県図書館協会、一九三〇年、ほか多数。なお、『白山記』は幕末明治初期の郷土史家・森田平次による仮称で、最終書写が永享一一年（一四三九）とされる白山比咩神社所蔵の原本は無題である。近年は、テキスト全体を、架空の典拠文書として冒頭に名の出る『白山之記』と呼ぶこともあり、『白山史料集』上巻（石川県図書館協会、一九七九年）など、このタイトルでの翻刻も複数見られる。しかし、筆者はこの呼び方に疑問を抱いている。霊山の縁起的な教義書において架空の典拠に基づくという語り口は常套的であり、その典拠の名を現存するテキスト名に流用する必然性があるとは思えないからである。

（4）由谷裕哉『白山・石動修験の宗教民俗学的研究』岩田書院、一九九四年。

（5）由谷裕哉『白山・立山の宗教文化』岩田書院、二〇〇八年。

（6）勝山市教育委員会『史跡白山平泉寺旧境内発掘調査報告書―南谷坊院跡内容確認発掘調査・事業等―』同教委、二〇〇八年、宝珍伸一郎「白山信仰の拠点寺院―越前平泉寺の景観―」、『山岳修験』第四八号、二〇一一年、など参照。

（7）角明浩「中世越前における豊原寺の再考察―一次史料からのアプローチを中心に―」、『山岳修験』第四八号、二〇一一年、同「豊原寺の復興と越前松平家―その関連史料の紹介とともに―」、『北陸都市史学会誌』第二〇号、二〇一四年。

（8）小林一蓁「白山美濃馬場よりみた白山信仰」、高瀬重雄（編）『白山・立山と北陸修験道』名著出版、一九七七年。

（9）御師の村としての石徹白については、宮本常一『越前石徹白民俗誌』刀江書院、一九五一年、千葉乗隆『中部山村社会の真宗』吉川弘文館、一九七一年、など参照。

（10）白鳥町教育委員会（編）『白鳥町の彫刻―白山信仰と造形―』白鳥町、一九九七年、九〇―九三頁。

（11）近藤喜博「奥美濃における虚空蔵信仰」、『白山を中心とする文化財（岐阜県）』文化庁、一九七〇年、佐野賢治『虚空蔵菩薩信仰の研究』吉川弘文館、一九九六年、など参照。

（12）吉田幸平「別山加宝宮虚空蔵信仰序説（1）」、『石川県白山自然保護センター研究報告』第二集、一九七五年。タイトルはもとより、「別山加宝社の本地仏が虚空蔵菩薩であり」（一一四頁）などと、「別山加宝宮」「別山加宝社」が存在することを前提に議論がなされている。本文で述べたように、『白山記』における「加宝宮」とは現在の石川県白山市尾添の加宝宮を意味すると考えられ、別山とは無関係である。

（13）市村真盛「長滝寺神仏分離事件」（注1前掲）、七〇―七一頁。

(14) 石徹白忠『石徹白の歴史と民俗』(私家版)、一九九九年、一四—一七頁(伊邪那岐大神、吉備武彦命)、四一頁(菊理媛命)。
(15) 上村俊邦『白山修験の行者道』岩田書院、一九九九年。
(16) 泰澄講は、長瀧寺関連の近世史料でしばしば言及されている。例えば本文でも後述する慶安元年(一六四八)銘の『修正延年並祭礼次第』には、三月一八日と六月一一日に泰澄講が執行されたとある。三月一八日の箇所では「衆徒山伏の輪番」で行い、もとは毎月行われていた。作法は「泰澄の法則」を読み、九条錫杖、尊勝陀羅尼、観音経、各一巻と真言、云々とある。『白鳥町史　史料編』(注2前掲)、四七五頁。それに対して、御師が全て社家であった石徹白では、泰澄講を確認することができない。
(17) 『白鳥町史　通史編』下巻、同町、一九七七年、六四〇—六五三頁。
(18) 本田安次『延年』木耳社、一九六九年。
(19) 新井恒易『続中世芸能の研究』新読書社、一九七四年。
(20) 五来重「長滝六日祭延年と修験道」、『講座日本の民俗宗教』六、弘文堂、一九七九年。
(21) 能勢朝次『能楽源流考』岩波書店、一九三八年。
(22) 由谷裕哉「白山比咩神社文書から考える北陸の中世芸能」、『石川の歴史遺産セミナー講演録　白山』石川県立歴史博物館、二〇〇九年。
(23) 由谷裕哉『白山・立山の宗教文化』(注5前掲)、一七二—一七七頁。
(24) 宮本常一『越前石徹白民俗誌』(注9前掲)、一〇五頁。
(25) 高橋教雄『美濃馬場における白山信仰』八幡町教育委員会、二〇〇〇年、六八頁、二一〇頁。ただし、荘厳講の講衆に入るために山伏が衆徒になる儀式の説明において。

(26)『白鳥町史 通史編』上巻、同町、一九七六年、五六七—五七〇頁(二諦坊事件)、六一八—六二六頁(別山争論)、高橋教雄『美濃馬場における白山信仰』(注25前掲)、三四八—三七〇頁(二諦坊事件)、三二七—三四八頁(別山争論)、など。

(27) 山本義孝「白山長滝神鳩入峰とその遺跡」、『山岳修験』第四五号、二〇一〇年。

(28)『荘厳講執事帳』享保一五年九月八日分の記事中、聖護院からの使僧の発言を引用している次の箇所が、かなり分かり辛いからかもしれない。「依之郡上郡ニ罷在候本山方修験之分、拙僧支配ニ而御座候故此度罷越候、当山修験之義は如何ニも可改義無此候得共、昔より不残本山ニ候」(『白鳥町史 史料編』三三七頁)。本文で引用した寛文五年についての長瀧寺側の主張は、この後に続く。もし、山本論文のように長瀧一山内の「山伏」がこれ以前に当山派に属していたとしたら、慶安元年の祭礼次第にあったように山伏を五年やって若輩に昇格する場合、当山派山伏から東叡山末の僧に昇格することになってしまう。ただ、『修正延年並祭礼次第』の「山伏」と山本論文でいう「鳩居行者」とが別である可能性もあるので、後考に期したい。

第三章　里山と近世修験
―白山加賀側と石動山の例から―

一　問題の所在

本章は、筆者が近年行っている近世修験を捉え直そうとする考究の一環としての、試論である。例えば、二〇一三年に時枝務・久保康顕・佐藤喜久一郎の三氏との共著で上梓した『近世修験道の諸相』（岩田書院）の「あとがき」で筆者は、近世の修験者が山林修行を懈怠し、里の呪術的な宗教者であったとする通説に疑問を投げかけていた（同書二二三―二二四頁）。

本章では、里山伏によって近世修験道を代表させる和歌森太郎『修験道史研究』（河出書房、一九四二年）以来と思われるこのような通説に対し、「里山」なる新しい概念によって再考を加えようと思う。

里山概念は、一九六〇年代に森林生態学者の四手井綱英により、農地に続いていて容易に利用できる低山地帯の森林、というほどの意味で提唱された。[1] しかし、里山という概念は時代と共に変貌をとげてくる。一九八〇年代には、雑木林を日本の原風景と位置づけるような見方が環境研究の中で登場し、[2] 一九九〇年代に至って里山は、生物多様性・持続可能性やコモンズを包含する理想的な生態環境を意味する語となった。[3] そのことにより、里山が今は失われつつあるノスタルジックな景観としてイメージされるようになったため、観光行政においても注目されるに至った。

例えば石川県は、「能登の里山里海」を観光行政のキーワードの一つとしている。[4]

本章では、里山の語義が四手井の提唱した農用林という狭い意味から、集落の景観までを含む広義の捉え方に変わってきたことを首肯する一方で、[5]ノスタルジックな含意を含む里山を合言葉として、日本の原風景を復活させようとするような観光行政を含む様々な動きがあることは、念頭に置くに留めたい。

以下、第二節で里山的な場と近世修験道との関わりの例として柱松に簡単に触れた後で、第三節・第四節において里山的な場を拠点とした近世修験道の展開例として、白山加賀側および石動山《せきどうさん》の事例を考察する。それらを踏まえ、第五節で以上の考察を纏めたいと思う。

二　修験道系柱松と里山

本節では、本論の前振りのような形で、近世に権現社などで修験者が関わった柱松行事が里山的な場で行われた例について概観する。なお、個々の言及事例の詳細は本書第一部で述べてきたが、ここではそれと里山との関わり、という新たな観点から再考を試みる。

柱松については、その意味を民俗学研究において見出した尾芝古樟（柳田國男の筆名）の「柱松考」（『郷土研究』三―一号、一九一五年）において既に、戸隠・妙高・月山という修験霊山で行われていた柱松が、民間で盆の迎え火として行われる行事と同一視されていた。

これに対し筆者は二〇〇六年頃から、近世に権現社などで修験者が関わって執行された柱松を「修験道系柱松」と仮称し、民俗的な柱松と区別すべきであることを提唱していた。[6]その根拠として筆者は、民俗行事としての柱松がフォークタームでは柱松と称されないこともあり、一般に夜間に行われて盆の迎え火的な性格を有することが多いのに対し、近世に修験者が関与した柱松はフォークタームとしても柱松と称され、かつ昼間に行われ、修験者的な存在が柱の頂上に駆け上がる所作を特徴とすること、さらに関連する芸能(長刀での試闘など)を含む儀礼群となっていることを、その特徴としてあげていた。(7)

本節ではそれら諸点に加えて、柱松に関わる儀礼の執行された権現社が里山的な場にあった、若しくは現在もあることを加えたいと思う。この点は、民俗行事としての柱松との決定的な差異としても注目されるであろう。というのも民俗的な柱松は、能登半島の羽咋郡志賀町におけるそれらのように、海の彼方から寄り来る祖霊を迎えることを想定して海辺に立てられることもあるからである。(8)

対して、修験道系柱松の現存例の一として、現在は三年ごとの七月に行われている長野県飯山市小菅神社の柱松柴燈神事をまず見よう。(9)この神事が執行されている小菅の集落は、小菅山(一〇四六メートル)の麓に近い山腹に展開しており、あくまで現在の景観であるが、林が集落近くに近接している。

現存する修験道系柱松の別の例として、福岡県京都郡苅田町の白山多賀神社で毎年四月に行われる等覚寺松会の祭場も、標高が約三〇〇メートルとそれほどでないものの山間に位置しており、林の中で儀礼が執行される。(10)

さらに、尾芝(柳田)も言及していた妙高関山神社の火祭りの祭場である関山神社(旧関山権現)は、妙高山の登り口に位置する古代からの聖地であり、これも現在の景観であるが鎮守の杜的な林が神社に隣接している。(11)

以上の現存三例だけで修験道系柱松と里山に関して一般化するのは早計かもしれないが、この三例に関する限り、柱松という近世に修験者が関わった儀礼と里山的な場とが分かちがたく結びついていたと理解することは、さほど間違っていないのではないだろうか。

三　白山加賀側の里山地帯と近世修験道

本節では本章における考察事例の一つとして、白山加賀側を取り上げる。以下、当地において近世に至る過程で里山地帯が修行の場として注目されてくる経緯を見たうえで、藩政期における里山地帯での修験者の活動について概観したい。

1　近世に至る白山の山岳霊場観

古代の白山に関する考古学的な調査によれば、およそ九世紀には山頂での祭祀が行われていたと考えられている[12]。加賀側の文献ではないが、白山の伝説的な開山泰澄に関する『泰澄和尚伝[13]』も、山頂近くの「緑碧池」での泰澄の祈禱、および御前峰・大汝峰・別山の本地を泰澄が感得した描写がクライマックスとなっていた。『泰澄和尚伝』の失われた原本の成立年代は不詳であるが、上記のように本地垂迹が描かれていることから、この思想が確立すると考えられている[14]源平争乱期かそれ以降であろう。

以上により(院政前半期をも含む)古代における白山を巡る宗教活動においては、山頂付近が最重要であったと推定することが許されるのではないだろうか。

それに対して、加賀白山側の正統的な縁起書で、一二世紀後半に原本が成立したと推定されているものの現存本の書写が一五世紀前半である『白山記[15]』は、山頂付近から次第に下って山中の霊場や宗教施設を解説する内容となっている。同テキストでは、中宮・本宮をはじめとする麓の宗教施設が描写される前に、標高二〇〇〇メートルより上の加賀室、および標高一五〇〇メートル付近の檜新宮《ひのしんぐう》に関してかなり詳しい記述が見られる。[16]

また、在地の文献資料ではないが一五世紀中頃成立と考えられる『神道集』（東洋文庫版）においては、巻六第三五話「白山権現事」で太郎王子から五郎王子までがその本地と共に紹介される。その次郎王子（旧石川郡尾口村尾添《おぞう》の加宝宮と推察される）以降は、加宝宮が位置する里山的な山腹から山頂にかけて点在する王子神を意味するのではないかと考えられる。[17]

以上により、古代においては白山を巡る修行に関して山頂祭祀が最重要視されていたのに対し、時代が中世に入ると、麓側の中宮・本宮と山頂との間の山腹一帯も注目されるようになった、と解釈できるのではないだろうか。修験道考古学を標榜する時枝務は、これをもって一二世紀を境に白山において山頂登拝とは異なる山岳練行としての白山禅定が成立した、と位置づけている。[18]

この時枝説の評価は今後の検討に俟つとして、筆者はもう少し時代を下らせ、遅くとも一五世紀後半頃には白山（の加賀側）に吉野・熊野スタイルの修験道が導入され、山腹を含む山全体を霊場と捉える見方が登場したのではないかと考えている。その根拠は、旧来から知られている白山市中宮地区に伝来する文明一六年（一四八四）と翌一七年銘の行人札、[19]およびその翌一八年に聖護院道興が『廻国雑記』の旅の途次に白山禅定を行っていることである。[20]

このことを踏まえ、一六世紀以降、複数の文献資料に白山の山腹を含む山全体を霊場と捉える描写が登場してくるようになる。

例えば、川口久雄によって紹介された京都大原勝林院所蔵『白山権現講式』は、原本が明応九年（一五〇〇年）成立とされるものであるが、以下のような山岳霊場観が見られる。[21]

凡厥草木、非常草木、自染出四曼陀之色。（中略）故妙理大菩薩言、森々瑞木、蘿々異草、悉是吾王子眷属所居也云々。当知此山神代之都城、寂光浄土。

引用箇所後半「王子眷属」の本垂迹については、次の「六所王子」が掲げられる。佐羅王子（毘沙門天王）、三宮王子（如意輪観音）、加宝王子（虚空蔵菩薩）、禅師王子（地蔵菩薩）、金剣王子（不動明王）、児宮王子。これは、『神道集』「白山権現事」のように麓から山頂に向けて、の順序ではないと思われるが、やはり加賀禅定道に沿った何らかの聖地に王子神が祀られていることを意味するであろう。

また、幕末明治前半の郷土史家の森田平次による影写本で知られる『白山禅頂私記』は、永正五年（一五〇八）成立とされ、『泰澄和尚伝』で越前側の話だった泰澄伝の舞台を加賀側に移した縁起書として知られる。しかし、むしろ以下のように霊山としての白山の描写に特徴があるように思われる。(22)

氷ノ新宮天池已上ニイタリヌレハ、補タラク世界極楽浄土ニマイルナリ。滝ノ下ニ付ケハ不動ノ三尊忽ニ貌ヲ現シ、禅頂ニノホレハ緑ノ池ニ先ツ天ノ七十二星下テ影ヲウカブ。其ノ中ニ弥陀三尊十一面ノ大光普照ノ全身出現シ玉フ。

以上のように、この時代（一六世紀初頭）の講式・縁起類では、白山を泰澄が開山した霊山ということより、山全体の霊性を強調する言説が目立ち始める。

さらに、『白山権現講式』『白山禅頂私記』それぞれの原本成立時期より若干遅れるが、大永五年（一五二五）、阿吸房即伝の『三峯相承法則密記』が小松那谷寺の僧に伝授されている。(23)『三峯相承法則密記』は第一〇六「十種修行事」で十界修行が解説されており、これは小松那谷寺に代表される白山加賀側の衆徒に吉野・熊野修験道の十界修行が伝えられたことを意味すると考えられる。

その十界修行のうち、『三峯相承法則密記』の記事では、第五閼伽および第七延年が山腹に造られた宿での修行が前提にされていると考えられるし、第八護摩も柴燈護摩のために護摩木を採集する行であろう。二〇〇〇メートル台後半の標高のため山頂付近が高山地帯である白山の場合、とくに第八は山腹から里山地帯での修行に当てはめられることになる。このように白山（の加賀側）に十界修行が導入されたと推定するなら、修行の場がますます山全体に拡大してゆき、そこには里山地帯も含まれていたと考えることができるのではないか。

加えて、これと同時代に白山加賀側で一向一揆が勢力を増しており、その拠点的な宗教施設が加賀側白山麓の里山地帯に形成されたことも注目される。蓮如の子息の寺院群を通称する「小一揆方」の一である波佐谷《はさだに》松岡寺（現小松市）、および清沢《せいざわ》願得寺（現白山市）である。白山本宮は一時期、小一揆方とかなり親しかったと推察されるし、とくに願得寺は加賀白山衆徒の拠点の一つ金剣宮に隣接して立地していた[24]。

なお、小一揆方のその他の拠点であった二俣本泉寺（現金沢市）や山田光教寺（現加賀市）も里山的な場所に立地していた。さらに、享禄四年（一五三一）の乱で小一揆方を壊滅させた大一揆方の主力であり、それ以前の永正三年（一五〇六）より越前から南加賀に移っていた超勝寺も、一時期、白山麓に含まれる現在の加賀市郊外の里山地帯である塔尾《とのお》に位置していたことがある[25]。筆者は、超勝寺が白山本宮の長吏家と姻戚関係があったことを指摘していた[26]。

このように加賀一揆衆の拠点寺院の多くが白山麓を含む加賀の里山地帯に立地していたのは、この時期の城郭の多くが山城だったことから類推すれば、戦国武将との戦闘上の必要ではなかったかと推察される。その推定の是非はともかくとして、加賀一揆時代に白山麓を含む里山地帯の宗教的重要性が高まっていたことを確認しておきたい。

2　藩政期における白山加賀側里山地帯での修験行

以上のように、中世のとくに一五世紀後半以降、白山加賀側において山頂（禅頂）と本宮・中宮など山麓の拠点施設との間に位置する山腹一帯を含む、山全体を霊場と見なす考え方が生起し、十界修行の導入によってそれがさらに加速したと考えられること、一方で里山地帯に限定すれば、本宮と関係深い加賀一揆衆の拠点施設がそこに形成されたことを見てきた。里山が宗教的に意味を持つ場所となった、ということである。

しかし、織田信長配下の佐久間盛政により天正八年（一五八〇）、加賀白山麓の一揆勢力は一掃され、本宮を中心とする白山加賀側の関連施設もほぼ焼失してしまった。

白山加賀側の里山地帯で修験的な文化が再び顕在化し始めるのは、一七世紀の末頃もしくは一八世紀になってからだと考えられる。近年、小阪大が指摘しているように、(27)白山禅頂の杣取《そまとり》（堂社の再建）に関わる権限を巡る加賀側尾添と越前側牛首・風嵐《かざらし》との元禄一〇年（一六九七）に端を発する争論に際して登場した、在俗出身で一代限りの修験者宝代坊の宗教活動がそれに相当するであろう。宝代坊の経歴と活動については小阪論文に詳しく記載されているので、ここでは小阪が参照していない下白山長吏澄意による『白山諸雑事記』(28)に描かれた宝代坊に注目したい。なお、下白山とは、近世において一般的に使われている旧白山本宮（白山寺）の呼称である。

澄意は宝代坊について、金沢香林坊の次郎兵衛なる町人であったが、東密小野流の伝授を受けて宝代坊もしくは白山寺東泉院澄隆と名乗り、独自の宗教活動を行っていたことを記している。宝代坊は元禄の晩年に尾添村に来て、かの地に泰澄大師の『鏡の巻』に載る「宝代坊右京」云々とある坊名によって自ら宝代坊と号した。尾添村に庵を建てて剃髪法衣の姿となり、檜新宮にかつて置かれていた観音を守護し、江戸に出て城内大奥にまで開帳の件を申し立てた、などとしている。

また澄意は、「金沢才川ノ玉鉾ノミサレ仏」を宝代坊が白山七社の内だと主張したことに対して、七社の他に九所の小神、国の八社というものが知られているが、玉鉾はそれに含まれていないと反駁してもいる。以上の澄意による宝代坊に関わる言説のうち江戸での観音の開帳は、小阪前掲論考によると元禄一六年（一七〇三）のことだとされている。

ともあれ宝代坊の活動は、越前側との禅頂杣取争いの過程で山頂付近に堂社（天池金剣宮、小阪論文六頁による）を再建したことを含むものの、尾添村に庵を建てて居住していたという『白山諸雑事記』での記述に従えば、里山地帯を活動の拠点としていたと考えられる。この尾添（現白山市、旧石川郡尾口村）が、鶴来や小松のような白山麓から見れば奥山であるものの標高が五〇〇メートル台とさほど高くなく、人の手が加わった山林に囲まれ、ある程度の農耕も営まれているという意味において、明らかに里山的な場所だからである。

つまり、宝代坊は尾添という里山地帯を主な活動拠点とし、そこから標高のより高い檜新宮に保管されていた観音像に宗教的意味を見出して江戸で開帳しようとしたり、金沢玉鉾という平野の都市部にあった仏に別の意味を付与したりしたことになる。こうした宗教的な意味づけの背景に、宝代坊が尾添という、標高において平野部と高山地帯との中間に当たる里山に居住していたことがあると考えることはできないだろうか。

四　近世石動山衆徒の修験行と里山

本節では本章におけるもう一つの検討事例である、能登の霊山石動山について検討する。近世に石動山衆徒が居住した集落は、前節で見た宝代坊が居住したという尾添と、人手の加わった山林が近接しているという意味においては共通する。その意味で、里山と近世修験道を考えるうえで典型的な例の一ではないかと考えられるのである。

1　近世の石動山集落と真言寺院としての宗教活動

近世の石動山衆徒は、五六五メートルの山頂にほど近い同山中腹に宗教集落を形成していた。衆徒が奉仕していた真言寺院天平寺および五社権現（現伊須流岐比古神社）は、加賀藩より一五〇石の寺社領を与えられていたものの、衆徒は自給的な農耕を多少は行っていたと推察されるし、周囲の山林を利用することも許されていたことから[29]、集落は里山的な環境であったと考えられる。また、現在の植生と近世とでは異なる可能性があるものの、現在は伊須流岐比古神社拝殿および本殿のすぐ背後まで山林が迫っている。

ここで、あえて石動山集落の近世に注目するのは、石動山衆徒が能登守護畠山氏と上杉謙信との争いにおいて上杉方に与し、畠山氏衰亡の後は織田勢の前田利家との間で石動山合戦（荒山合戦とも）を起こして天正一〇年（一五八二）全山焼失し、近辺の伊掛山に逃れていたとされるからである。石動山衆徒は慶長二年（一五九七）に利家によって「還住」を許されたと位置づけられており、石動山合戦以前も近世の集落が営まれた場所に衆徒が集住していたと旧来から捉えられてきたが、少なくとも近世の集落が「還住」の慶長二年以降に新たに形成されたものであることだけは間違いない。

近世の石動山衆徒は、慶安二年（一六四九）の加賀藩真言宗触頭三寺への「地詰帳」に七三院坊の固有名詞が出、一七世紀のうちに五八院坊に減ったらしい[30]。これらの衆徒が真言僧であったのか修験者であったのかを確実に知ることは現時点で困難と思われるが、彼らが奉仕した真言寺院である石動山天平寺の法会やそこでの衆徒たちの宗教的実践については、前者の観点に立つ北原裕全が、近年分かりやすい整理分析を行っている[31]。それによると、五社権現の祭礼のほか、常楽会・曼荼羅供・施餓鬼・仏名会、あるいはその他の祈禱などが確認できるとされる。とくに五社権現の祭礼では、衆徒・別当・社家が別々の儀礼を執行していたという。

それらの宗教活動の中で峰入りのような修験行は、真言僧である衆徒が修験山伏に通ずる修行を行っていた、と北原は解釈している。例えば、大宮坊を先達とする衆徒の大峰修行が元和九年（一六二三）の陽明文庫蔵文書で主張されたり[32]、「天平寺衆徒中」から加賀藩に書き上げられた貞享二年（一六八五）の由来書上げにおいて、「往古」は三月晦日から五月三日まで堂に籠もり、開山（泰澄）の掟の行法を執行する「内ノ峯」を行っていたと書き上げていることに、北原は注目している。

このうち、前者は一七世紀前半における衆徒の大峰修行であり、後者は同世紀後半において過去の記憶を語ったものであった。北原自身は参照していないが、大宮坊（還住以降の七三院坊の長）の別当であった最勝院が悪僧であることを理由に離山を余儀なくされた寛文七年（一六六七）以降、石動山支配の山伏はいなくなったという石動山信仰史研究における通説[33]が旧来からあるので、北原のように藩政期を通じて石動山衆徒が真言僧であり、峰入りのような修験行を副次的に行っていたと捉えるより、一七世紀の中頃までは修験者的な存在が山内に存在した、と考える方が通説とも一致する。

しかし、このような通説自体、果たして妥当なのだろうか。

2　近世石動山衆徒の修験行と里山的な場

というのも、複数の近世史料に、石動山に関わる修験・山伏が近世を通じて実在したことを推察させる記述が見られるからである。

例えば、少なくとも寛永一八年（一六四一）までは大宮坊が「下山伏」を有していたことが、山伏の湯立てを禁ずる寛政元年（一七八九）付け金沢市立図書館所蔵の申上げ書に出る[34]。ただし、これは寛文七年以降に石動山支配の山伏がいなくなったとする通説と矛盾するわけではない。

とはいえ、現存しない宝永二年(一七〇五)の社号帳に「石動山派山伏」が列挙されていることが、幕末明治前半の郷土史家であった森田平次の『能登志徴』[35]上巻四一三頁に報告されている。

同じ森田編の『国事雑抄』[36]に、天明八年(一七八八)の「石動山大宮坊分山伏之事」として、越中礪波・射水・新川郡の四五院坊をはじめ、能登加賀を含む計六四の院坊(寺号も有り)が書き上げられている(同書下巻八一八―八二〇頁)。なお、これより数年後に当たる寛政三年(一七九一)頃に編まれたとされる能登国古義真言宗本末帳では、「天平寺衆徒中」を高野山末としており[37]、森田が『能登志徴』などで衆徒を真言清僧と見なしていることと照応する。

以上のように、近世において石動山天平寺の配下に修験・山伏的な宗教者がいたかどうかは、両者の根拠となる情報が並存するところから、現時点ではどちらともいえないと考えられる。

にも拘わらず、筆者も旧著『白山・石動修験の宗教民俗学的研究』で指摘したことがあるが、現在の羽咋市に位置する能登国一宮気多神社の二月ないし三月の祭礼に石動衆徒が出仕し、山伏姿で峰入りする「西の峯」、場合によっては「出成」とも記される儀礼を行ったことが複数の近世史料に描かれている。

例えば、古くは慶長六年(一六〇一)、石動山宝池院記名の気多神社文書に、「如先例二月ヨリ入峯之義、無懈怠」とある[38]。同じ年の別の同神社文書では、「地蔵山入峯之儀」とある[39]。ここから、石動山衆徒の宝池院らが入峰する気多神社奥の院が、「地蔵山」と呼ばれていたことが分かる。

幕末に近い文政五年(一八二二)の中能登町井田の宝池家所蔵文書には、一宮(気多神社)祭礼で大宮坊と宝池院より衆徒が出仕して「神事相勤」めて来たのは、大宮坊が「一山之本寺」、宝池院が「開山地之事」によるとある[40]。後者の意味は分かりづらいが、「開山」とは石動山の開山とされる泰澄のことと考えられ、宝池院が泰澄ゆかりの寺であるので、泰澄が中興したとされる(『気多神社古縁起』など)気多神社に毎年訪れるのだ、という趣意ではないかと推察される。

　この他にも、この行事に断片的に触れている近世史料が存在する。年不詳の気多神社文書で宝池院署名の折紙「能州知識米一件ニ付宝池院光鏤書状」では、宝池院がこの行事を「西峯」と呼んでいる。[41] 中能登町小竹の多田家に所蔵され、安政二年(一八五五)以降成立と推定されている『石動山諸事録』において、石動山衆徒の知識米勧進を紹介する中で、衆徒中一六人が一宮(気多神社のこと)祭礼に参加することを述べるくだりがあり、そこに「毎年二月申日一宮出成祭礼之節」とある。[42]

　この気多神社における石動衆徒の宗教活動について、今のところ、最も詳細な情報が載ると考えられるのは、(旧著でも指摘していたが)太田頼資の『能登名跡志』(安永六年(一七七七)序)であろう。同書では、この行事を三月のこととしているので、近世後半には二月から三月に変更されたのかもしれない。[43] 以下、関連箇所を引用する。[44]

　毎年三月四日より石動山衆徒六人来りて、中門殿において七日の別斎あり。神前に斧まさかり抔を持ち舞曲をなし、護摩を焚て奥の社へかける也。是を採燈の護摩と云、是を俗に男払と云。御社の煤払と云事にや。又祭礼には石動山の衆徒来り、隣村柳田村に岩窟あり、此所に暫く籠り神輿を待請、山伏姿にて螺貝を吹也、此穴を俗に山伏穴と云。是等に古礼あり。是によつて昔より石動山は、北陸道の内六ヶ国、毎歳大宮一度、火宮一度、此の一宮分一度、知識米とて勧進す。往古より石動山とは有縁の事也。

　この引用のように『能登名跡志』では、気多神社において三月四日に石動衆徒が訪れて宗教行為を行うことの背景に、往古からの石動山衆徒の知識米勧進を求めている。それはともかく、『能登名跡志』の記載による限り、気多社の三月祭礼に訪れた石動山の衆徒が当山派から認証を受けた修験だったのか、真言僧でありながら山伏の扮装をして護摩を焚いたり奥の社に駆けたり法螺を吹いたりしたのか、釈然としない。

したがって、問題とすべきは彼らが純然たる修験者であったかどうかより、彼らの拠点が石動山集落という標高五〇〇メートル前後の高地にして里山的な場であったこと、およびそうした地から平地である羽咋に下りてきて、修験行もしくはそれを模倣した儀礼を行ったこと、という二点にあるのではないだろうか。

これは、尾添という標高五〇〇メートル台の里山を拠点としていた在俗出身の宝代坊が、江戸で行った宗教活動（こちらは単発ではあったが）と同じ構造を有していると考えられる。

五　結び

先に第三節で、加賀一揆時代に一揆衆の拠点的な宗教施設の多くが里山的な場所に築かれ、それはおそらく山城としての要請によるのでは、と推察しておいた。石動山の場合、天正一〇年（一五八二）の石動山合戦（荒山合戦）による全山焼失以前にも、通説のように慶長二年（一五九七）の「還住」以降と同じ山腹の地に衆徒が集落を形成していたとするなら、それは山城であった荒山城との関係という戦国時代特有の事情があったのかもしれない[45]。

ともあれ、加賀白山麓の里山地帯では織田勢によって一揆衆の拠点寺院と共に白山本宮関連の宗教施設も焼失し、宝代坊が尾添に居住して修験的な宗教活動を始めるまで一〇〇年以上の隔たりがあった。しかし、石動山では衆徒が荒山合戦の一〇数年後に旧来の里山的な地に集落を再興し始めることになる。

そのことを踏まえて、第三節・第四節で議論した宝代坊および石動山衆徒の大宮坊・宝池院の宗教活動を、再度意味づけてみたい。

彼らが里、宝代坊の場合は江戸、大宮坊・宝池院の場合は羽咋の気多神社で行った修験的な宗教活動は、彼らが通常居住していた里山という場によって、二つの意味で正統化されていたのではないだろうか。

第一には標高の問題である。宝代坊が居住していた尾添も大宮坊ら石動山衆徒の集落も、およそ標高五〇〇メートルの地にあり、彼らはそこから平地である江戸や羽咋に下りて来て修験的な活動を行っていた。これは、とくに石動山衆徒の場合、戦国末期の山城と近接していた地に近世に至って再び集落を形成したという通説が正しければ、標高が平地より高い故地を衆徒中が聖地と見なし、そこに集住していた理由となるであろう。結果的にそのことが、衆徒たちの里での修験的な宗教行為を正統化する要因の一つになったのではないだろうか。

第二に、彼らの居住した集落が森林に隣接し、むしろそれに囲まれるような地に形成されていたことである。林や森が民俗的な心意で山を意味するとされることもあるように[46]、里山的な場は標高の高低に拘わらず山の暗喩でもあると考えられる。

以上二点より、近世において里山的な場所から里に下りて来た修験者の活動は、二重の意味で山を暗喩していると考えることが可能ではないだろうか。したがって、彼らの里での宗教行為は、二重に暗喩される山によって正統性を保証されていた、とここでは位置づけておきたい。

さらに、第二節で触れた修験道系柱松についても、そこで言及した現存三例においてそれが里山的な場で執行されていることは、祭場そのものが修験者がこれから修行する山岳を暗喩しているのではないだろうか[47]。

［追記］　本章はあくまで、事例として設定した白山加賀側および石動山に関して、里山的な環境と近世修験の活動との関わりに焦点を絞った試論であった。しかし、論の中でも加賀白山麓の里山地帯における一向一揆寺院について

言及しているように、里山的な場所が日本の宗教文化において近世に限らず大きな意味を有することはいうまでもない。例えば、文献史学や考古学で注目されている中世の山寺が里山的な地に建てられる場合、(48) 主に東北地方におけるハヤマ（葉山・端山・羽山）信仰の問題、(49) それと関連する山形県などでのモリ供養、(50) 福島県などでの羽山ごもり、(51) また集落をやや離れた里山的な場が納骨の霊場となること、(52) 等など。本章は、これら里山の宗教民俗を巡る数多くの先行研究にローカルかつ特殊な事例研究を付加したもの、とご理解いただければ幸いである。

注

（1）四手井綱英『森に学ぶ―エコロジーから自然保護へ―』海鳴社、一九九三年。

（2）守山弘『自然を守るとはどういうことか』農山漁村文化協会、一九八八年。なお、守山は「里山」という語をほとんど用いておらず、一貫して雑木林という語を使用している。

（3）重松俊則『市民による里山の保全・管理』信山社、一九九一年、石井実ほか『里山の自然をまもる』築地書館、一九九三年、など参照。

（4）以下の公式サイト『能登の里山里海』を参照されたい。http://www.pref.ishikawa.jp/satoyama/noto-giahs/（二〇一七年一〇月最終確認）。

（5）例えば、田端英雄編著『里山の自然』保育社、一九九七年、参照。

（6）由谷裕哉「修験道系柱松における神仏関係：戸隠・妙高・小菅山の比較」、『神道宗教』第二〇一号、二〇〇六年。

（7）注6前掲稿、および由谷「修験道系柱松をどう捉えるか―和歌森太郎と五来重の所論を踏まえて―」、『寺社と民衆』第九輯、二〇一三年、参照。同稿は、修正のうえ本書第一部第一章となっている。

（8）志賀町の柱松行事については、長岡博男「盆の火祭り」、『石川県羽咋郡旧福野潟周辺綜合調査報告書』石川考古学研究会、一九五五年、参照。また同稿の意味づけについては、由谷「九学会連合能登調査と加能民俗の会」、『加能民俗研究』四二、二〇一一年、参照。

（9）小菅神社の柱松柴燈神事については、『長野県飯山市小菅の里　柱松ガイド』飯山市文化遺産保存活用実行委員会、二〇一三年、由谷「近世権現社の祭礼における柱松と修験者—北信濃小菅権現の事例から—」、『近世修験道の諸相』岩田書院、二〇一三年、など参照。なお、後者の拙稿は、修正のうえ本書第一部第二章になっている。

（10）等覚寺松会については、等覚寺松会の保存会（編）『等覚寺の松会　無形民俗文化財記録調査報告書』同保存会、一九七七年、苅田町・苅田町教育委員会（編）『等覚寺の松会』同町、一九九三年、参照。

（11）関山神社火祭りについては、由谷「一八世紀における宝蔵院祭礼に関わった宗教者について」、『山岳修験』第四四号、二〇〇九年、同「一九世紀における妙高山関山権現の夏季祭礼について」、『北陸宗教文化』第二五号、二〇一二年、など参照。これらの拙稿を纏めたものとして、本書第一部第三章も参照されたい。

（12）國學院大學考古学資料館白山山頂調査団（編）『白山山頂学術調査報告』同館、一九八八年。

（13）『泰澄和尚伝』の現存する中世写本としては、金沢文庫本、尾口村（現・白山市）密谷家所蔵本が知られている。前者の校訂本としては、平泉澄『泰澄和尚伝記』白山神社、一九五三年、後者の翻刻は、『尾口村史』第一巻（同村、一九七八年）、一二三〇—一二三七頁。

（14）本地垂迹説の成立に関しては、一〇〇年以上前の明治四〇年（一九〇七）に辻善之助が『史学雑誌』に六回に互って発表した論文「本地垂迹説の起源について」が、現在も定説となっている。辻は天永二年（一一一一）に没した大江匡房の時代に至って、本地垂迹説が完成したと見ていた。匡房の『本朝神仙伝』において第四話で泰澄が触れられており、そこで泰澄は諸神社でその本覚を問う者として描かれていた。これらを踏まえて本章では『泰澄和尚伝』原本の成立年代を、これと同時代かそれ以降だと推定しておく。

(15)『白山記』という書名は幕末明治前半の郷土史家・森田平次による仮称で、現存写本は無題である。同テキストの成立と分析については、由谷『白山・石動修験の宗教民俗学的研究』岩田書院、一九九四年、一一七―一四五頁を参照。以下、同書を由谷一九九四年著書と略記する。

(16)『白山記』における加賀室と檜新宮の描写が何を意味しているかについても、由谷一九九四年著書一二七―一三一頁、参照。

(17) 本地などから太郎王子(本地・不動明王)は金剣宮、次郎王子(本地・虚空蔵菩薩)は加宝宮、三郎王子(本地・地蔵菩薩)は檜新宮に相当すると考えられ、四郎王子(本地・文殊)は『白山記』に文殊を本地とするとされる「藁履峰の小社」、五郎王子(本地・「三六菩薩」)は同じく加賀室ではないか、と推定したことがある。由谷一九九四年著書一三一―一三六頁、参照。つまり、佐羅宮(吉野谷)―加宝宮(尾添)―檜新宮(その上で、標高約一五〇〇メートル)から加賀室(標高約二〇〇〇メートル)まで、加賀禅定道を上ってゆく順に配置された王子神と考えられる。

(18) 時枝務『修験道の考古学的研究』雄山閣、二〇〇五年、七七―九五頁。本章本文ではその議論をしていないが、時枝は山中での長期の修行には宿が必要であるとし、越前禅定道の越前室などについても考察を行っている。

(19) 二つの行人札にはいずれも「虫尾」なる越前禅定道の地名が見られ、造立者は共に一一人、期間は「日数百余」とあるもの。多くの先行研究で言及されているが、先に触れた中では、時枝注18前掲著書の九六頁参照。

(20) 道興の白山禅定については、由谷『白山・立山の宗教文化』岩田書院、二〇〇八年、二二〇―二二五頁を参照。以下、同書を由谷二〇〇八年著書と略記する。

(21) 川口久雄『山岳まんだらの世界』名著出版、一九八七年、一〇五頁。なお、同所では返り点や送り仮名がふられているが、引用文ではそれを割愛した。
(22) 日置謙(校訂)『白山比咩神社文献集』石川県図書館協会、一九三五年、一二五頁。
(23)『三峯相承法則密記』奥書と加賀白山との関わりについては、由谷二〇〇八年著書二二九―二三二頁参照。
(24) 小一揆方と白山衆徒との関わりについては、由谷二〇〇八年著書二〇四―二〇九頁、願得寺実悟の『拾塵記』や白山との関わりについては、同二三六―二三八頁を参照。
(25)『加賀市史』通史上、同市、一九七八年、四七二―四七五頁。
(26) 由谷二〇〇八年著書二二二頁。
(27) 小阪大「白山曼荼羅図からみた加賀禅定道」、『山岳修験』第四八号、二〇一一年。
(28) 澄意および彼の『白山諸雑事記』については、由谷二〇〇八年著書二九一―二九五頁など参照。『白山諸雑事記』の翻刻は、下出積與(監修)『白山史料集』上巻、石川県図書館協会、一九七九年、三二九―三八八頁。
(29)『鹿島町史 通史・民俗編』同町、一九八五年、三一〇頁参照。
(30) 慶安二年の地詰帳は勧修寺文書で、『鹿島町史 石動山史料編』同町、一九八六年、三六三―三七三頁に掲載(以下、『石動山史料編』と略記)。五八坊については貞享二年(一六八五)に天平寺衆徒中が加賀藩に提出した由緒書上に、「只今ハ五十八ケ寺在住候」とある(『石動山史料編』五七頁)ほか、藩政期を通じてこの数により、多く記載されている。
(31) 北原裕全「石動山天平寺の年中行事」、『北陸宗教文化』第一八号、二〇〇六年。
(32) 元和九年銘の陽明文庫所蔵「石動山別当大宮坊空照申状」に、「彼寺者、大峯修行不仕候へハ、衆徒に罷成不申候故、毎年大宮坊先達ニ頼、衆徒入峯仕候、左様ニ御座候へ者、一山不残大宮坊弟子ニ而候事」などとある(『石動山資料編』

注30前掲、六四九—六五〇頁)。なお、この文書の執筆者である空照は、越前府中時代の前田利家に祈禱を行って以来、利家のいわば御用僧で、石動山大宮坊の住職のほか白山本宮の復興に携わった。由谷二〇〇八年著書二六七—二七一頁、参照。

(33) 寛文七年銘の金沢市立図書館所蔵文書「最勝院御暇ニ付大宮坊儀波着寺等へ御預ケ申渡書」に、「寛文七年　最勝院御暇被遣大宮坊無住ニ付而、波着寺・明王院・宝幢寺当分大宮坊御預ケ被成候条(後略)」とある(『石動山資料編』、四三四頁)。波着寺など三寺は、加賀藩の真言宗触頭である。この件について幕末明治前半の郷土史家・森田平次は、「其砌より山伏共御當地小先達裁許仕、石動山支配にて無御座候とあり」と位置づけている(『能登志徴』上巻、石川県図書館協会、一九三八年、四一四頁)。森田は、貞享二年(一六八五)の寺社由来の奥書に「右能州石動山大宮坊無住の内、當山方山伏頭三人へ裁許被為仰付とあり」(同書四一三頁)と、十数年後の年号をも併記しているが、ともあれその結果、本文で後述のように「當山の衆徒は真言宗の清僧」となったとしている。なお、本章の内容について日本山岳修験会二〇一四年度秋田大会で口頭発表時に、フロアから「山伏頭」について御質問があったが、引用文のように衆徒中が書き上げた寺社由来における文言であり、そこでは当山派の触頭を意味すると思われる。

(34) 寛政元年銘の金沢市立図書館所蔵「山伏湯立禁令幷同儀ニ付申上書」に、「石動山大宮坊下山伏ニ湯立為致間敷段、大宮坊宝印証文寛文十八年卯月廿五日与有之候」などとある(『石動山資料編』、四二〇頁)。

(35) 『能登志徴』は、森田平次の未定稿を子息の外与吉が昭和一三年(一九三八)に整理し、石川県図書館協会より同年に刊行されたもの。筆者は姉妹編である森田の『加賀志徴』の成立年代を、明治二二年(一八八九)以降と推定したことがある。由谷「神仏分離後に語られた藩政期の神社と社僧—旧金沢市域の例から—」、『宗教研究』第三五三号、二〇〇七年。

(36)『国事雑抄』は、森田が嘉永六年(一八五三)から元治二年(一八六五)に加賀藩の簿冊に見える種々の文書を抄出したものとされ、『能登志徴』よりは前の成立と考えられる。刊本は同じく石川県図書館協会より、全三巻として一九三二—三三年に刊行されている。もっとも、注35の場合と同様こちらも書写元の文書は不明で、森田が書写した形態で残存したものである。

(37)寺院本末帳研究会(編)『江戸幕府寺院本末帳集成』上巻、雄山閣出版、一九九九年、一一三六頁。

(38)慶長六年銘の気多神社文書「気多社地蔵山知識米寄進ニ付宝池院・自性坊連署請写」(『石動山資料編』、三九九頁)。

(39)『石動山資料編』、三九八頁。

(40)『石動山資料編』、二四七—二四八頁。

(41)『石動山資料編』、四〇二頁。

(42)『石動山資料編』、五七七頁。

(43)『能登名跡志』の成立より後に相当する注40の文政二年の文書には、祭礼の月日が明記されていない。注42の安永二年以降とされる『石動山諸事録』では、「二月申日」の「出成」と並んで「三月四日鉄祭モ石動山衆徒中行相勤来候」としており、二月と三月の両方に石動山衆徒が気多神社を訪れたとする。しかし、七尾市林山家所蔵の明治元年(一八六八)銘「石動山社号・飾物・年中行事書上」には、『能登名跡志』の通り三月四日の「一宮御神事」に大宮坊と宝池院から僧と童子が計一七人訪れ、奥の院で「神勤」つかまつった後、一宮社講堂の庭前で護摩修行をしたと記載されている(『石動山資料編』、六三八頁)。

(44)『能登名跡志』石川県図書館協会、一九三一年、七頁。

(45)荒山城は石動山より南西二キロ余りに位置し、石動山衆徒が天正一〇年に前田利家に抗した時、ここを拠点とした。

(46) 福田アジオは、平地に位置していても採取地である森や林を「ヤマ」と呼ぶことがあることを指摘していた。福田『日本村落の民俗的構造』弘文堂、一九八二年、三三一―六二頁参照。

(47) 即伝の『三峯相承法則密記』では、柱松は入峰修行の前行と位置づけられている。注7の拙稿でも少し議論したが、柱松を峰中修行からの出峰結願の験競べと捉える五来重による見方が、主に地方在住の研究者によって支持されているものの、火打ち石による点火と峰中での修行の成果とは何の関係もない。そもそも、近世の日記類における食事の記録を見ると炊飯および煮物がかなり一般的であるので(『宝蔵院日記の風景』妙高市教育委員会、二〇一〇年、参照)、庶民も火打ち石を日常的に使用していたと推定できる。以上により修験者の行う柱松への点火が出峰の験競べではありえず、入峰の前にそれを模して行う儀礼であったと捉えるとすれば、祭場である里山的な場がこれから彼らが入山する山という場所を暗喩しているという、本文における推定とも首尾一貫することになる。

(48) 牛山佳幸「信濃における里山系寺院の成立と展開(上)(下)」、『信濃』第六二巻第一二号、第六三巻第二号、二〇一〇年、二〇一一年、同「信濃から見た山岳信仰の受容と特徴―古代・中世を中心に―」、『山岳修験』第四七号、二〇一一年、同「山寺の概念」、『季刊考古学』第一二一号(特集　山寺の考古学)、二〇一二年、時枝務「山寺研究の課題」、同上誌、同「庵室から山寺へ―福島県棚倉町流廃寺の場合」、『歴史考古学』第七〇号、二〇一四年、同「山寺における儀礼と伽藍の形成―石川県小松市浄水寺跡の場合―」、『立正大学文学部論叢』第一四〇号、二〇一七年。

(49) 岩崎敏夫『本邦小祠の研究―民間信仰の民俗学的研究』岩崎博士学位論文出版後援会、一九六三年、大友義助「羽州羽山信仰の考察」、『日本民俗学』第九三号、一九七四年、小野寺正人「船形山山麓における葉山信仰の一形態」、『東北民俗』第一〇輯、一九七六年、月光善弘『東北の一山組織の研究』佼成出版社、一九九一年、伊藤清郎『霊山と信仰の世界―奥羽の民衆と世界―』吉川弘文館、一九九七年、千葉栄「端山信仰と山寺」、『日本仏教教育学研究』第一五号、二〇〇七年。

(50) 岩崎真幸「モリ信仰におけるハヤマ的性格について―山形県鶴岡市清水における「モリ供養」の事例報告―」、『常民文化』第一号、一九七七年、鈴木岩弓「「もり供養」の一考察―参詣者の意識と行動をめぐって―」、『日本文化研究所研究報告』別巻第一九号、一九八二年、同「庄内地方における「もり供養」の寺院行事化現象の実態」、『日本文化研究所紀要』別巻第三二号、一九九五年。

(51) 山口弥一郎「羽山ごもりと田遊び―福島県信夫郡松川村―」、『民間伝承』二三―六、一九五九年、佐治靖「憑霊の一形態―羽山ごもりとオシンメイサマ―」、『宗教学論集』第一五号、一九八九年、同「ノリワラ誕生―金沢の羽山ごもりにみるノリワラの生成過程―」、『福島県立博物館紀要』第一九号、二〇〇五年。

(52) 中野豈任『忘れられた霊場　中世心性史の試み』平凡社、一九八八年、佐藤弘夫『霊場の思想』吉川弘文館、二〇〇三年、同『死者のゆくえ』岩田書院、二〇〇八年、時枝務『霊場の考古学』高志書院、二〇一四年。なお、近年サブカルチャーの聖地(特撮もの映画やドラマのロケ地、新開誠『秒速5センチメートル』など)として注目を集めている栃木県の岩船山(標高一七二・七メートル)は、もともと霊魂の集まる山として信仰を集め、江戸時代に関東で流行した岩船地蔵の起点でもあった。岩船地蔵については、福田アジオ『歴史探索の手法―岩船地蔵を追って』筑摩書房(ちくま新書)、二〇〇六年、参照。このように里山的な場所は、近世修験との関わりに留まらず、多様かつ広汎な宗教文化との関わりが見られるのである。

結論

以上のように本書においては、序論と第一部第一章で認識論（近世修験をどう捉えるか）および方法論（その対象をどう研究するか）について議論し、第二章以降は事例研究を展開してきた。

ここでは、まず本書における認識論・方法論を再確認したうえで、事例分析で得られた情報を複数の枠組から再構成したい。

一　近世修験をどう捉え、どう研究すべきか

まず序論において、和歌森太郎―宮本袈裟雄によるいわば里修験パラダイムの代案を求めることを目指す、と問題提起した。その際、和歌森の『修験道史研究』（一九四三年）[1]以前に発表された柳田國男・小林健三・島津伝道・戸川安章らの言説に、このパラダイムを相対化する手がかりを得ようとした。

もっとも、序論では柳田以降の言説を注視する都合上、和歌森および宮本が記した生の言説にほとんど触れなかったので、ここで再確認しておきたい。

和歌森『修験道史研究』の第四章「中世修験道の近世的変質」では、室町時代から「諸山諸寺を廻る客僧たるべき

山臥がその本性を歪めて定着化する趣が萌している」(平凡社東洋文庫版、二四八頁)とされ、やがて江戸幕府による法度規制(同二八四頁)が「山臥の神秘性、秘密性を剝」ぐことになり(二八五頁)、「山臥が本来の多面性を失って一祈禱呪術師として安逸を貪るに至」った(二八八頁)、としている。見られるように、中世半ばまでの山々を渡り歩く山伏の姿を「本性」、また「本来の自由奔放、自在の性格」(二九一頁)と捉えるという、きわめて本質主義的な立論がなされている。

一方で、同章において「定着化・師檀関係の恒常化」(二九一頁)という傾向を持つとされる近世修験の峰中修行については、それが「苦行性を薄め儀礼化、秩序化の意識において行われた」(二五〇頁)などと断ずるも、立論の根拠となる史料は明確に示されていない。この点については、一九四〇年代前半までの史料探索の限界なのかもしれない。

宮本『里修験の研究』(一九八四年)[2]はその序論において、修験・山伏を、山岳と里、移動性と定着性という二つの基準により、Ⅰ山籠・山岳抖擻型修験、Ⅱ廻国・聖型修験、Ⅲ御師型修験、Ⅳ里型修験、と四分類している(二―三頁)。そのうえで、Ⅳ類型を「里修験」と名づけ、「里修験および修験一般の宗教活動と庶民との関わり方を通して民間信仰の一端を論じようとする」(四頁)ことを、同著作の目的として設定している。

見られるようにこの四分類には、本書第一部および第二部第二章で議論したような中世末までに修験が集まっていたと考えられる霊山や寺社(小菅山・妙高山・戸隠山・白山長瀧寺)が、近世に権現社と別当寺院を中心として再編成され、場合によってその組織に修験が含まれていたケースや、本書第二部第三章で検討した里山的環境に生活していた修験類似の衆徒は、全く考慮に入れられていない。また、序論で少し触れたが、宮本の著作では、近世の修験が山林修行に傾注したことを否定視するような立論が時に見受けられた[3]。

本書では、以上のような和歌森―宮本パラダイムを相対化するために、序論で例として取り上げた小林健三による戸隠・英彦山、島津伝道および戸川安章による出羽三山の研究を導きの糸として、定着・里および苦行性の稀薄化、といったパラダイム化した近世修験像の代案を求めようとした。この点が、本書における認識論の起点であった。

次に、方法論について。本書の対象とする事例は近世、主に江戸時代において存在した宗教文化であるが、本書はこれを実証史的に探究することを目指すものではない。序論でも若干述べたように、筆者が考える「宗教民俗学的」アプローチとは、儀礼や文書における語りの継起性(sequence)に注目する姿勢を意味しており、個々の儀礼や文書が生成した空間的時間的な文脈においてそれらを定位すべきであると考えるものである。

したがって、第一部で検討した柱松、第二部第二章で取りあげた延年、それぞれの民俗学からの先行研究のように、個々の事例は現象の一つに過ぎず、多数の現象を比較対照することによって本質に遡及できる、といった本質主義とは袂を分かつ立場である。とくに第一部でテーマとした柱松の問題は、尾芝古樟(柳田國男の筆名の一つ)が民俗事象として発見して以来、柱松の一般論が求められる傾向が顕著であったが、後にも触れるように小菅柱松と妙高柱松との差異には意味があると考えられるので、筆者は尾芝以来の一般化の志向は有効性を持たないと考えている。

もとより、筆者は日本の宗教文化一般を考究するに当たって、上記のような本質や起源を求める民俗学者に顕著な姿勢は、有害なものでしかないと考えている。近世修験とは全く異なる対象(サブカルチャー聖地巡礼)に関して筆者はかつて、ジェイムズ・クリフォード(Clifford, James)の立論を参照しながら、根(roots)のような植物の隠喩で示される土地に固有の(native)文化があり、それが産業化によって差異を失い均質化してゆくことを嘆くような立場は、真正性(authenticity)が必ず存在するという信念に基づくに過ぎない、と位置づけたことがあった[4]。民俗学者が多くの事例を集めることによって本質・起源に遡及できると考えるのも、そうした信念に拠っていると思われる[5]。

それに対してクリフォードは、文化や伝統は生成するもの(emergent)であるとしている。本書で対象としてきた近世修験も、それぞれの事例における時間的・空間的な文脈において生成してきた事象と捉えることが有効ではないだろうか。本書では個々の事例に即して様々な考究を行ってきたが、そうした生成のあり方を以下、①隠喩としての高さ、②山林修行、③修験を含む組織、④権現という奉斎対象、という四つの枠組から纏め直してみたいと思う。

二　隠喩としての高さ

高さ―低さ、という問題は、本書本論において、修験道系柱松を考察した第一部、および第二部第三章における里山の問題に現れた。上記の宮本袈裟雄による山岳―里、という対立項の一つを相対化する観点かと思われる。

まず、修験道系柱松について。第一部で取り上げた小菅柱松(第二章)、妙高柱松(第三章)、戸隠柱松(第三章付論)、および第三章の末尾で少しだけ言及した等覚寺松会、という四者は、柱の高さおよび神輿渡御を伴うかどうかによって二大別できる。

すなわち、小菅柱松と等覚寺松会の柱松が共に三メートルを超える高さであり、かつ神輿が柱松を下から仰ぎ見る位置に設置された御旅所に渡御する。対して妙高と戸隠の柱松は最上部でも二メートル程度であり、妙高のものは点火に際して仮山伏が上る梯子の最上段が成人男子の肩程度の高さ(第一部第三章の写真1)、復活した戸隠柱松は点火の際に山伏役(近世には「松山伏」)が上部に上らず、最下部に点火する(第一部第三章付論の写真3)。そして、妙高も戸隠も神輿渡御は伴わない。

さらに、第三章付論の最後に議論したように、戸隠中社と妙高関山神社の現在の祭場は、元の権現社、現在の拝殿から石段をかなり下った広場に三本ないし二本の柱松が立てられるので、柱松への点火は小菅および等覚寺と正反対に、権現から見下ろされることになる。

本章でいう「修験道系柱松」は、中世末までは即伝の教義書のように入峰の前行として行われていたと考えられるので、第二部第三章の末尾で推定したように、これから入峰する修験者が山の隠喩のような高い祭具に上るという意味合いを含んでいたのであろう。しかし、近世的な柱松のうち戸隠および妙高のケースでは、各々の霊山を表象する権現社より低い位置に、あまり高くない柱松が複数立てられ、それらへの点火が権現に見下ろされることになった。

このことは、近世における修験道系柱松において柱松への点火ないし（等覚寺の場合のように）柱松に上っての幣切の前に、刀剣などを使う芸能的な儀礼が執行されたこととも対応しているであろう。つまり、柱松を含むこれらの儀礼群は、近世において権現にお見せする神事芸能ということになろう。

もう一つ、第二部第三章で試論と断ったうえで検討した里山的な環境と近世修験の関わりの問題がある。もっとも、同章末尾に追記したように、里山的な環境は山岳宗教を含む日本の宗教文化において、山寺、東北のハヤマ信仰や納骨の問題など、時期を近世に限定できない多様かつ広汎な宗教民俗と関わってくる。したがって、当該章での考察は、近世修験の「定着」の実態を里に限定して考えるような和歌森―宮本パラダイムへの異議申し立ての一端、としておき、里より相対的に高い位置にあり森と近接する里山を巡る宗教文化に関して、今後さらに考察を深めたく思う。

三　山林修行

和歌森太郎『修験道史研究』の結語では、「修験道というものの本質が、抖擻苦行、不定着の行動主義」に存したので、「修験道はわが歴史の上では畢竟中世的存在であった」とし、それに対して近世修験は「修験道の本性からみて偏ったものであった」と過小評価がなされている(平凡社東洋文庫版、三〇〇頁)。

とはいえ和歌森が、近世における入峰抖擻が「形式的な恒例行事化」するようになった根拠として引いている『修験道日用見聞抄』の記述は、朝の神拝・花供峰・夏峰・山上詣・秋峰・晦山伏などの日時や手順を記したものに過ぎない。それらを和歌森は、「彼らがいつどこへどのようにというふうに入峯抖擻に関する細かな指示を蒙るようになり」云々と否定視しているが(以上、同上二五一頁)、単に中世までこのようなタイプの教義書が存在しなかっただけではないだろうか。(6)

そもそも、近世における入峰修行が形式的だったのか、あるいは和歌森が中世修験に関して云うように「超越的な神秘の宗教感情を湧かせた」(二五〇頁)ものだったのか、近世において入峰の実態を記録した文書資料がもし存在していたとして、分析者がそれが両者のどちらであるかを読み分けることは、不可能であろう。つまり、上記のように和歌森が近世における入峰修行を形式的・恒例的と位置づけたのは、彼の主観的な解釈に過ぎなかったと筆者は考えている。

本書で取り上げたうち、近世修験の山林修行がうかがえる事例として、第二部第一章の岩手県宮古市の里修験を、まずあげることができる。同章で検討事例とした津軽石の羽黒派慈眼院、長沢の本山派泉明院、いずれも各々を継承したお宅に補任状が複数遺されていた。このことから慈眼院・泉明院の歴代は、少なくとも院号を補任される際に出羽三山ないし大峰山で入峰修行を行ったと考えられる。

さらに泉明院に関しては、天保一〇年(一八三九)に予定されていた聖護院門跡雄仁の入峰に際して、前年付けで参勤するようにとの閉伊年行事寿松院からの指示文書の写しが遺されていた。序論および当該章でも参照したが、この年の門跡入峰に関しては、現在の埼玉県日高市の高麗神社に継承された本山派大徳院による「御入峯供奉日記」が翻刻されており、[7]詳細を知ることができる。
本書ではこの他、複数の事例において近世初頭までいわゆる国峰修行(地方で拠点となる霊山での入峰修行)が行われていたことに触れた。
第一部第三章付論の戸隠山では、現在の戸隠三社に対応する奥院・中院・宝光院それぞれに衆徒がおり、彼らは清僧であったらしい。とはいえ、近年の研究によれば彼らの下に弟子となる修験者がいて、江戸中期頃から彼らは六月一五日より七月二三日までの間、在俗の参詣者を「両界山」へ道案内する山先達のような役割を担うようになり、「両界山山伏」と称されるようになったという。[8]
一方、元禄一一年(一六九八)の「戸隠山年中行事掟」には、五月六日に宝光院衆徒が飯綱山に登頂したことが記されている。[9]上述のように彼らは清僧であったらしく、したがって修験者ではなかった模様だが、おそらく中世末までの修験的な伝統を継承した登拝を五月に行っていた、ということではないだろうか。
第二部第二章で問題とした長瀧寺については、かなりの量の近世史料が遺るものの、国峰修行に関しては詳細が見えにくくなっている感がある。上村俊邦が復元した「行者道」、別称で「鳩居十宿」に関しては、上村が「古記録」として参照している多くは天文・天正など中世末の年号であるものの、寛永・享保など近世の年号を記したものも若干見られる。[10]
上村とは少し復元の観点が異なるが、美濃側からの「鳩居峰」「神鳩入峰」の復元を試みた山本義孝は、近世初頭の寛永年間頃までは十界修行を含む鳩居峰が行われていた、と推定していることも、[11]当該章で参照した。つまり、上村・山本双方とも、およそ近世初頭まで白山美濃側で入峰修行が行われていたと見ているのではないかと思われる。
さらに、第二部第三章で触れた近世石動山に関しては、石動山信仰史に関する先行研究において、大宮坊(全衆徒の長）の別当に就いていた最勝院が悪僧のため離山させられた寛文七年（一六六七）以降、石動山支配の山伏が居なくなった、という通説[12]を紹介しておいた。

この他、序論で参照した木場明志が報告した医王山の行者[13]の例を見ても、近世のある時点まで、あるいは木場の情報のように近世を通して、国峰修行は行われていたと考えるのが妥当であろう。

他にも、近世における山林修行とは少し異なるかもしれないが、小菅山の現在の柱松柴燈神事の前夜、松神子役となる二人の小児が、山頂の奥社に保護者と共に参籠している。もっとも、第一部第二章の末尾で触れたように、史料的には幕末になって祭礼への稚児の関与が確認できるものの、小菅柱松において現在のように稚児を柱松に掲げ上げる所作が、近世のどの辺りまで遡れるのかは不明である。

とはいうものの、以上の事例（戸隠・長瀧・医王山・小菅）において国峰修行がある程度は推察できることも、和歌森―宮本による里修験パラダイムを相対化する根拠の一つとなるのではないだろうか。

四　修験を含む組織

本書第一部第一章における修験道系柱松の研究方法の検討において筆者は、儀礼の継起性への注目と併せて、儀礼を取り囲む文脈を構成する宗教者の組織を検討することが必要だと主張していた。しかしながら、第一部の事例のうちとくに小菅山に関して組織の変遷が追いづらいこともあって、ここまで組織論について本格的に触れてこなかった。

そこで、本書で取り上げた事例全てに共通するものとして江戸幕府が行った本末帳の作成があるので、それをまず表化してみたい（表1）。見られるように、御朱印地とされているのは妙高山雲上寺宝蔵院と戸隠山顕光寺勤修院のみ

表1 『近世修験の宗教民俗学的研究』事例寺院の本末帳記載

掲載されている寺院名	宗派	本末帳の記載	本末帳の分類	影印本（雄山閣刊）＊の巻、頁
小菅山大聖院	新義真言宗	高井郡、本寺高野山龍光院、末寺3寺、門徒4院坊	信濃国新義真言宗本末帳（寛政7・1795）	中巻、1500頁
妙高山雲上寺宝蔵院	天台宗	頸城郡、東叡山末、頸城郡関山、御朱印高100石	越後国天台宗寺院名前帳（天明6・1786）	上巻、998頁
戸隠山顕光寺勧修院、院家寺	天台宗	水内郡、東叡山末、頸城郡関山、御朱印高1000石、衆徒53ヶ寺、末寺6ヶ寺、修験26軒、社家1軒	信濃国天台宗寺院名前帳（天明6・1786）	上巻、909頁
白山本地中宮長瀧寺	天台宗	郡上、東叡山末、社僧13坊、末寺1	美濃国天台宗寺院名前帳（天明6・1786）	上巻、906頁
石動山天平寺衆徒中	古義真言宗	羽咋郡、高野山末	加賀国古義真言宗本末牒（寛政3・1791）	上巻、1136頁

（＊江戸幕府寺院本末帳研究会（編）『江戸幕府寺院本末帳集成』、1999年）

で、各々の寺領はそれぞれ一〇〇石・一〇〇〇石と記載されている。

以下、本書本論での章立て順に、修験を含む組織について分かる範囲で概観したい。

［小菅山］

小菅山では中世末までの元隆寺が退転し、上杉景勝の米沢移封に伴って米沢に大聖院という名称で移転した⑭。小菅山において同名の大聖院が別当として再興された時期は不明だが、天和二年（一六八二）の飯山藩『寺社領並由緒書』で「小菅山八所権現」について、別当大聖院・桜本坊・社家・大工・庭掃の他、別当の配下に衆徒が三三坊としている⑮。このことから、一七世紀後半頃には小菅山八所権現の別当大聖院を中心として、二桁の衆徒が現在の集落に集住していたと推測しておく。

しかし、第一部第二章でも見たように一八世紀中頃から、報告される衆徒数は一桁になってしまう。宝暦四年（一七五四）の『小菅村村差出覚控』で、別当・大聖院と「神主」以外に、「先年三十七坊の内残リシ方」として、「菩提院⑯　愛染院　浄蓮坊　大日坊」の「一寺四ケ所」があげられている。その四〇年ほど後に当たる表1の本末帳では、末寺三箇寺、門徒四箇寺としており、その「門徒」とは小菅山内の「菩提院　浄蓮坊　大日坊　圓正坊」だとしている。このうち前の三者は、上記した『小菅村村差出覚控』と一致する。

なお、上記の『小菅村村差出覚控』には、「祭礼御旅堂並拝殿　神主支配」とある。「拝殿」とは、現在の里宮のことだと考えられる。

一八世紀半ば以降に四軒となった衆徒が修験かどうかであるが、本末帳に「門徒」と記されており、大聖院が高野山龍光院末とされていることをも考慮すれば、真言清僧・当山派修験双方の可能性が考えられるのではないだろうか。なお、一九世紀に入って文化一四年(一八一七)の『小菅神社傳記』[17]に、六月四日の例祭において神主・修験・衆徒・氏人がそれぞれの役割を担う記載があり、修験が柱松柴燈護摩を修するとされているのは、当該章で見た通りである。この「修験」が上記の衆徒四軒のいずれかに相当するのか、あるいは妙高山関山権現の場合のように祭礼に際して別の場所から招聘していた修験なのか、現時点では不明であろう。

[妙高山]

妙高山関山権現の別当であった東叡山末宝蔵院については、経年変化も含めて第一部第三章で詳論したので、とくに付け加えることはない。

当該章で見たように宝蔵院領内には社家も修験もおらず、夏季祭礼にはいずれも他所から招いていた。また、領内にあった曹洞宗宝海寺および真宗寺院二寺が夏季祭礼に関わっていた[18]。さらに、祭礼において領内の百姓が出仕する形で、仮山伏の役を演じていた。

[戸隠山]

第一部第三章付論では近世戸隠山の組織について触れなかったが、これは院坊の変遷に関する詳細な研究が複数存在するからである。[19] それらによれば、近世の当初は五二坊だったのが、元禄一二年(一六九九)東叡山の許可により坊号から院号に改称を許されたことを経て、天明三年(一七八三)頃までに、奥・中・宝光の三院それぞれに一二院、全三六院という体制になったらしい。もっとも、表1はその後の情報であるはずだが、何故か衆徒五三箇寺としている。

表1の「社家一軒」は、日御子社に奉斎していたらしい。表1に二六軒と出ている「修験」は、当該章で参照した近年の研究によれば、戸隠権現領内に住した修験ではなく、清僧である三院衆徒の弟子であった北信濃農村の里修験のことではないかと思われるが、今後一層の検討が俟たれる。[20]

〔長瀧寺〕

表1のように寺院本末帳における長瀧寺の記述には、社僧一三坊、末寺一とある。前者に関して第二部第二章で見たように、現在も塔頭の三寺院(阿名院・経聞坊・宝幢坊)が長瀧寺と共に残るので、近世までかなり大規模な寺院であったと考えられる。

長瀧寺の組織については、その変遷を当該章の表2として纏めた通りである。それによれば、社家は小菅や戸隠のように一軒ではなく、複数居たらしい。もっとも、一月六日の修正延年に社家は関わらなかった模様である。また、当該章でも述べた通り、一八世紀後半から修験への言及が見られなくなる。

〔石動山〕

表1のように寺院本末帳では、「石動山天平寺衆徒中」として加賀能登の他の高野山末真言寺院と併記されるのみである。加賀藩では、前田家の御用僧であった空照の影響で、真言寺院の全てが高野山末となったことを、筆者は以前指摘したことがあった。[21]

第二部第三章で見たように、これら「衆徒中」は一七世紀半ば頃に七三院坊の固有名詞が知られているものの、加賀藩の貞享二年(一六八五)における寺社改めに出した由来書では五八院坊と記されている。

なお、同年の寺社改めには二人連署の「石動山神主」が「石動山」として由来を書き上げていることを、これも以前指摘したことがあった[22]。この両社家は、衆徒中が集住していた石動山内ではなく、おそらく麓に居住していたのではないかと考えられる。

さらに、当該章で森田平次『国事雑抄』に掲載された天明八年(一七八八)の「石動山大宮坊山伏之事」に固有名詞の出る計六四院坊に言及していたが、これも戸隠の場合と同じように山麓部に散在していた里修験であるのかもしれない。

五　権現という奉斎対象

組織論に続いて、それと関連する近世の神―仏関係について再考したい。

かつて筆者は、神仏習合・神仏分離について、近世の絵図に描かれた寺院と神社との位置関係を考察した先行研究[23]を参考に、検討を試みたことがあった。その際、考察対象とした加賀藩で適当な絵図が無かったため、藩への書き上げに寺院として出るか神社として出るか、の区分で代替しようとした[24]。

その枠組を本書の事例でも継承するとすれば、先に表1にあげた五者に関する限り、全て本末帳に記載された正規の天台もしくは真言寺院である。この中で、近世における寺院―神社の関係が比較的明確なのは、小菅山大聖院と長瀧寺であろう。

小菅山に関しては、延享三年(一七四六)の「信濃国高井郡小菅山絵図[25]」によれば、現在の里宮の位置に「里宮」が、護摩堂と現在呼ばれている建物と同じ位置か、やや山側に「別当大聖院」が描かれている。両者の中間に現在位置している講堂付近には、複数の寺院建築らしき建物が描かれている。また、現在の奥社は「八所権現」と説明されている。前項で見たように、一八世紀半ばの『小菅村村差出覚控』によれば、このうち里宮および御旅所を社家が支配していたらしい。そのことから、里宮より標高の高い場所に相当する現在の講堂周辺に描かれている複数の寺院風の建造物、および山頂の奥院は、別当大聖院と配下の衆徒によって管掌されていたのであろう（第一部第二章の図1、参照）。

長瀧寺の場合、現在の白山長滝神社本殿・拝殿および長瀧寺の位置関係が、明治三二年（一八九九）の火災による焼失前のそれと変わらないといわれている。すなわち、拝殿の正面および本殿の背後が白山別山の頂きを向いており、長瀧寺は拝殿手前、向かって左側に拝殿―本殿のラインとは垂直方向を向いて立地している。神仏分離以降も残った三つの塔頭寺院は、白山神社および長瀧寺の境内周辺にある。

この二者より不明確さが残るが、妙高および戸隠についても見ておく。

妙高山関山権現については、元禄七年（一六九四）の絵図[26]など稀少な情報しかないが、権現社が中心となり、その手前向かって右側、現在は更地になっていて宗祇の句碑などが立てられている場所に、かつては東叡山末宝蔵院が立地していたらしい（第一部第三章の写真3、参照）。

戸隠に関しては、天保一四年（一八四三）に編まれた『善光寺道名所図会』における戸隠中院と宝光院の図[27]が、参考になる（奥院の図もあるが、建造物の詳細が分かりにくいので、ここでは触れない）。この図では、中院も宝光院も今の拝殿と同じ場所に「本社」の図が描かれており、やはり今の通り両社殿前の階段を下りた辺りに鳥居が描かれ、その手前側に衆徒の住む坊舎らしき建物が描かれている。さらに、中院付近向かって左側、おそらく今の社務所横手の駐車場辺りに「別当所」とあり、そこに数多くの建物が描かれている。ただし、これらの建物が寺院建築だったかどうか、筆者には読みとれない。

以上、表1にあげた寺院のうち、山内の儀礼について本書でほぼ議論しなかった石動山天平寺を除く四例を見ると、小菅山以外の三例（妙高・戸隠・長瀧）は権現社殿が宗教施設の中心にあり、少し離れた場所に別当の住む寺院が立地しており、さらに周囲に衆徒が集住していたと考えられる。それに対して小菅山では、絵図の情報による限り、奥院から現在の講堂まで別当大聖院が管掌しており、御旅所および麓側の里宮のみを社家が支配していたらしい。したがって小菅の場合、里宮が一山の中心だったとは見なせない。

以上、本書で取り上げた主要事例の神―仏関係について、先行研究のように近世における寺院―神社の位置関係に注目して眺めてきた。しかし、筆者はこうした視点がどこか違うのではないか、という疑念を現在は持つに至っている。そもそも、近世における長瀧延年に社家は関わっていなかったと推察される。また、近世における戸隠の柱松で社家の参列はあったものの、夏季祭礼の度に斐太神社より神職を招いていた関山権現の柱松と比べて、社家の関与が相当少な目であったと推察される。[28]これは、関山権現の六月一八日（柱松の翌日）の祭礼で神輿渡御があったのに対して、近世の記録から推察できる戸隠柱松に神輿渡御が伴っていなかったことが、背景にあったと考えられる。

つまり、個々の事例における神―仏の関係は、これら対象事例の近世における宗教環境を考えるうえで第一の問題とはいえないのではないか、ということである。むしろ本書本論でも縷々議論してきたように、修験道系柱松（第一部）および修正延年（第二部第二章）を権現にお見せする神事芸能だと捉えることの方が、その後の議論に有効なのではないか、と現在の筆者は考えている。

たしかに、権現を奉斎対象とする儀礼としての柱松においても、仏教的な部分と神道的な部分とがあり、それぞれを選り分けることも無意味だとはいえない。仏教的な要素としては、権現の本地を念頭においての本地供や本地を聖観音とする関山権現に対する普門品読誦、神道的な要素の代表としては神輿渡御、また神楽（斐太神社の神職は、とくに後者の必要によって毎年呼ばれたのではないだろうか）、等など。

しかしながら、前項で見た山内組織と照応させて再考を試みるなら、神祇と仏教とが習合して何らかの新しい宗教形態が生まれたのは中世までのことであり、近世の段階では、権現という共通の崇拝対象に複数の異なる出自の宗教者がそれぞれの仕方で奉斎した、と考える方が各事例に適合するのではないだろうか。例えば、修験は柴燈護摩（小菅柱松の意味づけ）、不動慈救呪の読誦、法螺、等などに従事した、というふうに。

そうした複数のやり方で奉斎される権現とは、中世までのような、いわゆる神仏習合の過程における形而上学的な意味を有する（第一部第三章で概観したように、仏が日本の神祇の形をとって現れる、など）存在ではなく、近世におけるこの四つのケース（小菅・妙高・戸隠・長瀧）では、霊山を表象する聖性と考えられたのではないだろうか。

そして、各々の事例における儀礼に関与した近世修験は、別当である天台真言僧、その配下の衆徒、また場合によっては社家あるいは在俗の者（妙高の仮山伏など）とも連携しながら、自らの出自に即した手法によって霊山と同一視される権現を奉斎したのではないか、という仮説を結論としたい。

注

（1）和歌森太郎『修験道史研究』河出書房、一九四三年。なお、本文では平凡社東洋文庫より一九七二年に同題で再刊されたものに基づいて、引用している。

（2）宮本袈裟雄『里修験の研究』吉川弘文館、一九八四年。岩田書院より二〇一〇年に復刻版が刊行。

（3）由谷裕哉「書評―宮本袈裟雄『里修験の研究』」、『季刊人類学』一六―四号、一九八五年、一九九―二〇〇頁。
（4）由谷裕哉・佐藤喜久一郎『サブカルチャー聖地巡礼』岩田書院、二〇一四年、五七頁。なお、そこで依拠したクリフォードの著作（訳書）は、『文化の窮状』（太田好信ほか訳）、人文書院、二〇〇三年（原著一九八八年）、『ルーツ』（毛利嘉孝ほか訳）、月曜社、二〇〇二年（原著一九九七年）。
（5）藤井隆至が分かりやすく示したように柳田國男の「論理法」は、多数の事例を比較して変遷もしくは退化（零落）を跡づけるものであったと考えられる。藤井「柳田国男の社会問題研究」、『国立歴史民俗博物館研究報告』第五一集、一九九三年、二八一―二八六頁。つまり柳田は、本文で前述したクリフォードの云う土地に根生いの（native）、根（roots）の隠喩に相当する何ものかを求める営為とは、袂を分かっていた可能性がある。筆者は柳田の最初期の神社論であった「神道私見」（一九一八年）を例として、この問題を検討している。由谷「柳田國男『神道私見』における神社観の再検討」、『神道宗教』第二五〇・二五一号（掲載予定）。したがって、ここでの議論は、第一部第一章で取り上げた和歌森太郎および五来重のような民俗学者の場合、と限定すべきだったかもしれない。
（6）修験道教義書の変遷を考察した宮家準は、中世における修験道教義書の主体を霊山縁起の類と峰中で伝授された切紙を編集したものだとしている。宮家準『修験道思想の研究』春秋社、一九八五年、六八―九八頁。
（7）横田稔（編）『武蔵国入間郡森戸村　本山修験大徳院日記』高麗神社社務所、二〇一〇年、六五―八三頁。
（8）井原今朝男「戸隠・飯綱の修験―戸隠修験は何処を目指したか―」、『戸隠信仰の諸相』戸隠神社、二〇一五年、一三二―一三三頁。
（9）同上、一三一頁。
（10）上村俊邦『白山修験の行者道』岩田書院、一九九九年、二三頁（寛永三年の記）、四六頁（享保一一年の記）。

(11)　山本義孝「白山長滝神鳩入峰とその遺跡」、『山岳修験』第四五号、二〇一〇年、五八頁。
(12)　森田平次『能登志徴』上巻、石川県図書館協会、一九三八年、四一四頁。
(13)　木場明志「医王山修験から里の修験へ」、『医王山文化調査報告書　医王は語る』福光町、一九九三年、二四三―二六七頁。
(14)　由谷裕哉「小菅神社（長野県飯山市）の柱松柴燈神事」、『宗教研究』第八四巻四輯、二〇一一年。
(15)　『新編信濃史料叢書』第一四巻、信濃史料刊行会、一九七六年、三頁。
(16)　『長野県飯山市小菅総合調査報告書』第二巻、飯山市教育委員会、二〇〇五年、二一〇―二一一頁
(17)　『中近世の地方山岳信仰に関する調査研究報告書』元興寺文化財研究所、二〇〇三年、九〇―九二頁。
(18)　このような位置づけの早いものとして、青木重孝「頸南の民俗」、『頸南』新潟県教育委員会、一九六六年、二七三―二七四頁、参照。青木は、天保一二年（一八四二）の関山神社蔵『分限帳』に基づき、宝蔵院に院主および出家が数名あったこと、その下に役所があって代官と役人がおり、そのさらに下に松雲寺・七百寺・貴性寺の三寺および門前百姓五軒と社領百姓が七〇軒あったこと、上記三寺は名のみのものらしいこと、などにも触れている。なお、民俗研究者としての青木重孝のライフヒストリーについて、次の著書で議論がなされている。松本三喜夫『野の手帖　柳田国男と小さき者のまなざし』青弓社、一九九六年、一七三―二二〇頁。
(19)　例えば、小林計一郎「近世戸隠社と戸隠神領の研究」、『長野』第三一号、一九七〇年、金井喜久一郎「戸隠神社院坊の変遷と祭祀」、『戸隠』信濃毎日新聞社、一九七一年、古川貞雄「戸隠山神領の成立と展開」、『戸隠信仰の歴史』戸隠神社、一九九七年、など参照。
(20)　井原今朝男「戸隠・飯綱の修験」（注8前掲）、一三三頁。もっとも、後掲の注28でも少し説明している通り、近世に

「戸隠派」と呼ばれた修験は麓の里修験であったと考えられる。しかし、本末帳でそのように遠隔地に散在する里修験まで数え上げることがあるかどうか、今後一層の考究が俟たれる。

(21) 由谷裕哉『白山・立山の宗教文化』岩田書院、二〇〇八年、二六七―二七一頁。

(22) 由谷裕哉「石川県内における神仏分離」、『宗教研究』第八三巻四輯、二〇一〇年。

(23) 吉井敏幸「神仏習合の諸形態―大和国の場合」、『神と仏のいる風景』山川出版社、二〇〇三年。

(24) 注22前掲。

(25) 『中近世の地方山岳信仰に関する調査研究報告書』(注17前掲)、口絵六頁。

(26) 『宝蔵院日記の風景』妙高市教育委員会、二〇一〇年、五二頁。

(27) 『新編信濃史料叢書』第二一巻、信濃史料刊行会、一九七八年、二四八―二四九頁。

(28) 例えば、『善光寺道名所図会』(注27前掲叢書、二五二頁)に「三谷の坊中参集、読経」の後、「神主参勤」と追記されているのみであることを参照。なお、その前の四月七日からとされる祭礼に関する説明において、「又戸隠派の修験とて三十余人あり、信越両国の間三四十里四方に散在せり、此輩四月十七日に登山して、十八日中院の祭のみ相詰、祭礼終わりて本坊へ参謁す」云々とあるので、七月の火祭りとは関係ないものの、「戸隠派の修験」とは麓の里修験を指していたことが分かる。

あとがき

筆者が本書を著すきっかけとなったのは、二〇一六年九月一六日に上野にて別件で行われた会合であった。集まったのは、前日と当日に茨城県大洗町でサブカルチャー聖地の調査を済ませた後に都内へと移動した筆者の他、時枝務氏と、岩田書院の岩田博氏の計三人であった。時枝氏は、『郷土史と近代日本』(二〇一〇年、角川学芸出版)の共編者であり、『郷土の記憶・モニュメント』(岩田書院ブックレット)刊行のための最終打ち合わせであった(同書は、由谷編として、翌二〇一七年九月に刊行)。もっとも、同書については、時枝氏と筆者以外の執筆者に既に原稿を依頼済みだったので、その日は編集上の些末な調整に留まることが予想できたし、会合場所も居酒屋だったので、単なる呑み会になるはずであった。

ところが、席上で時枝氏より筆者に、修験道に関する三冊目の論文集を纏めるように、それを岩田書院さんに出してもらえるように、というサジェスチョンがあった。その時どう返事したのか覚えていないが、おそらく呑み会の様々な話題の一つとして通り過ぎてしまったように思う。

というのも、その時の筆者は、翌一〇月末にミュンヘン大学で開催が予定されていた日独民俗学会国際シンポジウムのことで頭が一杯で、前日からの大洗での調査もそのためのものだったからである。さらに、そのシンポジウムでは生まれて初めてドイツ語で研究発表(ドイツ式には講演)する予定にしていたので、修験道のことは上野での会合時に全く頭になかった。ドイツ語でプレゼンしようと考えたのは、このシンポジウムの使用言語が独日のみ可、英語不可、という変則的なものだったからである（実際には、英語でプレゼンした日本側発表者も複数いらっしゃった）。

とはいえ、打ち合わせから金沢の自宅に戻ってドイツ向けの発表準備をする傍ら、時枝氏のお奨めを想起する機会もあった。たしかに筆者は、二〇一二年の前半頃から、いわゆる聖地巡礼に興味を持ち始め、二〇一四年には佐藤喜久一郎さんと共著で『サブカルチャー聖地巡礼』（岩田書院）を上梓できたものの、修験道に関わる研究からリタイアしたわけではなかったのである。

聖地巡礼の研究を開始するのにやや遅れて二〇一二年の七月には、再興されて四回目になる長野県の戸隠柱松神事が挙行されるに先立ち、戸隠中社で「修験の柱松―戸隠神社柱松神事をめぐって―」と題する講演をさせていただいた。翌二〇一三年一月には長滝六日祭延年の前日、説話伝承学会のシンポジウム「美濃の白山信仰」にパネリストとして呼んでいただいた。この年の三月には、筆者と時枝氏・佐藤氏に久保康顕氏を加えた四人で『近世修験道の諸相』を岩田書院ブックレットとして上梓し、そこで筆者は、長野県飯山市の小菅神社柱松柴燈神事を論じていた。

翌二〇一四年三月には、二〇一二年頃からメンバーとして取り組んでいた新潟県妙高市教育委員会の『斐太歴史の里の文化史』が刊行され、そこで筆者は、斐太神社の神職が妙高山麓の関山権現（現・関山神社）の夏季祭礼にほぼ毎年訪れていた詳細を論述した。さらに、この年の九月に秋田県由利本荘市で開催された日本山岳修験学会大会では、「里山と近世修験道」と題してこの学会で久々に研究発表できた。

このように回顧してみると、もしかして近世修験（道）という括りなら修験道に関する三冊目の論文集も可能かもしれない、という気持ちになった。そこで早速、岩田さんに今回できあがったものと若干異なる論文集の構成案をお送りし、二〇一六年一〇月に千葉商科大学で行われた日本民俗学会年会の会場で、出版承諾の返事をいただくことができたのである。本書著述のきっかけを作って下さった、時枝氏および岩田氏に感謝申し上げたい。

しかし、原稿執筆は早いと自負していた筆者としては、それからが難産であった。まずドイツでの研究発表準備と、発表内容をドイツ語の論文集として纏めるという作業に傾注し、それが二〇一六年末まで費やされた(もっとも、この論文集は校正すらまだ出ていない)。ともあれ、本書の原稿を執筆し始めたのが、本務などの成績入力が全て終わった二〇一七年二月の中頃で、岩手県宮古市に関する第二部第一章からであった。その途次で私事での多難があったりして原稿は進まず、二〇一七年度に入ると勤務先へのタイからの短期留学生向けの英語での授業やら、いくつかの公開講座(サブカルチャー聖地巡礼、白山開山一三〇〇年ほか)の準備やらに時間をとられ、夏休みに入っても原稿は進まなかった。英文要旨を除く本文の原稿を全て岩田書院さんに送ることができたのは二〇一七年の一一月に入ってであったので、出版承諾をもらって一年と一箇月後、ということになる。

そのように相当苦労して何とか完成にこぎつけた本書であるが、序論と結論以外にはほぼ初出形態がある。いずれもかなり手を加えているが、以下にそれを示しておきたい。

第一部

第一章「修験道系柱松をどう捉えるか」、『寺社と民衆』第九号、二〇一三年。

第二章「近世権現社の祭礼における柱松と修験者―北信濃小菅権現の事例から―」、時枝・由谷・久保・佐藤『近世修験道の諸相』岩田書院、二〇一三年。

第三章（以下の五論考を纏め直した）

「妙高山と関山権現」、『宝蔵院日記の風景』妙高市教育委員会、二〇一〇年。

「一八世紀における宝蔵院祭礼に関わった宗教者について」、『山岳修験』第四四号、二〇〇九年。

「一九世紀における妙高山関山権現の夏季祭礼について」、『北陸宗教文化』第二五号、二〇一二年。

「江戸時代の斐太神社」、『斐太歴史の里の文化史』妙高市教育委員会、二〇一四年。

「関山権現夏季祭礼における信州からの山伏」、『地方史研究』第三八二号、二〇一六年。

付論（以下の二論考を纏め直した）

「復活して四回目の戸隠柱松神事―とくに祭場に注目して―」、『長野』第二八七号、二〇一三年。

「修験道系柱松の行われる場」、『宗教研究』第三七五号、二〇一三年。

第二部
第一章（以下の二論考の一部に、新稿を付加した）
「一山伏家から見た近世本山派修験」、『北陸宗教文化』第一三号、二〇〇一年。
「地域社会における里山伏の宗教活動」、『小松短期大学論集』第一六号、二〇〇四年。
第二章（以下の稿に加え、かなりの新稿を書き加えた）
「六日祭は白山修験の延年か？」、『説話・伝承学』第二二号、二〇一四年。
第三章「里山と近世修験道」、『山岳修験』第五七号、二〇一六年。

本書を纏めるにあたって、先行する研究者、ご教導いただいた先生方、本書で事例とした各々の地域の関係者各位は多いが、遺漏を恐れてとくに芳名をあげることをしない。もっとも、先述した二〇一七年二月の私的な多事多難についてだけ付記しておきたい。筆者がちょうど宮古に関する原稿を纏め始めて一週間余り経った頃、母親が急に倒れ、二週間余りの入院加療の後、冥界に旅立った。葬儀は三月一一日だった。一年経って似たような時期に宮古に関する校正ゲラを読んでいると、その頃の希望を持てない日々がまざまざと思い出されてくる。

筆者にとって本書を纏めることは、全くの私事ながら、そこから抜けだそうとする試みだったのかもしれない。

二〇一八年二月

由谷　裕哉

岩田書院 刊行案内 (26)

			本体価	刊行年月
003	植松　明石	沖縄新城島民俗誌	6900	2017.07
004	田中　宣一	柳田国男・伝承の「発見」	2600	2017.09
005	横山　住雄	中世美濃遠山氏とその一族＜地域の中世20＞	2800	2017.09
006	中野　達哉	鎌倉寺社の近世	2800	2017.09
007	飯澤　文夫	地方史文献年鑑2016＜郷土史総覧19＞	25800	2017.09
008	関口　　健	法印様の民俗誌	8900	2017.10
009	由谷　裕哉	郷土の記憶・モニュメント＜ブックレットH22＞	1800	2017.10
010	茨城地域史	近世近代移行期の歴史意識・思想・由緒	5600	2017.10
011	斉藤　　司	煙管亭喜荘と「神奈川砂子」＜近世史46＞	6400	2017.10
012	四国地域史	四国の近世城郭＜ブックレットH23＞	1700	2017.10
014	時代考証学会	時代劇メディアが語る歴史	3200	2017.11
015	川村由紀子	江戸・日光の建築職人集団＜近世史47＞	9900	2017.11
016	岸川　雅範	江戸天下祭の研究	8900	2017.11
017	福江　　充	立山信仰と三禅定	8800	2017.11
018	鳥越　皓之	自然の神と環境民俗学	2200	2017.11
019	遠藤ゆり子	中近世の家と村落	8800	2017.12
020	戦国史研究会	戦国期政治史論集　東国編	7400	2017.12
021	戦国史研究会	戦国期政治史論集　西国編	7400	2017.12
022	同文書研究会	誓願寺文書の研究（全２冊）	揃8400	2017.12
024	上野川　勝	古代中世 山寺の考古学	8600	2018.01
025	曽根原　理	徳川時代の異端的宗教	2600	2018.01
026	北村　行遠	近世の宗教と地域社会	8900	2018.02
027	森屋　雅幸	地域文化財の保存・活用とコミュニティ	7200	2018.02
028	松崎・山田	霊山信仰の地域的展開	7000	2018.02
029	谷戸　佑紀	近世前期神宮御師の基礎的研究＜近世史48＞	7400	2018.02
030	秋野　淳一	神田祭の都市祝祭論	13800	2018.02
031	松野　聡子	近世在地修験と地域社会＜近世史48＞	7900	2018.02
032	伊能　秀明	近世法制実務史料 官中秘策＜史料叢刊11＞	8800	2018.03
033	須藤　茂樹	武田親類衆と武田氏権力＜戦国史叢書16＞	8600	2018.03
179	福原　敏男	江戸山王祭礼絵巻	9000	2018.03
034	馬場　憲一	武州御嶽山の史的研究	5400	2018.03
035	松尾　正人	近代日本成立期の研究　政治・外交編	7800	2018.03
036	松尾　正人	近代日本成立期の研究　地域編	6000	2018.03
037	小畑　紘一	祭礼行事「柱松」の民俗学的研究	12800	2018.03

011	由谷　裕哉	白山石動修験の宗教民俗学的研究	7900	94.03
535	由谷　裕哉	白山・立山の宗教文化	7400	2008.12
803	時枝・由谷他	近世修験道の諸相＜ﾌﾞｯｸﾚｯﾄH14＞	1600	2013.05

【著者紹介】

由谷 裕哉（よしたに ひろや）

昭和 30 年（1955） 金沢市生まれ
小松短期大学 教授
慶応義塾大学大学院社会学研究科博士課程単位修得 博士（社会学）
主要著作は、
『白山石動修験の宗教民俗学的研究』（岩田書院、1994 年）
『白山立山の宗教文化』（岩田書院、2008 年）
『郷土史と近代日本』（共編、角川学芸出版、2010 年）
『郷土再考』（編、角川学芸出版、2012 年）
『サブカルチャー聖地巡礼』（共著、岩田書院、2014 年）
『郷土の記憶・モニュメント』（編、岩田書院、2017 年）ほか

近世修験《しゅげん》の宗教民俗学的研究

2018 年（平成 30 年）3 月 第 1 刷 300 部発行 定価［本体 7000 円＋税］
著 者 由谷 裕哉

発行所 有限会社岩田書院 代表：岩田 博 http://www.iwata-shoin.co.jp
〒157-0062 東京都世田谷区南烏山 4-25-6-103 電話 03-3326-3757 FAX 03-3326-6788
組版・印刷・製本：三陽社

ISBN978-4-86602-033-4 C3039 ￥7000E
コピーOK

A Religious Folkloric Study on Modern *Shugen*

YOSHITANI Hiroya
Doctor of Sociology, Professor of Komatsu College

Abstract

As the title suggests, the purpose of this book is the consideration of modern *Shugen* by means of religious folkloric approaches. I discuss the interpretation of Modern *Shugen* in the introduction as an epistemology for the book. Incidentally, *Shugen* means a Japanese mountain ascetic, while "modern" refers to the Edo era. The religious folkloric approaches are the methodology I discussed in my previous book, *The Study of Religious Folklore on the Mt. Hakusan and Mt. Isuguri Shugen* (1994); however, I re-examine this methodology in Chapter 1 of Part 1, based on the cases of the *Hashiramatsu* rite discussed in that part.

The introduction is concerned with the positioning of the book's epistemology. I take up a kind of paradigm on modern *Shugen* (the theme of this book) that had been established by the 1980s, and I explore the alternatives. Here "paradigm" refers to points of view regarding modern *Shugen,* established primarily by the following two books: WAKAMORI Taro's "*Shugendo-shi Kenkyu* (The Study of the History of Shugendo)" (1943) and MIYAMOTO Kesao's "*Sato-shugen no Kenkyu* (The Study of *Sato-shugen*)" (1984). "*Sato*" means countryside. These two books did not depict modern *Shugen* as sincere ascetics, but regarded them as magical priests living in the countryside.

In pursuit of the alternatives, the following three preceding studies (published before WAKAMORI's book) are focused on in this introduction. Firstly, writings from the 1910s by YANAGITA Kunio, the founder of Japanese folkloric studies, concerning *Shugen* (including those of modern times). Secondly, studies by Shintoism scholar KOBAYASHI Kenzo on the Shinto Shrines of Mt. Togakushi and Mt. Hikosan in the 1930–40s. Thirdly, studies from the same period by the Tendai Sect

monk SHIMADZU Dendo, and his son, folklorist TOGAWA Ansho on the *Shugen* of Mt. Haguro.

In regards to the above-mentioned second and third studies, I wish to point out the following two settings:

(1) In the 1930–40s in particular, there was general interest regarding native districts (including interest regarding German Heimatkunde).

(2) Mountain practices and asceticism might have survived throughout the Edo era at Mt. Hikosan and Dewa-sanzan (the three sacred mountains for the Mt. Haguro Shugendo).

Based on knowledge of the preceding studies, I attempt to represent the alternative ideas on modern *Shugen* from the WAKAMORI-MIYAMOTO paradigm by analyzing the following diverse cases.

In Part 1, I consider the rites related to *Hashiramatsu,* with which *Shugen* (mountain ascetics) were concerned during the Edo era. *Hashiramatsu* is the name of a ritualistic implement, of which one or more are used during religious festivals. They are made from tying tree trunks or branches together into the shape of a pillar. Or, alternatively, *Hashiramatsu* can also refer to the rite in which the tops of the pillars, or the *Gohei* (sacred white papers) attached to the top, are lit on fire. In a doctrinal book of Shugendo written in the 16th century, the *Hashiramatsu* rite had already been described as being performed prior to mountain ascetics entering mountains.

In Chapter 1, through retrospection and examination of the preceding studies, I clarify how we should interpret *Hashiramatsu* related Shugendo. "*Hashiramatsu* related Shugendo" is a term I have advocated for more than ten years. It refers to the *Hashiramatsu* rite of the Edo era: mainly performed during the daytime, *Shugen-ja* (a mountain ascetic) climbed quickly to the top of the *Hashiramatsu,* and ignited the top of the pillar. That is to say, it was completely different

from the nowadays popular event in which pillars are ignited by village people to invite their ancestors' spirits as part of the Buddhist *Bon* festival. This chapter examines the two typical preceding studies of WAKAMORI Taro and GORAI Shigeru. WAKAMORI was referred to in the introduction as the pioneer of the study of Shugendo and GORAI began the study of Shugendo from the late 1960s, following his establishment as a renowned Buddhism historian.

WAKAMORI interpreted the origin of *Hashiramatsu* related Shugendo as the popular fire festival, which welcomed ancestors' spirits as part of the *Bon* rite. GORAI regarded it as the competitive performances when entering or especially exiting a mountain, in which mountain ascetics showed their spiritual powers gained as a result of their mountaineering practices. Both arguments are not falsifiable, and this chapter is critical of the fact that they disregarded the social context of the *Hashiramatsu* rite in the community. With the evaluation of WAKAMORI's and GORAI's preceding studies in mind, this chapter points out the necessity of conducting analysis from the perspectives of the sequence of the rites and the organization of society surrounding the rituals, in the study of the *Hashiramatsu* related Shugendo in the Edo era. In addition to the above, we must also pay attention to the changes in those rituals. These notions comprise the common methodology in Part 1.

Chapter 2 treats *"Hashiramatsu Saito Shinji"* (current title) of Kosuge Shrine in Iiyama City, Nagano Prefecture as a living example of a *Hashiramatsu* related Shugendo.

WAKAMORI Taro was one of the first to approach this case and pursued the meaning of Kosuge-*Hashiramatsu* as a folk phenomenon. The history of study regarding how this became common interest is critiqued in this chapter, and the shelving of the meaning of *Hashiramatsu* is advocated. Based on the above, I outline the positional relationships of the ceremonial sites and the current festival order. In addition, I examine the founding legends regarding Mt. Kosuge, identify the beliefs regarding *Bato Kannon* (Hayagriva) and the viewpoint of the

summit area as a sacred site during medieval times, and focus on the idea of retrospection on En-no-ozunu (a legendary founder of Shugendo) and Matara-jin (divinity enshrined in the Tendai Buddhist temple) as objects of medieval worship in the Edo era.

Furthermore, I identify the decline of Mt. Kosuge at the end of medieval times, due to the social disturbances of the Warring States period and UESUGI Kagekatsu's forced relocation to Yonezawa (Kagekatsu was once the patron of Mt. Kosuge); its revival, which began from around the end of seventeenth century; and the revivalistic intentions regarding the Shugendo tradition and the growing impudence of the Shintoistic power from around the mid-eighteenth century.

Based on the above discussion, I consider the modern context of the *Hashiramatsu* rite at Mt. Kosuge by means of examining the few remaining historical materials related to Kosuge *Gongen* (*gongen* means "avatar of Buddha") from the Edo era. The act of reciting the Pajna-paramita sutra upon the arrival of the portable shrine at the *Otabisho* (a temporary depository for the portable shrine), prior to the ignition of the *Hashiramatsu,* is noted in one document written in the mid-eighteenth century. On the other hand, there exists a historical record from the early 19th century containing a description of the roles of Shinto priests, *Shugen, shuto* (Buddhist members of the group for worshiping Kosuge *Gongen*) and *Uji-bito* (laymen who lived nearby and worshipped Kosuge *Gongen*). Based on the materials, the role of *Shugen* was the engagement of *"Hashiramatsu-Saito Goma"*, and a Shinto priest performed *Kagura* (Shintoistic music and dance) at the *Otabisho,* where the Pajna-paramita sutra was once recited until the mid-eighteenth century. The revivalistic intentions toward Shugendo tradition and the growing impudence of Shintoistic power, presumed to have existed from around the mid-eighteenth century, can be validated. This chapter concludes that such rivalry between *Shugen* and Shinto priests may have resulted in the two frameworks of present day rituals; one being the procession of a portable shrine to the *Otabisho,* the other being the ignition of the top of the *Hashiramatsu.*

The case study discussed in Chapter Three is the Fire Festival (current name) of July, held at Sekiyama Shrine in Myoko City, Niigata Prefecture. This follows on from the other existing example of the modern *Hashiramatsu*-related Shugendo "Kosuge-*Hashiramatsu*" of the preceding chapter. In this chapter I look at the current and Edo era ritual order of the summer festivals of the Sekiyama *Gongen,* after outlining the religious and cultural history surrounding Mt. Myoko and the religious character of Sekiyama *Gongen,* which was representative of Mt. Myoko. Furthermore, I point out that Sekiyama *Gongen* became the present day Sekiyama Shrine due to the separation of gods and Buddha at the beginning of the Meiji era, and that the chief of Hozo-in Temple, which executed religious control of Sekiyama *Gongen* during the Edo era, renounced the cloth to become the shrine's Shinto priest, named SEKIYAMA. There are many diary-like documents remaining in the SEKIYAMA house related to Hozo-in Temple and Sekiyama *Gongen* from almost every year from 1712 until the end of Tokugawa period (1868). When these documents were reprinted in the first decade of the 21st century, they were named *Hozo-in Nikki* (Diaries on Hozo-in temple).

Although details in the *Hozo-in Nikki* describing the order of the summer rituals of Sekiyama *Gongen* are scarce, there are some years with relatively detailed descriptions regarding the religious persons engaged in the summer ritual. Therefore this chapter examines the descriptions of those people engaged in the summer rituals, as written in the *Hozo-in Nikki,* and the change in their religious roles. The descriptions include those of a Buddhist chief of Hozo-in Temple, *Kari-yamabushi* (temporary mountain ascetics-only during the ritual period), Hokaiji Temple, Jiunji Temple, Kozenji Temple, a Shinto priest, and *Sendatsu* (one role of *Shugen*). As a result, this chapter shows that the invited Shinto priests and *Sendatsu* who made visits far away from Sekiyama were mostly the same people every year, and in particular the roll of the Shinto priest changed slightly.

In addition, I compare the case of Sekiyama-*Hashiramatsu* with that

of Kosuge-*Hashiramatsu* (discussed in the foregoing chapter) and propose the two following points at the end of the chapter. Firstly, the two rites are contrastive in terms of the height and relative vertical relationship between the *Hashiramatsu* and the shrine of the *Gongen* (avatar) or the portable shrine. Secondly, Kosuge-*Hashiramatsu* does not include mock fighting with swords and Japanese halberds, and Sekiyama-*Hashiramatsu* does not include the procession of a portable shrine in connection with the *Hashiramatsu* rite.

The supplement in Chapter 3 deals with the *Hashiramatsu* rite performed at the current Togakushi Shrine, in Nagano City. The reason why I use the expression "supplement" is as follows: although this rite is certainly derived from the *Hashiramatsu* rite (in which mountain ascetics participated) performed as the main ritual of Togakushi-*Sansho-Gongen* (three avatars of Mt. Togakushi) in the Edo era, these rituals were abolished at the end of Tokugawa regime, and their revival was attempted in 2003. In this supplement, I examine the ritual order of 2012 and 2015 and compare it with three historical materials as reference data from the time of revival. Through this I identify some doubts in relation to the current order of this festival in comparison with the modern performance of the *Hashiramatsu* related Shugendo. Although there are some doubts in relation to the Togakushi-*Hashiramatsu,* which was revived as the Shinto ritual of the Togakushi Shrine, I assume there was significance in the revival, as we know that the location between the shrine and *Hashiramatsu* is similar to that of Sekiyama-*Hashiramatsu*.

Part 2 investigates the diversity of modern *Shugen* (which differ to *Hashiramatsu* related Shugendo) from the following three perspectives: (1) *Sato-shugen* (*Shugen* who lived and practiced in the countryside), (2) *En-nen* (a set of performing arts performed in Buddhist temples or Shinto Shrines) and (3) *Sato-yama* (one of the environments where *Shugen* lived and practiced their religious activities).

In Chapter 1, I analyze the succession and religious activities of modern *Shugen* using documents left in two houses in Miyako City, Iwate Prefecture; both of which belonged to Shugendo in the Edo era. One was Jigan-in Temple, which belonged to the Mt. Haguro Shugendo and was located in Tsugaruishi. The other was Sen'myo-in Temple, which belonged to the Honzan Sect of Shugendo and was located in Nagasawa. Both Tsugaruishi and Nagasawa were administrative villages in the Edo era.

Tsugaruishi is located in the southern part of the city, along the lower reaches of the Tsugaruishi river, flowing into the Gulf of Miyako. It was one of the districts that suffered heavy damage from the Great East Japan Earthquake of 2011. This district is also famous for sightseeing due to "Matabei's Festival" (Matabei was a man's first name during the Edo era), which takes place in November, and of which there are preceding studies. Shinto priest Mr. O (head of the family which took over Jigan-in Temple), also engages in this festival. Among the documents related to Jigan-in Temple, I examine those relating to the succession of generations and the enumeration of many magical rituals. For the latter document, I focus on the fact that there is a part in which the name of *Shugen* who belonged to the Honzan Sect of Shugendo is written.

Nagasawa is a semi-mountainous area located in the southwestern part of the city. Among the documents related Sen'myo-in Temple, I analyze the following four kinds from the Edo era: (1) letters of appointment of the medium, (2) documents on the generational transfer of the temple, (3) documents written about the conflict between the Haguro Shugendo and the Honzan Sect of Shugendo, and (4) a transcription of the instruction from Jusho-in Temple, the *Nen-gyoji* (local chief) of the Honzan Sect of Shugendo, to attend priest Yunin's entering of Mt. Omine in the following year of 1839. Incidentally, Yunin was born into the Imperial Family and became the priest of Shogo-in Temple in Kyoto, the head temple of the Honzan Sect of Shugendo.

To sum up, I point out that the documents on the generational transfer and the attendance at Yunin's entering of Mt. Omine show the

mountain asceticism of these *Sato-shugen* (*Shugen* who lived and practiced in the countryside during the Edo era).

Chapter 2 addresses the *Shu-sho En-nen,* (current name "Muika Festival"). The festival has been performed on the 6th (*"Muika"*) of January since the Edo era at the present day Nagataki Hakusan Shrine (Choryu-ji Temple, or Nagataki-ji Temple, during Edo), located in the present day Gujo City in Gifu Prefecture. To begin with, I confirm that the performing members of the *En-nen* ritual in the Edo era included *yamabushi* (mountain ascetics) and such *En-nen* performances were performed in a house of worship for *Gongen*. Incidentally, *En-nen* means a set of performing arts performed in a Buddhist temple or Shinto shrine and *Gongen* (avatar) means the Buddhistic representation of a sacred object of worship; Mt. Hakusan in this case. Next, in relation to the religious environment of Choryu-ji Temple located on the Mino side of Mt. Hakusan, I re-confirm that the temple is located right at the foot of Mt. Dainichi-ga-dake, and that it has many religious and cultural heritages concerning Taicho, who was said to be the legendary founder (first climber) of Mt. Hakusan. Therefore I assume Choryu-ji Temple was a religious base for many mountain ascetics who practiced at Mt. Dainichi-ga-dake and Mt. Hakusan.

Furthermore, I survey the current ritual order of the Muika Festival and recall that there were some preceding studies investigating the archetype of the *En-nen* ritual from the current order and modern documents. Based on the above, I examine the *Shu-sho En-nen* performed at Choryu-ji Temple in the Edo era. As a result, I indicate the following two points: firstly, although we cannot classify the roles in the current order of the *Muika* Festival, there were lower classes including *yamabushi* and *jakuhai* in the Buddhist organization of Choryu-ji temple in the Edo era, with each group possibly having a different role in the *En-nen* ritual. Secondly, the number of *yamabushi* continued to decrease due to weakening of the Buddhist organization of Choryu-ji Temple throughout the Edo era.

Chapter 3 is a preliminary essay on the relationship between *Satoyama* and modern *Shugen* during the Edo era. *Satoyama* is a recently invented Japanese term, which came to be used in the fields of ecology, environmental studies, tourism administrations and so on. Generally speaking, the term refers to village scenery, including forests, that has been created by humans in some way. In this chapter, I consider the following two cases regarding the above-mentioned Edo era relationship: the religious activity of the Hodai-bo (*Shugen,* without succession) on the Kaga side of Mt. Hakusan, and the execution of the "Nishi-no-mine" ritual at Keta Shrine, performed by *shuto* (Buddhist ascetics, unknown whether *Shugen* or not) of Mt. Sekidosan in Noto. In closing the chapter, I note the expectation that this preliminary essay will also tie together with the other preceding studies on religion and folklore regarding *Satoyama.*

In the conclusion, I firstly reaffirm how we should conceive modern *Shugen* and how we should approach the research of them, looking back over my discussions in the introduction and Chapter 1 of Part 1. Among these discussions, I declared to split with the essentialism in the preceding studies on *Hashiramatsu* and *En-nen,* and that I intend to regard modern *Shugen* as an "emergent" phenomenon (in the same way as J. Clifford). I confirm that the intention has been consistent throughout the whole book.

Based on the above confirmation, for the case studies in this book, I put together the following four frameworks for the emergent phases of modern *Shugen,* and regard these frameworks as my conclusion of the book.

(1) Height as a metaphor (in the case of *Hashiramatsu* and *Satoyama,* in particular)

(2) The mountain asceticism of modern *Shugen*

(3) Modern organizations of sacred mountains, including *Shugen*

(4) *Gongen* (avatar) as an object of worship (mainly with a sacred mountain as the object)